郵輪旅遊
經營管理
Cruise Management

劉翠華、李銘輝、周文玲◎著

揚智觀光叢書序

觀光事業是一門新興的綜合性服務事業,隨著社會型態的改變,各國國民所得普遍提高,商務交往日益頻繁,以及交通工具快捷舒適,觀光旅行已蔚為風氣,觀光事業遂成為國際貿易中最大的產業之一。

觀光事業不僅可以增加一國的「無形輸出」,以平衡國際收支與繁榮社會經濟,更可促進國際文化交流,增進國民外交,促進國際間的瞭解與合作。是以觀光具有政治、經濟、文化教育與社會等各方面為目標的功能,從政治觀點可以開展國民外交,增進國際友誼;從經濟觀點可以爭取外匯收入,加速經濟繁榮;從社會觀點可以增加就業機會,促進均衡發展;從教育觀點可以增強國民健康,充實學識知能。

觀光事業既是一種服務業,也是一種感官享受的事業,因此觀光設施與人員服務是否能滿足需求,乃成為推展觀光成敗之重要關鍵。惟觀光事業既是以提供服務為主的企業,則有賴大量服務人力之投入。但良好的服務應具備良好的人力素質,良好的人力素質則需要良好的教育與訓練。因此,觀光事業對於人力的需求非常殷切,對於人才的教育與訓練,尤應予以最大的重視。

觀光事業是一門涉及層面甚為寬廣的學科,在其廣泛的研究對象中,包括人(如旅客與從業人員)在空間(如自然、人文環境與設施)從事觀光旅遊行為(如活動類型)所衍生之各種情狀(如產業、交通工具使用與法令)等,其相互為用與相輔相成之關係(包含衣、食、住、行、育、樂)皆為本學科之範疇。因此,與觀光直接有關的行業可包括旅館、餐廳、旅行社、導遊、遊覽車業、遊樂業、手工藝品以及金融等相關產業;因此,人才的需求是多方面的,其中除一般性的管理服務人才(如會計、出納等)可由一般性的教育機構供應外,其他需要具備專門知識與技能的專才,則有賴專業的教育和訓練。

然而,人才的訓練與培育非朝夕可蹴,必須根據需要,作長期而有計畫的培養,方能適應觀光事業的發展;展望國內外觀光事業,由於交通工具的改進、運輸能量的擴大、國際交往的頻繁,無論國際觀光或國民旅遊,都必然會更迅速地成長,因此今後觀光各行業對於人才的需求自然更為殷切,觀光人才之教育與訓練當愈形重要。

近年來，觀光領域之中文著作雖日增，但所涉及的範圍卻仍嫌不足，實難以滿足學界、業者及讀者的需要。個人從事觀光學研究與教育者，平常與產業界言及觀光學用書時，均有難以滿足之憾。基於此一體認，遂萌生編輯一套完整觀光叢書的理念。適得揚智文化事業有此共識，積極支持推行此一計畫，最後乃決定長期編輯一系列的觀光學書籍，並定名為「揚智觀光叢書」。

依照編輯構想，這套叢書的編輯方針應走在觀光事業的尖端，作為觀光界前導的指標，並應能確實反應觀光事業的真正需求，以作為國人認識觀光事業的指引，同時要能綜合學術與實際操作的功能，滿足觀光餐旅相關科系學生的學習需要，並可提供業界實務操作及訓練之參考。因此本叢書有以下幾項特點：

1. 叢書所涉及的內容範圍儘量廣闊，舉凡觀光行政與法規、自然和人文觀光資源的開發與保育、旅館與餐飲經營管理實務、旅行業經營，以及導遊和領隊的訓練等各種與觀光事業相關之課程，都在選輯之列。
2. 各書所採取的理論觀點儘量多元化，不論其立論的學說派別，只要是屬於觀光事業學的範疇，都將兼容並蓄。
3. 各書所討論的內容，有偏重於理論者，有偏重於實用者，而以後者居多。
4. 各書之寫作性質不一，有屬於創作者，有屬於實用者，也有屬於授權翻譯者。
5. 各書之難度與深度不同，有的可用作大專院校觀光科系的教科書，有的可作為相關專業人員的參考書，也有的可供一般社會大眾閱讀。
6. 這套叢書的編輯是長期性的，將隨社會上的實際需要，繼續加入新的書籍。

身為這套叢書的編者，在此感謝產、官、學界所有前輩先進長期以來的支持與愛護，同時更要感謝本叢書中各書的著者，若非各位著者的奉獻與合作，本叢書當難以順利完成，內容也必非如此充實。同時，也要感謝揚智文化事業執事諸君的支持與工作人員的辛勞，才使本叢書能順利地問世。

李銘輝 謹識

序

　　根據2014年UNWTO統計顯示，水域旅遊僅占全球旅遊約4%，顯示海輪與河輪旅遊具有極大的發展潛力。國際郵輪協會（CLIA）亦指出，全球郵輪旅遊市場持續穩定成長，特別是亞洲郵輪市場以平均8～9%之年成長率遠高於全球及歐美市場，國際郵輪船隊是以紛紛進駐亞洲。

　　隨著郵輪旅遊移向亞洲，台灣郵輪旅遊亦成長迅速，甚至業界稱「2014年為台灣郵輪元年」，台灣港務公司預估2015年搭乘旅客將破15萬人次。而隨此量變亦顯現質變，例如遊客屬性由傳統銀髮族，轉向年輕遊客與家庭族群；經營方式亦由旅行業代銷，轉為包船業務；但是旅遊服務，卻因遊客量突增，顯現諸多缺口，亟待改善。

　　鑑此，本書從全球郵輪旅遊為觀點，綜論國際郵輪旅遊之經營與管理，從認識郵輪產業、品牌、船體設施、遊客服務與旅遊操作，到瞭解船上組織與配置、遊程規劃與操作、財務管理，進而探討郵輪旅遊健康、航海與法令等相關議題，並佐以百張實地拍攝之相關照片，期充實旅遊從業人員之國際郵輪旅遊管理知能，提升郵輪旅遊服務品質。

　　全書經過多年之構思、彙整、訪談與撰寫，旨在作為大專院校相關科系之郵輪旅遊教科書、業界實務操作及訓練之專業用書；或為欲從事郵輪旅遊相關工作人員之入門導讀，以及一般讀者之旅遊專書。

　　於本書付梓之際，特別感謝觀光局惠予郵輪研習培育，以及郵輪產業先進之指正，如嘉年華郵輪集團總監徐景奇、台灣國際郵輪協會理事長吳勛豐、大登旅遊董事長林博宗、山富旅遊董事長陳國森等，還有感恩揚智文化事業執事諸君企劃、校對與編排之勞苦，才能使本書順利問世，謹此一併致謝。

劉翠華、李銘輝、周文玲　謹識

2015.8

目　錄

Chapter 1

郵輪產業概論

⚓ 郵輪產業興起背景

⚓ 全球郵輪產業現況與發展

⚓ 台灣郵輪產業發展現況

⚓ 郵輪產業鏈

　　鑑往知來，郵輪旅遊從19世紀中期發展至今約一百五十多年的時間，在第二次世界大戰後蓬勃發展，尤其是在20世紀末到21世紀初，郵輪公司競造巨型休閒郵輪迎接大眾化休閒旅遊時代的來臨，面對越來越多的旅客，除了提供安全與友善的環境，如何提供旅客完善的休閒度假服務，將成為郵輪產業管理的重要課題，也是各地區發展郵輪觀光的迫切議題。

第一節　郵輪產業興起背景

　　西元1800年左右，貨船已經有載送旅客增加收入的做法，這些旅客有富商，也有無以為繼的貧民，共同的願望就是到遙遠的地方闖運氣，後來隨著蒸氣船的建造，客輪油然出現，並朝越來越大規模發展，這些船公司當中有已經消失的，如鐵達尼，於1912年4月處女航時撞上冰山後沉沒，也有延續到今天的，如Cunard、P&O、Holland America均為今日嘉年華集團的重要成員（Mancini, 2011），與其他兩大集團──皇家加勒比郵輪以及挪威郵輪，成為今日全球郵輪產業的最大玩家（Cruise Market Watch, 2014）。

一、何謂「郵輪」、「郵輪旅遊」、「郵輪觀光」

　　何謂「郵輪」？回答此一問題須先溯源「郵輪」名稱的由來，「郵輪」乃源於P&O航運公司（於西元1837年創立，為全世界歷史最悠久的郵輪公司）創辦海上客運初期，載客之同時也兼營運送國際郵件業務（mail），此即為傳統「郵輪」中文名稱的由來。其後於1840～1844年間，此種以提供旅客服務的郵輪產業正式展開，為郵輪旅遊之濫觴。

　　因此，「郵輪旅遊」（cruise tour）係指以輪船作為渡假（vacation）之交通載具、旅館住宿、餐飲供應以及休閒場所，以進行船上與陸上休閒、觀光與旅遊等活動。換言之，郵輪就是一個「浮動渡假旅店」（floating resort），就像「帶著Hotel去旅行」，旅客得以隨身攜帶住宿之艙房，跟著郵輪巡航，悠閒享受船上食、衣、住、行、育、樂、購等活動，並享受多種族文化背景員工之貼心溫馨服務；當郵輪停靠各旅遊目的地，盡情探索各地風土民情、悠遊列國；更方便的，旅客可以一次辦妥登輪手續，不需為進出關檢而折騰，也不需為住宿不同旅店而搬進搬出。

總之，郵輪旅遊總合「運輸、旅遊、旅館、餐飲、休閒、活動、服務」等多元屬性，異於傳統旅遊產品，郵輪旅遊產品可以改變地理空間與時間存在的客觀阻礙，克服航空器以及陸上交通工具無法載送遊客到達的困難，因此郵輪旅遊產業（cruise industry）方興未艾，從2003年120萬名旅客，至2013年2,130萬名旅客，十年間成長77%，且持續蓬勃發展（CLIA, 2014），而總攬此種水域旅遊（waterways travel）之所有相關事業之經營，可以創造直接、間接與誘發之龐大產值，遂成為世界各國、各區域亟欲積極發展之「郵輪觀光」（cruise tourism）。

二、郵輪旅遊歷史沿革

郵輪產業由19世紀中期純粹從事海上越洋客貨運輸，直到20世紀逐步經由轉型發展成為海上休閒遊憩之多功能交通工具，自始至今約有一百五十年的歷史。直到21世紀初，挪威籍富商小克羅斯特集資興建全球首創的海上豪宅式郵輪「世界號」，從此投入巨資坐擁「頂級中之頂級」海上豪宅的各國富豪，終得一償悠遊四海又得享家居樂趣之美夢宿願。

接著郵輪產業的目標是使市場大眾化，以改變早期僅限於高端消費市場的情況。策略為使用較大的船舶，運載更多的旅客以達到規模經濟的收益。於1970年代多為1,000人乘客，1980年代則提升為2,000人，至今大型郵輪可達6,000人以上；至此郵輪產業已然於全球旅遊市場中建立屹立不搖的地位，成為重要之觀光旅遊替代選項。

郵輪產業之演進過程，大致分為四時期，說明如下（**表1-1**）：

表1-1 郵輪歷史與發展

時期	年代	重要紀事
越洋客運時期	1801	第一艘Charlotte Dundas附帶服務性質的蒸氣船。
	1819	第一艘Savannah Black Ball Line提供定期航線從美國橫跨大西洋到英國的蒸氣動力客貨運輪船。
	1840	7月4日，第一艘Sam Cunard橫跨大西洋載送母牛並提供旅客新鮮牛乳的郵輪，14天航程。此時開始到1844年間，此種以提供旅客服務的郵輪工業正式展開。
	1843	Isambard Kingdom Brunel建造新船Great Britain，噸數3,270，此船是第一艘鐵製船身，螺旋槳驅動的客輪。
	1844	P&O開始郵輪航線從倫敦到里斯本、伊斯坦堡以及埃及亞歷山大港，到達伊比利半島。

（續）表1-1 郵輪歷史與發展

時期	年代	重要紀事
越洋客運時期	1858	遊客開始付費參加Ceylon，P&O的船船也可以稱為是第一艘郵輪。
	1850～1860	為航程的旅客提升服務品質的興盛時期，船船開始提供宴會餐飲，不再是提供貨運或郵務用途，而是增添了奢華（例如電器照明、更多的甲板空間以及娛樂）。
	1867	作家馬克吐溫搭乘P&O從倫敦到黑海，展開為期六個月的朝聖之旅。
	1881	Ceylon被重新改造成為一艘專為旅客打造目的性的船船。
客輪發展時期	1900～1910	第一艘Prinzessin Victoria Luise地中海郵輪，於20世紀初之1901～1914年間，每年冬季以「避寒航行」方式，於地中海海域營運了十四年之久。
	1911	Victoria Luise成為第一艘專門為了郵輪所打造的船隻。
	1912～1930	1922年Laconia Cunard率先從事環航世界之壯舉，海上郵輪航線自此開始逐步進而擴及大西洋兩岸海域、中美洲加勒比海，最後延伸至北達阿拉斯加、波羅的海，南迄亞太地區以及南太平洋等海域航線。
奢華遊樂時期	1940～1970	二次大戰之後，各家郵輪公司逐步推出較短天數、較低價位航線，以及裝設各式新穎先進之遊憩設施，吸引更多除了傳統銀髮族群旅客外，也吸引較年輕中產階層旅客之參與。
	1970初期～1990年代	1970年初，郵輪工業與旅行業正式展開合作。1980年代《愛之船》電視影集以及1990年代《鐵達尼號》災難電影推波助瀾之宣傳效果，世界郵輪市場持續成長，加速助長郵輪產業持續之發展。
超級巨輪時期	2000年後	1.郵輪產業開始市場區隔以及講求生活化，開啓郵輪大眾休閒旅遊時代。 2.郵輪公司相互併購，郵輪集團出現。 3.各郵輪公司競相打造超級巨輪。 4.亞洲新興市場出現，打造新船因應潮流。 **大事紀——** ・2000年皇家加勒比公司（RCI）海洋探險者號（Explorer of the Seas）加入服務。137,308GRT。 ・2002年全球有7億觀光客，其中估計有1.03億是郵輪旅客。 ・2003年Cunard的瑪麗皇后二號（Queen Mary 2）開始服役，150,000GRT。 ・2003年嘉年華公司與P&O公主郵輪公司合併之後成為最大的郵輪集團。 ・2009年皇家加勒比海洋綠洲號（Oasis of the Seas）加入服役，220,000GRT，為世界上最大之郵輪。 ・2010年全球郵輪市場預估達到300億美元，嘉年華公司掌控全球51.6%利潤，皇家加勒比占25.6%。 ・2011年嘉年華公司宣布第一百艘船。 ・2012年郵輪乘客達到2,090萬人。 ・2013年郵輪乘客達到2,131萬人。 ・2014年至2018年之間，全球有28艘新造郵輪交船，加入國際郵輪市場，郵輪將走向大型化發展。

(一)越洋客運時期

人類在飛行航空時代之前，橫越各洲的旅行大多以船舶運輸為主力，19世紀末至20世紀前期，乃海上定期運輸客輪之鼎盛時期（Gibson, 2012）。直至二次大戰之後的1950年代，噴射客機的投入商業運轉，引發一波航空運輸的革命性發展，越洋客輪才逐漸失去其海上運輸之功能。

(二)客輪發展時期

20世紀初期之郵輪服務對象，大都以中老年有錢有閒之富商鉅賈為主要客群。歐美客輪業者為順應潮流之所趨，在改變船舶噸位、船艙空間及加裝各式休閒娛樂設施，配合南歐愛琴海周邊希臘、西亞以及埃及等三大古文明遺跡景點，著手推動地中海郵輪旅遊航線之開拓（Cartwright & Baird, 1999; Showker & Sehlinger, 2006）。

1. 史上第一艘地中海郵輪Prinzessin Victoria Luise，於20世紀初之1901～1914年間，每年冬季以「避寒航行」方式，於地中海海域營運了十四年之久。1912年冠達郵輪引進Laconia及Franconia兩艘客貨兩用輪船加入郵輪市場。
2. 1912年號稱「永不沉沒」卻不可思議地撞上一座冰山而沉沒的鐵達尼號（Titanic）客船，即以其裝設有餐廳、酒吧、咖啡廳、遊藝室、電影院外，並率先裝設舞廳、游泳池和健身館等遊憩設施，開啟爾後郵輪產業競相以各式奢華遊樂設施廣招來客。
3. Laconia號於1922年從事率先環航世界之壯舉，海上郵輪航線自此開始逐步進而擴及大西洋兩岸海域、中美洲加勒比海，最後延伸至北達阿拉斯加、波羅的海，南迄亞太地區及南太平洋等海域航線（Wynen, 1991; Dickinson & Vladimir, 1997）。

(三)奢華遊樂時期

二次大戰（1937～1945）之後，各家郵輪公司逐步推出較短天數、較低價位航線，以及裝設各式新穎先進之遊憩設施，吸引更多除了傳統銀髮族群旅客外，也吸引較年輕中產階層旅客之參與。

但是郵輪產業在1960年代為最蕭條的時期。一則因當時噴射客機變成國際旅遊的主要選擇，郵輪旅遊被視為過時的凋零產業（Hobson, 1993; Lawton & Butler,

1987），從紐約出發橫渡大西洋之乘客在1960年至1975年減少九成，航空業幾乎腰斬了海運業的載客量（Hobson, 1993）；二則因1960年代的金融危機，許多郵輪公司因此宣告破產。後來在1970年代以橫渡大西洋之皇家加勒比郵輪再起，但當時因為石油危機對於產業成長稍有影響（Lawton & Butler, 1987）。

到了1980年代，《愛之船》（Love Boat）電視影集掀起了歡樂享受的美式郵輪（公主號）風潮，接著1990年代電影《鐵達尼號》（Titanic）風靡全球，也引發人們對郵輪的憧憬，自此，世界郵輪市場持續成長，更加速助長郵輪產業持續之發展（Orams, 1999）。

Tui集團的Mein Schiff 2郵輪（建於1997年）停泊在哥本哈根港口（李銘輝攝）

(四)超級巨輪時期

2000年後，郵輪公司開始建造越來越大的郵輪、具備更多元化休閒設施的輪船，以吸引／容納更多的遊客，包括皇家加勒比郵輪公司（RCL）之海洋航行者號（Voyager of the Seas）、海洋自由號（Freedom of the Seas）、海洋綠洲號（Oasis of the Seas）以及海洋魅麗號（Allure of the Seas），嘉年華郵輪集團（CCL）之瑪麗皇后二號（Queen Mary 2）。另外，郵輪公司之間的併購，郵輪集團應運而起，也推動全球郵輪旅遊市場擴展，催生郵輪大眾休閒旅遊的時代來臨，時至今日，根據Cruise Market Watch（2015），全球有大、小郵輪達298艘，旅客承載量達486,385，創造396億美元產值（詳述於本章第二節全球郵輪產業現況與發展）。

鑽石公主號（11.6萬噸，18層樓高）於2004年在日本長崎下水典禮之英姿（李銘輝攝）

第二節　全球郵輪產業現況與發展

一、全球郵輪產業現況

郵輪市場因為口耳相傳而成長驚人，愈多人參與郵輪旅遊愈帶動此市場，全球郵輪市場從1990～2018年估計年成長率7%。根據2015年Cruise Market Watch公布郵輪趨勢預測，2015年郵輪產業會有396億美元產值（與2014年比較成長6.9%）；搭乘之遊客估計有2,220萬人（與2014年比較成長3.2%）。雖然如此，郵輪產業相對於其他已成熟的觀光產業，例如澳門一個旅遊地擁有年逾三千萬遊客，還有極大的成長空間，郵輪市場仍然大有可為。

(一)主要郵輪集團市占率、收益比率及承載量

全球前三大郵輪集團分別是嘉年華郵輪集團（Carnival Corporation & plc, NYSE: CCL）、皇家加勒比郵輪集團（Royal Caribbean Cruises Ltd. Co., NYSE: RCL）以及挪威郵輪集團（Norwegian Cruise Line Holdings Ltd., NASDAQ: NCLH），共占全球載客量之81.6%，全球收益之76.7%。

　　新近郵輪只能用大來形容，目前全世界最大的兩艘郵輪，由皇家加勒比國際集團（RCI）所經營，其中海洋綠洲號共耗資14億美元，噸位225,282噸，載客量5,400名乘客，2,160名組員，如果包括在房間內加床，最多可容納6,296名乘客。海洋綠洲號2009年首航，主要負責加勒比海航線。

　　海洋魅麗號耗資約12億美元，噸位222,900噸，可容納載客量5,400名乘客，2,176名組員，如果包括在房間內加床，最多可搭載6,360名遊客。甚至設計了可以伸縮的煙囪，以便通過海峽橋樑。於2008年2月開始建造，2010年12月下水（**表1-2**）。

表1-2　全球巨輪競造歷程

郵輪	年代	噸位	所屬公司／集團	說明
嘉年華命運號 Carnival Destiny	1996	101,353	CCL	・首破10萬噸以上郵輪 ・載客量2,642名 ・2008年、2013年重新組裝為Carnival Sunshine服役至今
偉大公主號 Grand Princess	1998	109,000	1998-2003年屬P&O Princess Cruises 2003年後屬CCL	・載客量3,100名 ・是當時最大也最貴的客輪
海洋航行者號 Voyager of the Seas	1999	140,000	RCL	・1999年最大噸位郵輪 ・首創高達70公尺的攀岩設備 ・載客量3,138名
瑪麗皇后二號 Queen Mary 2	2004	148,000	Cunard/CCL	・在2003年為世界上最長、最寬和最高，總噸位最大的客輪 ・載客量2,620名，1,253名組員
海洋自由號 Freedom of the Seas	2006	158,000	RCI/RCL	・全長339公尺，比QM2略短6公尺，寬度則比QM2多15公尺 ・載客量4,000多名，超過QM2的1.5倍
海洋綠洲號 Oasis of the Seas	2009	225,282	RCI/RCL	・載客量5,400名，2,160名組員 ・內建中央公園、露天劇院、各式餐廳、健身房、購物中心等各類豪華設施
海洋魅麗號 Allure of the Seas	2010	222,900	RCI/RCL	・載客量5,400名，2,176名船員 ・海洋綠洲號姊妹號，同為現今最大郵輪

註：CCL：嘉年華郵輪集團；RCL：皇家加勒比郵輪集團

郵輪上的迷你高爾夫球場甚受遊客喜愛（李銘輝攝）

　　至於全球郵輪旅客市占率、收益比率、載客量及船舶數如**表1-3**，其中CCL所占旅客人數47.7%以及收益比率41.8%最高，其次是RCL，其旅客人數占22.7%以及收益比率占21.8%。

表1-3　全球郵輪旅客市占率、收益比率載客量以及船舶數

母公司	旅客市占率	收益比率	載客量	船舶數
CCL	47.7%	41.8%	235,653	106
RCL	22.7%	21.8%	104,898	42
NCL	9.0%	8.2%	44,990	22
PCH	0.8%	3.4%	6444	8
其他	19.8%	24.7%	100,844	128
加總	100.0%	100.0%	486,385	298

資料來源：Cruise Market Watch's proprietary Cruise Pulse™ and Port Pulse™ databases, Royal Caribbean Cruises, Ltd., Carnival Corporation and plc, NCL Corporation Ltd., Thomson/First Call, Cruise Lines International Association (CLIA), The Florida-Caribbean Cruise Association (FCCA) and DVB Bank.

(二)郵輪產業新增船舶概況

　　2014～2016年之間，主要郵輪公司新船及載客量如**表1-4**。2014年新船計有6艘，載客共計17,410人。2015年新船計有7艘，載客共計18,853人。2016年新船計有

10艘,載客共計22,309人。

　　在2017年前,至少有15艘新郵輪、增加39,637名載客量,為郵輪產業帶來超過36億美元的年收益。而在2019年之前,將再增2,530萬郵輪旅客,其中估計有55.8%來自北美,25.1%來自歐洲,以及19.1%來自其他地區。

表1-4　2014～2016年主要郵輪公司新船及載客量

航運公司	船名	日期	乘客數
2014 新船			
NCL	Norwegian Getaway	Jan-14	4,000
Princess	Regal Princess	May-14	3,600
Tui Cruises	Mein Schiff 3	Jun-14	2,500
Pearl Seas Cruises	Pearl Mist	Jun-14	210
Costa Cruises	Costa Diadema	Oct-14	3,000
Royal Caribbean	Quantum of the Seas	Nov-14	4,100
總數	6		17,410
2015 新船			
P&O Cruises	P&O Britannia	Feb-15	3,611
AIDA Cruises	AIDAprima	Mar-15	3,250
Viking Ocean Cruises	Viking Star	May-15	928
Tui Cruises	Mein Schiff 4	May-15	2,500
Royal Caribbean	Anthem of the Seas	Jun-15	4,100
Compagnie du Ponant	未命名	Jun-15	264
NCL	Norwegian Escape	Oct-15	4,200
總數	7		18,853
2016 新船			
Holland America	未命名	Feb-16	2,660
AIDA Cruises	未命名	Mar-16	3,250
Viking Ocean Cruises	未命名	Mar-16	928
Royal Caribbean	未命名	Aug-16	4,180
Royal Caribbean	Oasis III	Aug-16	5,400
Regent Seven Seas	Explorer	Aug-16	738
Viking Ocean Cruises	未命名	Oct-16	928
Seabourn Cruise Line	未命名	Oct-16	225
Carnival	Vista	Oct-16	4,000
Clive Palmer	Titanic II	Nov-16	1,680
總數	10		22,309

資料來源:Cruise Market Watch′s proprietary Cruise Pulse™ and Port Pulse™ databases, Royal Caribbean Cruises, Ltd., Carnival Corporation and plc, NCL Corporation Ltd., Cruise Lines International Association (CLIA), The Florida-Caribbean Cruise Association (FCCA) and DVB Bank.

(三)郵輪旅客特性

◆行程天數

根據CLIA（2014）報告，2012年與2013年之比較，在各種郵輪旅遊天數上的旅客均呈現成長趨勢；尤其是18天以上的遊程成長最多。由此數據也顯示郵輪旅遊旅客選擇遊程逐漸傾向較長程之趨勢，如**表1-5**。

表1-5　2012年與2013年之郵輪旅客旅遊天數比較

	2012年		2013年		增／減	
	遊客人數	百分比	遊客人數	百分比	遊客人數	百分比
1～5天	3,797,138	33.27%	3,770,905	32.90%	-26,233	-0.69%
6～8天	5,966,229	52.28%	5,952,684	51.93%	-13,545	-0.23%
9～17天	1,556,507	13.64%	1,622,830	14.16%	+66,323	+4.26%
18天以上	93,178	0.82%	116,365	1.02%	+23,187	+24.88%
總數	11,413,052	100.00%	11,462,785	100.00%	+ 49,733	+0.44%
北美以外	5,534,222		6,139,937		+605,715	+10.94%
全世界	16,947,274		17,602,721		+655,447	+3.87%

資料來源：CLIA (2014).

◆旅客來源區域

旅客來源區域之估計，根據Cruise Market Watch（2013），針對2014～2018年的估計，由2014年之北美1,296萬，歐洲582萬，全球2,155萬，至2018年北美1,418萬，歐洲656萬，全球2,414萬，北美仍是郵輪旅遊的首要市場客源區域，如**表1-6**所示。

表1-6　遊客來源區域估計

年度	北美	歐洲	其他地區	全球
2014	12,966,000	5,820,000	2,770,000	21,556,000
2015	13,286,000	6,010,000	2,922,000	22,218,000
2016	13,583,000	6,192,000	3,073,000	22,848,000
2017	13,881,000	6,377,000	3,230,000	23,488,000
2018	14,186,000	6,568,000	3,392,000	24,146,000

資料來源：Cruise Market Watch網站

針對2015年，Cruise Market Watch（2015）預估全球郵輪旅客分布預估，最大宗客源仍是來自北美洲占58.6%（加拿大、美國以及墨西哥），歐洲次之為25.9%，亞洲8.5%，以及澳洲4.3%。2015年底預估全球郵輪可容納旅客為486,385人，共計298艘船舶。

◆遊程花費

Cruise Market Watch（2015）估計旅客平均每次行程花費約1,779.82美元，比2014年成長3.5%。2014年平均每位乘客每天花費222美元，其中票價168.43美元，以及每天53.57美元在船上之花費。平均郵輪旅程為8天。全球所有郵輪港口中遊客以及船務人員之直接花費共約189億美元。

◆旅遊動機

根據2014年5月Cruise Market Watch之研究，在年輕世代之遊客越來越喜歡郵輪旅遊。調查1,647名年紀介於18～30歲之成人，其中有17%在過去五年有郵輪經驗，88%願意再去郵輪旅遊，其中9%正在規劃或是訂位。而喜歡郵輪的原因依序為船上多樣化活動（62%），全包式的花費（54%），較無壓力的規劃或預定旅程（44%），一次假期旅遊多個目的地（37%），比其他旅遊選項更吸引人（23%）。

黃金公主號（Golden Princess）全長290公尺，停泊於阿拉斯加的港口，右後側的房屋顯得特別嬌小（李銘輝攝）

二、亞洲郵輪產業發展現況

國際郵輪協會CLIA（Cruise Lines International Association, 2013）指出，亞洲郵輪市場年成長率平均已達8～9%，高於全球平均成長率的7%，且亞洲郵輪旅客每五年成長約50萬人次，顯示郵輪市場板塊已逐漸從歐美地區遷移至亞洲，兩岸郵輪經濟圈也趨勢崛起，因此郵輪旅遊產業以前所未有的速度成長，現在已經延伸到亞洲和中國，中國市場被認為是未來在郵輪旅遊最被看好的市場（Benjamin, 2012）。

(一)亞洲郵輪市場現況

亞洲郵輪協會ACA（Asia Cruise Association, 2013）指出，亞洲市場在2020年時，亞洲郵輪旅客人次將達380萬人。預估到2030年，亞洲的郵輪旅客將會達1,100萬人。在亞洲的郵輪航線陸續開發後，將會使全球的郵輪旅客從1,500萬增加到3,500萬人。

換言之，至2030年亞洲的郵輪市場將會占全球總郵輪市場的三分之一；而東亞部分含中國、台灣、南韓，在2015年以前郵輪旅客將達100萬人次，占據整體亞洲旅遊之二分之一強，因此格外備受矚目（Ocean Shipping Consultants, 2014），詳如**表1-7**。

根據CLIA的統計，2013年亞洲搭郵輪的旅客雖仍未在全球郵輪客源地前10名，但不容國際郵輪公司忽視的是擁有全球超過一半以上人口的亞洲，儘管目前只有1%不到的旅客選擇郵輪作為旅遊方式，但只要稍有成長，都能為郵輪公司帶來極為可觀的收入。

表1-7　亞洲郵輪旅客人次預測　　　　　　　　　　　　　　　　　　　　單位：萬人次

區域別	2005年	2010年	2015年	2030年
日本	23	27	32	36
東亞（含中國、南韓、台灣）	44	72	100	120
東南亞、其他	4	55	7	82
亞洲小計	107	154	202	1,100
全球總計	1,360	1,800	2,260	3,500
亞洲占全球比率	8%	9%	9%	31.4%
全球成長率		29.5%	11.1%	19%
亞洲成長率		43.9%	31.2%	17.8%

資料來源：Ocean Shipping Consultants (2005).

　　根據ACA在2014年的報告，目前中國郵輪市場發展的成長速度已超過郵輪傳統客源市場北美地區。根據中國交通運輸協會郵輪遊艇分會統計，中國搭乘郵輪的人數從2005年1萬人次至2013年已經高達140萬人次，在八年間成長140倍，也讓郵輪公司看到新市場。

　　目前中國市場已成為嘉年華與皇家加勒比雙雄鼎立的布局，隸屬嘉年華旗下的公主郵輪將藍寶石公主號（Sapphire Princess）主打中國與東南亞市場，鑽石公主號（Diamond Princess）主打日本市場；而歌詩達郵輪也引進賽琳娜號（Costa Serena），在中國地區的運力增加74％。至於皇家加勒比郵輪公司除了原有的海洋航行者號、海洋水手號（Mariner of the Seas）、海洋神話號（MS Legend of the Seas）外，還引進旗下最新的16萬噸海洋量子號（Quantum of the Seas）進駐上海（旅報，2014）。

　　而香港則隨著啓德郵輪碼頭於2013年6月落成，憑藉著優越的地理位置、國際級的接待設施，擬與鄰近港口合作，以優越的產品，爭取成為亞洲郵輪樞紐。香港啓德碼頭是由WFS所營運，在全球經營120個機場，在香港第一次經營碼頭，並與皇家加勒比國際郵輪公司合作，訪港郵輪旅客數量也在增加之中。

航行於中國長江三峽的郵輪（李銘輝攝）

(二)亞洲郵輪船隊與航程現況

◆航行亞洲郵輪船隊

　　CLIA（2014）於首份亞洲郵輪市場分析報告中指出，2015年將有26個郵輪品牌、52艘郵輪，共計1,065個航次投入亞洲市場，其中「亞洲航程」較2014年增加10.6%，「遠洋郵輪經亞洲」則有19%較大幅度的增長，亞洲郵輪航程也從2013年的861個增加至2015年的1,065個，增幅達11.2%。亞洲郵輪人口每年都保持20%的成長，預估2015年可達217萬人次。

　　在2014～2015年投入亞洲市場的62艘船隊中，含1艘超大郵輪（mega ship）、11艘大船（large ship），26艘中船（mid-sized ship），以及24艘小船（small ship）（**表1-8**），其中大型郵輪可吸納約113.9萬人次的載客量，中型郵輪可吸引88.3萬人次，小型郵輪則有約2.7萬人次。

　　包括皇家加勒比、精緻郵輪、歌詩達、公主郵輪、麗星郵輪、皇后郵輪、P&O郵輪、荷美郵輪、AIDA郵輪、水晶郵輪、飛鳥2號、麗星七海郵輪、璽寶郵輪、精鑽俱樂部郵輪、銀海郵輪、星風郵輪等共26個品牌，排水量超過9萬噸的12艘，介於4～9萬噸的中型郵輪26艘，低於4萬噸以下的小型郵輪共24艘。

　　其中有9艘全年度在亞洲，13艘在亞洲服務超過五個月以上。雖然超過9萬噸以上的大型郵輪僅有12艘，超過13萬噸的僅有3艘，但這些郵輪幾乎都是提供一整年或長期服務於亞洲；而中型船是亞洲最常出現的噸位，但多半僅負責季節性航程，而小型郵輪則提供各種天數的服務，但最受歡迎的多半是遠征航程。 提供超過1,065個航次，包括981個為亞洲區域航程，以及84個經過亞洲的遠洋航程。

◆亞洲郵輪航程

　　目前亞洲區域內的航程仍以短天數為主流，其中2～3晚的航程有425個，占43%，4～6晚的航程有367個，占37%，而7～13晚的航程占12%，超過兩星期的占7.5%，2014年郵輪公司在亞洲增加的航次共有88個。

　　2013～2015年船隊亞洲區的服務天數每年保持15%的成長率，其中東亞航程的天數2,934天，占總天數51%，且每年保持成長20.5%；東南亞2,529晚，成長10%；南亞361晚，雖然僅占整體天數的6%，但成長最多，達34.4%。其中205萬為搭乘亞洲區域航程的旅客，有11.5萬旅客是參加遠洋航程途經亞洲的旅客。

表1-8　2014～2015年航行亞洲之國際郵輪

大小	品牌	船名	載客量PAX	噸位GRT
1艘超大型	RCI	Quantum	4,180	167,800
11艘大船	RCI	Mariner	3,114	138,279
		Voyager	3,114	137,276
	Celebrity	Mellenium	2,186	91,000
	Costa	Serena	3,780	112,000
		Luminosa	2,260	92,700
		Deliziosa	2,862	92,600
		Atlantica	2,680	85,700
	Princess	Diamond	2,706	115,875
		Sapphire	2,678	115,875
	Cunard	Q Mary 2	2,620	151,400
		Q Elizebeth	2,068	90,400
26艘中船	Star	S/S Virgo等4艘	1,418-1,850	42,285-75,338
	Costa	Victoria	2,398	75,200
	Princess	Sea等3艘	1990-1998	77,441-77,499
	P&O UK	Arcadia等2艘	1874-2,016	76,152-83,781
	P&O AU	Pacific Jewel	1,950	70,000
	Holland America	Volendam等4艘	1,258-1,432	55,819-61,396
	AIDA	AIDA Sol等3艘	1,266-2,174	42,289-71,304
	RCI	Legend	1,826	63,130
	Celebrity	Century	1,806	71,545
	Crystal	Serenity等2艘	940-1,080	51044-68000
	NYK	Asuka 2	872	50,142
	Regent 7 Seas	Seven Seas Voya	700	49,000
	Fred.Olsen	Balmoral	1,350	43,537
	Hapag-Loyd	Europe 2	516	42,830
24艘小船	Princess等船隊		102-804	4,000-32,000

資料來源：CLIA (2014).

第三節　台灣郵輪產業發展現況

　　台灣四面環海，港口眾多，加上地處東亞島弧的樞紐位置，先天原有發展航務、運輸、海洋觀光等優勢。而港口是重要商貿服務據點，也是旅遊景點及觀光出入口岸，從小型的遊艇、中型的渡輪到大型的郵輪，都是港灣經濟的重點。有鑒於

近年來世界各國積極發展郵輪產業，冀帶動郵輪產業鏈，創造郵輪經濟，台灣亦積極部署中。

一、台灣國際郵輪港口發展政策

針對港灣的再造與發展，我國政府除了公布「台灣地區整體國際港埠發展規劃」外，也持續鼓勵推動港市合作概念，在政策上希望推動基隆、高雄發展成為國際郵輪重點母港。目前皆由台灣港務公司整合國內重點港口發展，首先配合各縣市政府政策致力打造郵輪旅遊友善環境，改善旅運設施。

例如與高雄市政府合作，投入約300億資金推動「亞洲新灣區」計畫，預計2018年左右完工。此計畫除了要開啟港灣城市的新風貌，爭取全球觀光旅客之外，也希望引進國際型娛樂產業、水上餐廳、免稅購物中心、遊艇俱樂部、高級飯店等；其航線地圖上將以高雄1～22號碼頭為起點，往南與香港連接、往西與廈門連接、往北與上海連接，加上與基隆、澎湖、大陸廈門的串聯，將成為台灣第一個「兩岸郵輪圈」。

另外，基隆港郵輪旅客目前位居台灣各港口之冠，也坐穩台灣港口郵輪母港地位。為因應國際郵輪及兩岸直航客運業務發展趨勢，基隆港東岸將為國際郵輪基地，朝「港埠商業區」發展。東1～4號碼頭除了供國際郵輪靠泊使用外，將興建現代化國際級旅客大樓、通關大廳及商業城，經營客運、商業、購物及休閒商旅，提升港口附加價值，帶動地方繁榮（交通部航港局，2015）。

而在中央，觀光局於2014年6月修訂「交通部觀光局推動境外郵輪來台獎助要點」，鼓勵郵輪公司亞洲航線儘量增加停靠台灣港口。經由中央與地方各級政府的努力，期建設台灣國際郵輪港埠，吸引更多高端消費的國際郵輪觀光客來台旅遊，發展台灣郵輪觀光。

另於2014年2月與香港旅遊發展局簽署「亞洲郵輪專案」（Asia Cruise Fund, ACF），海南與菲律賓陸續加入，共同拓展亞洲郵輪版圖。

同時，國際業者也看好台灣未來發展前景，公主郵輪、麗星郵輪外，皇家加勒比郵輪等也陸續以基隆港、高雄港為母港。根據預報船期，2015年基隆、高雄分別迎接定期與不定期國際郵輪約260航次及53航次，可望推升二大國際商港國際郵輪客運業績，而花蓮港在2015年也預計有13航次（台灣港務公司，2014）。

「郵輪母港」與「停泊港」

　　國際郵輪港口一般分為母港與停泊港。Maj（2001）將郵輪港口分成「郵輪母港」（Origination Port；Homeport）以及「停泊港」（Port of Call；Destination Port）兩類，並將郵輪母港定義為：靠近郵輪市場，具空陸運支援，可進行郵輪本身之維護與補給，滿足旅客住宿及觀光需求。而停泊港則主要為觀光目的、航程約三至七天的郵輪港口（趙元鴻，2005）。郵輪母港除了須提供包括旅客上下船、燃料、食物等備品之補給，並提供郵輪足夠的停泊位及設備電力之連結等服務外；外部則應能提供旅客完整的空陸運輸系統，使旅客得以快速上下郵輪並進行陸上觀光遊程。世界郵輪母港之首，前三名為美國佛州邁阿密港（Port of Miami, Florida），次為美國佛州埃弗格雷斯港（Port Everglades, Florida），再者為波多黎各聖胡安港（Port of San Juan, Pureto Rico）。

二、台灣國際郵輪停靠發展

　　國際郵輪產業中，對於港口而言，能夠成為母港或是停靠港，對當地整體經濟效益均有所提升（Gibson, 2006）。台灣郵輪觀光為推展新局，以基隆、高雄為重點港口，以下說明。

(一)基隆港

　　基隆港從2012年起不定期母港作業逐年增長，逐漸躋身國際郵輪母港的行列。公主郵輪旗下船隊藍寶石公主號於2006年首航基隆，揭開公主郵輪在台灣不定期過境旅遊的序幕。之後鑽石公主號、海洋公主號（Ocean Princess）、太陽公主號（Sun Princess）也相繼於2008年、2009年、2013年來到基隆。2014年藍寶石公主號、太陽公主號分別執行基隆母港航次，麗星郵輪則有87艘次居冠，奠定基隆港為郵輪母港的發展利基。

　　2015年藍寶石公主號、海洋航行者號、大西洋號（Costa Atlantica）共有18航次的母港作業，可容納92,500名載客量；而在麗星郵輪的定期母港作業，將提供全年度87航次、243,600名載客量。基隆港2015年的旅客人次將以9%年增率持續穩定成長（台灣港務公司，2015）。

(二)高雄港

　　2014年進出高雄港的郵輪達45艘次，進出港郵輪旅客人次破13萬人次，其

停泊於基隆港的麗星郵輪（李銘輝攝）

中，麗星郵輪來訪高雄港的船28艘次，占六成之多，旅客人次76,259。

2015年預報郵輪船班有51艘次，麗星郵輪20艘次，占近四成。隨著9號碼頭啓用全新旅運通關設施，將以基隆跟高雄作爲母港，開闢高達32航次郵輪，分別是處女星號（SuperStar Virgo）27航次、寶瓶星號（SuperStar Aquarius）5航次。

三、台灣郵輪旅遊現況

台灣掀起郵輪熱潮，2014年商港進出旅客達138萬人次，國際郵輪達518艘，共計約72萬人次。2014年國際郵輪到港數以及旅客人次，分別較前年成長38.87%與31.42%。其中基隆港旅客更是占61.95%，顯見已具發展爲國際郵輪母港的潛力。

第一艘行駛於台灣之國際郵輪爲麗星郵輪之山羊星號（SuperStar Capricorn），於1996年停泊基隆港，然於2005年秋季因營運業績不佳而暫停台灣市場營運。2002年隸屬公主郵輪的星辰公主號（Star Princess）11萬噸郵輪首度抵台。

麗星郵輪2007年中再以天秤星號（SuperStar Libra）郵輪進駐台灣港口，恢復台灣基隆港、高雄港之航線營運，更增加了澎湖與馬公港兩個新港口，來往與日本沖繩、與那國群島及石垣群島間之航線營運，並成爲唯一定期航線（中時電子報，2007）。

隸屬公主郵輪的星辰公主號11萬噸郵輪於2002年首次抵台（李銘輝攝）

到了2012年「海洋航行者號」首度停靠於基隆港，2013年續有義大利歌詩達郵輪公司「大西洋號」進入，國際郵輪定期航線增長至85航次，而2014年基隆港出發的旅客人次創下57萬人次的新高，業界稱2014年是「台灣郵輪的元年」（旅報，2014）。而2015年根據台灣港務公司預估台灣將可吸引超過350艘郵輪停靠。

從1996～2015年底為止，由台灣啟航國際郵輪旅遊，依國際郵輪公司、停靠港口、旅遊產品，彙整如**表1-9**。

表1-9 1996～2015年由台灣出發國際郵輪旅遊

日期	郵輪名稱	停靠港口	旅遊產品	隸屬集團
1996年	麗星郵輪 山羊星號	基隆港	基隆港、石垣、那霸、慶良間的定期航線，分3天2夜、4天3夜及5天4夜等遊程	NCLH
2002年	星辰公主號	基隆港	基隆、日本沖繩和大阪，航程12日	CCL
2007年	麗星郵輪 天秤星號	基隆港、高雄港、澎湖港、馬公港	日本、沖繩、石垣島	NCLH
2012年8月	海洋航行者號	基隆港	基隆、福岡、濟州島 基隆、濟州、天津	RCL
2013年5月	海洋航行者號	基隆港	濟州福岡 釜山長崎	RCL

（續）表1-9　1996～2015年由台灣出發國際郵輪旅遊

日期	郵輪名稱	停靠港口	旅遊產品	隸屬集團
2013年6月	大西洋號	基隆港	「釜山、鹿兒島6天」「鹿兒島、濟州6天」	CCL
2013年9月	海洋水手號	基隆港	北京寶健國際集團包船	RCL
2014年1月	維多利亞號	基隆港	香港、三亞、下龍灣5日	CCL
2014年2月	維多利亞號	基隆港	香港、三亞、峴港、下龍灣6日	CCL
2014年5月	藍寶石公主號	基隆港	鹿兒島、長崎6日 基隆、沖繩4日	CCL
2014年6月	大西洋號	基隆港	鹿兒島、釜山6日 鹿兒島、濟州6日	CCL
2014年6月、7月	維多利亞號	基隆港	鹿兒島、長崎6日 鹿兒島、長崎、釜山7日	CCL
2014年月	海洋航行者號	基隆港	長崎別府、神戶8日 福岡、長崎6日 沖繩3日	RCL
2014年10月	太陽公主號	基隆、高雄港	中國三亞 越南下龍灣 台灣離島 日本、香港	CCL
2014年5月	太陽公主號	花蓮港為母港	琉球群島及神戶，9日行程，停靠神戶港、京都、奄美大島、沖繩以及石垣島後回到花蓮港	CCL
2015年3月	麗星郵輪寶瓶星號	高雄、香港為雙母港	高雄啟航的香港自由行、沖繩雙嬉假期、香港＋三亞＋下龍灣航程	NCLH
2015年	藍寶石號	基隆港為母港	3～7日前往日本長崎、沖繩、鹿兒島及香港的航程	CCL

註：嘉年華郵輪集團（CCL），皇家加勒比郵輪集團（RCL），挪威郵輪集團（NCLH）

第四節　郵輪產業鏈

　　郵輪產業包括上游造船業、中游之郵輪公司、港埠服務業，與下游之郵輪接待服務業。亦即，郵輪產業鏈是以郵輪為主體，其中包含休閒、觀光、遊憩等活動，外圍則包含船舶製造、港口服務、後勤支援、交通運輸、遊覽觀光、餐飲購物和銀行保險等行業共同形成郵輪產業鏈。

　　成功之郵輪產業連結，多是以中游之郵輪公司或港埠服務業（郵輪母港）為核心運作，進行上中下游整合，而郵輪產業所創造之經濟效益是兼及城市以及港口。

　　郵輪的各級產業連結之關鍵，在於上游到下游之間，建構一個核心競爭力的產業主體，國外的成功案例，不外乎二者，一是由國際大型郵輪公司組建（如加入CLIA的會員航商），二是從郵輪母港進行上下游產業整合之經營，以此二者擇一作為核心控制的產業中樞。

　　而產業相互之關係乃上下游形成互相依存、共存共榮之關係。以歐美郵輪市場為例，其郵輪經濟具有強大生命力，與成熟之產業鏈緊密結合息息相關，從郵輪公司、郵輪港口、旅遊接待、景點服務等各產業，透過溝通、協調、合作、妥協等，提供旅客觀光、購物、餐飲、休憩、娛樂等一系列服務，其中默契與配合度是基本要求，如此才能互惠互利。例如，提供機位之航空公司與郵輪公司異業結盟，彼此提供合理價位之機票與船票，共創更好的服務，並共享利潤（濮大威，2010）。

　　因此，郵輪旅遊的發展能夠自然形成一條相互依存的產業鏈。首先，郵輪到港的城市可以成為國際消費群體的人流集散地。一般而言，一艘郵輪載有相當於6架波音747飛機的遊客，其主要目標是消費旅遊，對於提升城市消費極有貢獻。其次是為郵輪提供服務的各項產業，例如餐飲、飯店、港口、旅遊景點等，均產生相當規模之市場商機。例如，根據估計以麗星郵輪公司的東亞船隊而言，每年消費7,000萬盒雞蛋和超過8,000噸蔬菜。此外，也因郵輪的製造和維修而促進造船產業的發展。

　　事實上，郵輪港市與全球郵輪公司之間的競合關係複雜。郵輪公司產品之主要直接競爭者是陸上渡假村，但同時也需要許多陸上服務才能完成觀光客的需求。所以能創造雙贏，就是最佳策略。例如2013年台港簽署郵輪合作協議，為激勵市場，即送出主題遊樂園抵用券25,000張。又如迪士尼公司所屬的豪華郵輪「迪士尼郵輪」（Disney Cruise Line），目前有「遊樂園」主題，推廣美國主題遊樂園，並且結合活動、送機票、與業者合作。因此港口城市以及國際郵輪之間的關係極為複雜，目的地港市以及郵輪公司在旅遊市場操作上可能是既競爭又合作的關係，因為都希望能得到遊客的花費（Gui & Russo, 2011）。

　　綜合以上，Gui與Russo（2011）提出郵輪產業之全球價值鏈（Global Value Chain, GVC）觀點，透過觀光客在所有旅遊相關活動，說明郵輪產業鏈之關係，包含交通、飯店、岸上服務等等，如圖1-1所示。

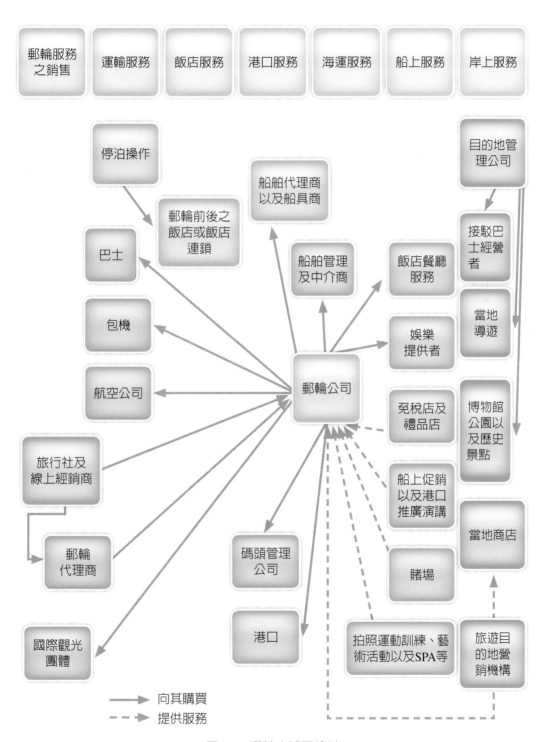

圖1-1　郵輪全球價值鏈

資料來源：Lorenzo Gui & Antonio Paolo Russo (2011). Cruise ports: A strategic nexus between regions and global lines-evidence from the Mediterranean. *Maritime Policy & Management, 38*(2), 133.

　　從郵輪公司角度來看，加值鏈的產生就從選擇增加或停靠一港口開始。除了考量該港口可提供遊客體驗型態之外，也要考慮短期及長期之獲利。除了港口收取之費用外，郵輪公司還會在意該地提供乘客的品質優劣以及安全與否。因此也會要求諸如停泊設備、設施規劃、機場以及港口或是海關服務、計程車車隊、高品質岸上觀光服務、購物服務等等。

　　發展郵輪產業將帶來諸多經濟效益，即所謂的郵輪經濟。若成為郵輪母港（homeport，係指以該港埠為郵輪的起點或終點），乘客會在郵輪旅程開始前或結束後在港口城市停留較長時間，所產生的效益又更為可觀。郵輪產業所帶來的效益，除了港口收費等直接經濟效益外，亦包括物料及相關支援服務等的開支、乘客和船員的消費，以及為相關行業（例如周邊餐飲業、船務保險業等）創造就業機會。

　　但以基隆港而言，近年來靠泊的國際郵輪除了麗星郵輪以基隆港為母港外，多屬朝至夕離，屬短暫停留的過路客，靠泊時間多在八至十二小時內，對地方觀光產值效益有限。台灣係屬海島型國家，位處東北亞及東南亞的交會點，地理位置佳，在港埠功能應多元化發展的今日，發展郵輪產業除了可增進港埠功能外，又可帶動周邊極大的經濟效益（蔣昭宏，2013）。

　　針對郵輪業發展，上海、天津等沿海城市近年也推出系列優惠政策，以吸引郵輪公司進駐當地註冊經營，尤其稅收、船舶註冊等優惠政策，加速郵輪上下游產業鏈的業務連結，從單一的郵輪碼頭經營商，走向郵輪產業綜合服務商轉型，提供了另一大商機（台灣新生報航運版，2014）。

Chapter 2

郵輪品牌介紹

⚓ 三大國際郵輪集團

⚓ 主要國際郵輪公司（船隊）

⚓ 郵輪產業之市場區隔與郵輪評鑑

知己知彼，瞭解世界主要郵輪集團及知名船隊，以及在旅客心目中之評鑑（排名或特色），為郵輪管理之首要資訊，也是旅遊業者必備之知能。

第一節　三大國際郵輪集團

目前國際郵輪產業中，有三大郵輪集團，2014年占了全球國際郵輪近八成的載客量（81.6%）與營收（76.7%）（Cruise Market Watch, 2015），茲介紹如下。

一、嘉年華郵輪集團（Carnival Corporation & plc; NYSE: CCL）

嘉年華郵輪船隊創立於1972年，旗下擁有世界知名郵輪船隊共達47艘，2014年全球旅客人數47.7%以及收益比重41.8%，穩居全世界最龐大、經營最成功的郵輪船隊地位。嘉年華郵輪總部位於美國邁阿密，嘉年華旗下共有11個國際知名的郵輪品牌，除了與集團同名的嘉年華郵輪（Carnival Cruise Lines）船隊外，並包括有荷美郵輪（Holland America）、公主郵輪（Princess Cruises）、歌詩達郵輪（Costa Cruises Line）、P&O郵輪（P&O Cruises）、AIDA郵輪（AIDA Cruises）、伊比羅郵輪（Ibero Cruises）、海洋村郵輪（Ocean Village），以及走頂級路線的星風郵輪（Windstar Cruises）、璽寶郵輪（Seabourn Cruise Line）、冠達郵輪（Cunard Line）等，總計郵輪數目近100艘之眾（**表2-1**）。

2013年6月，全新的皇家公主號（Royal Princess）登場，可乘載旅客人數達3,600名。皇家公主號2013年6月分別推出從南安普敦航向巴塞隆納，12天地中海全覽，18天威尼斯之旅等。

為強化在日本市場的耕耘，公主郵輪旗下的太陽公主號2013年新增以日本為起迄點的整季航程。行程主題包括黃金週節慶、溫泉，甚還有延伸到俄羅斯海域、韓國與台灣港口的產品，以9、12日行程為主。

嘉年華的紅色尾巴掛在煙囪上很醒目（李銘輝攝）

表2-1　嘉年華郵輪集團主要船隊比較

	嘉年華郵輪	荷美郵輪	公主郵輪	歌詩達郵輪
平均噸數	較大	4～7噸的中型船為主	7～13萬噸，範圍較廣	5～10噸左右皆有，範圍較廣
風格特色	美式，設計也多以熱鬧、年輕化為主	歐式風格，強調較為精緻的服務，風格也較為沉穩	美式路線，強調歡樂氣氛	強調義大利歐式風情
船隊規模	25	14	17	15
路線	阿拉斯加、加勒比海、美加東、墨西哥蔚藍海岸、歐洲全覽及南美洲等六大路線。	5月主打的阿拉斯加8天7夜之旅，還有9月份地中海25天及11天兩種主題行程，另外1～3月出發的西加勒比海探險8天。	阿拉斯加、地中海、波羅的海、北歐峽灣等主流產品之外，尚有土希埃黑海之珠的特色行程。	地中海、波羅的海以及愛琴海等歐洲行程為主，較為特別的則是杜拜阿拉伯的中東行程。

　　嘉年華郵輪是「歡樂之船」（fun ship），強調動感美式的歡樂氣氛。船上有多樣化的美食佳餚、豐富的娛樂活動、免稅商店、酒吧及俱樂部，還有豪華劇院、運動比賽、音樂會及其他各種精彩節目。種種迷人特質讓嘉年華郵輪就如渡假勝地般引人入勝。

　　2014年該集團向全球最大郵輪建造公司——芬坎蒂尼船廠提供旗下兩大品牌建造兩艘新船的訂單，當中包括嘉年華郵輪一艘未命名新船，這艘將是Carnival Vista的姊妹船，可搭載3,954名旅客，也是嘉年華郵輪的第二十六艘船，當中具備嘉年華郵輪現有最新、最受歡迎的設計與設施，同時更有許多獨家創新，這艘新船預計將於2018年3月交付，母港與航線尚未公布。而Carnival Vista預計在2016年春季交付。

　　嘉年華郵輪船隊本身，素以「Vacation Guarantee & Fun Ships無牽無掛！歡暢無限！」為其品牌訴求。嘉年華郵輪成功之處並不標榜豪華，最重要的是以「歡樂、熱鬧之船」經營，全船漆得色彩繽紛，熱鬧無比。對年輕人特別有吸引力，是真正的海上渡假樂園。

　　嘉年華郵輪船隊屬性是大型郵輪。船隊優勢在於多樣化的休閒娛樂設施、簡單易讀的郵輪手冊、裝潢新穎且較為寬敞的客艙以及貨真價實的餐飲品質。季節航線包含阿拉斯加、夏威夷、巴拿馬運河、加拿大海域。全年航線則有加勒比海、墨西哥、巴哈馬。

二、皇家加勒比郵輪集團（Royal Caribbean Cruises Ltd .; NYSE: RCL）

皇家加勒比郵輪公司西元1969年創立至今，已發展出皇家加勒比國際郵輪（Royal Caribbean International）及精緻郵輪（Celebrity Cruises）兩大品牌，其優越的郵輪服務屢獲國際讚揚，連續數年榮獲世界郵輪評審及美食等多項大獎。皇家加勒比郵輪分為綠洲、自由、航行者、燦爛、夢幻、君主與量子等7個船系，旗下共擁有22艘郵輪。每年提供兩百多條渡假航線，停靠六大洲71個國家的233個港口，近300個旅遊目的地。

歷年來，皇家加勒比新進的船隻越來越有看頭，像是近220,000噸的「海洋綠洲號」已於2009年冬季下水，是目前世界上最大的巨無霸超級豪華郵輪。而2010年，「海洋魅麗號」也已下水服役。皇家加勒比郵輪行程涵蓋全世界各地，包括阿拉斯加、加拿大、加勒比海、墨西哥、巴哈馬群島、夏威夷群島、百慕達群島、南美、巴拿馬運河、太平洋海岸、北歐、歐洲、地中海、新英格蘭、亞洲、澳洲及紐西蘭、南太平洋、杜拜、埃及等地區。

而船上行程也很精彩，以最新的「海洋綠洲號」與「海洋魅麗號」為例，其內十八層甲板內設置多項創新活動，旅客在船上就能體驗衝浪快感；其他還有高空滑繩、攀岩牆、高爾夫練習模擬器、水上樂園等遊樂設施，以及船上冰宮、星空電影等豪華設施，還有結合精品店、藝術畫廊、音樂會、街頭表演和用餐設施的露天中央公園。

郵輪路線中，以歐洲與阿拉斯加航線最受青睞。而隨著亞洲郵輪市場日漸增溫，皇家加勒比郵輪更將重達14萬噸的「海洋航行者號」駛到亞洲，巡航台、中、日、韓，不僅讓皇家加勒比郵輪巡迴亞洲的郵輪噸位再創新高，還擁有停靠基隆的航程，對台灣市場來說是一大利基。

皇家加勒比國際郵輪船隊以新型船舶、較大噸位、平實價位、設施多樣為品牌訴求，為一極具現代化風格，且以每艘船均配備攀岩場設施而深感自豪之船隊。

三、挪威郵輪集團（Norwegian Cruise Line; NASDAQ: NCLH）

挪威郵輪船隊創立於西元1966年，總部設於美國邁阿密，以「自由不受拘泥」（Free Style）為品牌訴求，不拘穿著、用餐不排位，目前雲頂集團擁有43.4%

股權為其最大股東，但未納入麗星郵輪為子公司，挪威郵輪在納斯達克全球精選市場上市，以股票代碼「NCLH」進行交易，並未更改其船隊名稱，因此此船隊目前仍為全球郵輪市場市占率第三位。

挪威郵輪一直以突破傳統，讓旅客享受較多自由與彈性著稱（李銘輝攝）

挪威郵輪一直以突破傳統，讓旅客享受較多自由與彈性著稱。旅客可以享受如挪威風格的郵輪旅程，享受放鬆的渡假型態。近年來它連續七年獲得歐洲領導郵輪之地位，以及兩次獲得加勒比海領導郵輪。以及世界旅遊獎（World Travel Awards）的全球領導大型郵輪獎（World's Leading Large Ship Cruise Line）。2014年第一季最新的「挪威暢意號」（Norwegian Getaway）承載4,000旅客，此船有28種用餐選擇。挪威暢意號的姊妹船「挪威逍遙號」（Norwegian Breakaway）被稱為是2013年最佳新船（Best New Ship of 2013），被《旅遊週報》的讀者選為最佳新手獎（Best Rookie Cruise Ship）。「挪威逍遙號」以紐約為母港。2015年秋天、2017春天、2018春天以及2019秋天將陸續有5艘新船交貨。

麗星郵輪連同挪威郵輪，共同營運28艘已投入服務的郵輪所組成的船隊，提供逾47,400個標準床位。整個集團的航線遍及亞太區、南北美洲、夏威夷、加勒比海、阿拉斯加、歐洲、地中海、百慕達及南極。麗星郵輪連續十次榮獲TTG ASIA頒發的「亞太區最佳郵輪公司」大獎，並於2008年起晉身「TTG旅遊大獎榮譽堂」。

除了亞太地區的航程，雲頂香港旗下最新的六星級「挪威愛彼號」，也特別針對台灣市場推出西地中海之旅。「挪威愛彼號」是於2010年全新建造，為航行歐洲地中海間最大的郵輪，另外愛彼號上也引進了全球著名的Mandara Spa。而全球唯一航行於美國夏威夷四大島的挪威郵輪「美國之傲號」，則推出夏威夷群島的歡樂假期，帶領旅客遍享夏威夷的熱帶海洋風情。

第二節　主要國際郵輪公司（船隊）

一、嘉年華郵輪集團船隊

Carnival Cruise Lines
3655 NW 87th Avenue
Miami, FL 33178
www.carnival.com

目前嘉年華郵輪集團旗下船隊簡介如下：

(一)P&O郵輪

英國P&O郵輪創立於西元1837年，以純粹英倫風格提供中低價位水準收費為品牌訴求，是航線遍及世界各海域的豪華型老牌船隊，也是現存全世界歷史最悠久的郵輪公司。此外，所謂「郵輪」名稱的由來，乃源於P&O航運公司創辦海上客運初期，載客之同時也兼營運送國際郵件業務，此即為傳統「郵輪」中文名稱的由來。

(二)冠達郵輪（Cunard Line）

Cunard Line
24303 Town Center Drive Suite 200
Valencia, CA 91355-0908
www.cunard.com

冠達郵輪船隊始於西元1839年，以純粹英倫風格提供高水準服務為品牌訴求，與P&O同屬歷史最悠久的老牌船隊之一。西元1922年冠達海運「拉科尼亞號」（Laconia）客貨兩用郵輪，率先完成環遊世界一周之壯舉。

西元1968年間下水營運的7萬噸「伊莉莎白女王二世號」（Queen Elizabeth 2, QE2），是全世界唯一採用區隔五星、四星及三星同時存在一艘船上的傳統型郵輪，2001年獲貝里茲郵輪評鑑評選為全世界最佳五星級大型郵輪。2008年，該輪

於服役屆滿四十年之際功成身退，由阿拉伯聯合大公國購置於杜拜港灣，用為紀念並建置為水上渡假飯店，開放供旅客住宿或登輪參觀。

冠達郵輪船隊以純粹英倫風格，提供高水準服務為品牌訴求（李銘輝攝）

西元2003年間建造完成並下水營運的五星級「瑪麗皇后二號」（Queen Mary 2, QM2），船舶噸位高達148,000噸，成為當時世界噸位最大的一艘海上郵輪。

冠達船隊屬於傳統的船公司，旗下船隊有橫渡大西洋的遠洋客輪，已退役的Queen Mary、Queen Elizabeth及Queen Elizabeth 2（QE2）均為著名遠洋輪。Queen Elizabeth 2（QE2）採用VISTA等級之設計，其船體為92,000噸。

此船隊屬性是中大型傳統郵輪。船隊優勢在於老字號的船隊形象、高雅的英式格調以及多樣化航程。

◆季節航線

1. 春季：南太平洋、加勒比海、亞太海域、南美洲、西歐洲、巴拿馬運河、泛大西洋、環遊世界。
2. 夏季：地中海、美加東部、北歐峽灣、英倫三島、百慕達、泛大西洋。
3. 秋季：非洲、美加東部、加勒比海、亞得里亞海、泛大西洋、百慕達、南非開普頓。

(三)荷美郵輪（Holland America Line）

Holland America Line
300 Elliott Ave. West
Seattle, WA 98119
www.hollandamerica.com

荷美郵輪船隊創立於1872年，是最早將郵輪產品引進台灣旅遊市場船隊之一。郵輪內裝古典豪華，以優質典雅為品牌訴求，為一支兼具傳統風味與現代風格之老牌船隊。船隊屬性是大型郵輪。船隊優勢在於法式風味的餐飲品質、親切船

員、懷舊風派對以及不強徵服務小費等。屬於稍高檔的郵輪，擁有多艘外貌相似的郵輪，乘客年紀一般比較高；船隊設計有別於一般全白色的郵輪，像著名的遠洋輪。

◆ 季節航線

1. 春季：墨西哥、夏威夷、泛大西洋、巴拿馬運河、加勒比海、歐洲、阿拉斯加、南美洲。
2. 夏季：阿拉斯加、加拿大、西北歐洲、地中海、加勒比海。
3. 秋季：墨西哥、夏威夷、泛大西洋、巴拿馬運河、美加東部、加勒比海、歐洲。
4. 冬季：加勒比海、巴拿馬運河、南美洲、環遊世界。
5. 全年航線：加勒比海。

◆ 重點產品

1. Maasdam：加勒比海7天全年航線。
2. Westerdam：加勒比海5～8天。
3. 阿拉斯加加派領隊隨行航程。
4. 環遊世界96天。

航線遍布全球，超過500多個航次，每個港口提供20～30種岸上行程，荷美郵輪秉持製造一艘大小適中、先進與安全的郵輪，遠比建造巨大的船來得重要，一般郵輪平均時速為18～21海里，而荷美郵輪可達25～28海里，因此可為旅客提供的是「加長在港口停靠的時間」及「加多港口的停靠數」，其環遊世界之旅22～114天。

(四)公主郵輪（Princess Cruises）

Princess Cruises
24844 Avenue Rockefeller
Santa Clarita, CA 91355
www.princess.com

公主郵輪船隊創立於1965年，1977年以「愛之船」（Love Boat）為品牌訴求而享譽全球，2015年擁有18艘現代化郵輪，世界七大船隊排名第三。提供115條航線，在全球擁有超過350個碼頭，2013年公主郵輪由太陽公主號率先進軍日本航

線，在亞洲有60多個碼頭，其中在日本就有22個停靠點、台灣6個，並預計逐步推出針對台灣、香港、新加坡等新興市場產品，深耕亞洲。

公主郵輪訴求大船的設施與價格、小船的細緻與享受（李銘輝攝）

公主郵輪訴求「大船的設施與價格、小船的細緻與享受」，郵輪上不僅建置了豪奢賭場、圖書館、圓形劇場、戶外星空電影院、免稅店、健身中心、SPA等設施；還有各式異國料理，甚至為了新增的亞洲日本航線，推出東方美食，中國航線則推出單點火鍋，為少數融合亞洲元素的外籍豪華郵輪。公主郵輪在2011～2013年為台灣帶來了16,000多人次的國際旅客，為深耕台灣的國際郵輪。

◆重點產品

1.Regal Princess：亞太遠東、南太平洋航線。
2.Crown Princess：歐洲、美加東航線。
3.Sea Princess：夏威夷航線。
4.Grand Princess：加勒比海全年航線。
5.Star Princess：阿拉斯加、墨西哥航線。

(五)歌詩達郵輪（Costa Cruises）

Costa Cruises
200 South Park Road Suite 200
Hollywood, FL 33021
www.costacruises.com

義大利歌詩達郵輪船隊創立於1965年，1997年起隸屬於嘉年華郵輪公司旗下，以義大利式為品牌訴求，極具歐式浪漫風格。2005年開拓東南亞定期航線，並積極規劃東北亞郵輪航線。船隊屬性是大型郵輪。船隊優勢在於親切友善的船員配置、風味獨具的餐飲品質、航次結束招待陸上兩晚住宿以及義大利式的旅客服務。

◆季節航線

包括加勒比海、波羅的海、俄羅斯、北歐峽灣、北角、地中海、以埃中東、橫越大西洋航線。

歌詩達郵輪以義大利式浪漫風格爲品牌訴求（李銘輝攝）

(六)璽寶郵輪（Seabourn Cruise Line）

Seabourn Cruise Line
300 Elliott Avenue West
Seattle, WA 98119
www.seabourn.com

璽寶郵輪船隊創立於1988年，秉持「奢華且舒適、優雅且悠閒」的宗旨，載客人數約208位，每艘船皆有164位來自世界各地的服務人員，旅客與服務人員人數達到近1：1的比例。船長與工作人員受過完整專業訓練，可以叫出乘客姓名以及知道個人喜好。船上採全包式服務，因此酒精飲料、午晚餐搭配酒水全部內含，重視隱私的頂級旅客，更可選擇在房間用餐，菜色、服務品質猶如置身餐廳中。另外所有房間均爲海景套房，秉持Never Say No專業服務，使命必達，知名權威旅遊雜誌*Condé Nast Traveler*評鑑其爲2013年世界最佳小型郵輪第一名。

◆主要賣點

1. 氣氛良好，乘客人數500人以下，絲毫沒有擁擠的感覺，適合社交，而服務人員也可以提供貼心服務。
2. 某些特殊的目的地是較大型船舶少能到達的。
3. 擁有寬敞的海景套房，許多房間還有陽台。
4. 全程提供免費酒類以及開放酒吧。
5. 所有餐食無論何時何地都不需另加費用，料理品質與陸上餐廳一樣優質。
6. 不須小費。

(七)星風郵輪（Windstar Cruises）

Windstar Cruises
2101 4th Avenue Suite 210
Seattle, WA 98121
www.windstarcruises.com

　　星風郵輪船隊隸屬於嘉年華郵輪公司旗下，以與衆不同為品牌訴求，為一少見的大型風帆遊艇配備，強調不受拘束、充滿健康活力而又兼顧羅曼蒂克氣氛之船隊。船隊屬小型豪華郵輪，其優勢則以全數海景的豪華客艙、閒適活潑的音樂播放、自由席次與便裝穿著的餐飲安排以及不強徵服務小費等為特色。

二、皇家加勒比郵輪集團船隊

　　皇家加勒比郵輪集團先後併購知名船隊如下：

(一)皇家加勒比國際郵輪（RCI）

Royal Caribbean International
1050 Caribbean Way
Miami, FL 33132
www.royalcaribbean.com

　　皇家加勒比郵輪船隊創立於1969年，原名Royal Caribbean Cruise Lines（RCCL），素以超大噸位、新型船舶、平實價位、設施多樣為其品牌訴求，為一極具現代化風格之郵輪船隊。

　　皇家加勒比郵輪船隊旗下，2006年的16萬噸級海洋自由號，以及稍早三艘14萬噸級航海級郵輪——海洋航行者號（Voyager of the Seas）、海洋探險者號（Explorer of the Seas）以及海洋冒險者號（Adventure of the Seas）等，都是屬於巨無霸型超級郵輪。以親子同遊、年輕活力為其獨特的品牌訴求。船隊屬性是大型郵輪。船隊優勢為造訪港市簡介講座、親切友善的船員、貼心的自助宵夜餐點以及極佳的娛樂表演。皇家加勒比郵輪分為綠洲、自由、航行者、燦爛、夢幻、君主以及量子等7個船系（**表2-2**）。海洋魅麗號、海洋綠洲號排水量均為22.5萬噸，是世界最大且最具創意之郵輪。

表2-2　皇家加勒比國際郵輪系列

綠洲系列	海洋魅麗號、海洋綠洲號
自由系列	海洋獨立號、海洋自主號、海洋自由號
航行者系列	海洋冒險者號、海洋探險者號、海洋水手號、海洋領航者號、海洋航行者號
燦爛系列	海洋光輝號、海洋珠寶號、海洋燦爛號、海洋旋律號
夢幻系列	海洋幻麗號、海洋富麗號、海洋神話號、海洋迎風號、海洋榮光號、海洋夢幻號
君主系列	海洋帝王號
量子系列	海洋量子號、海洋聖歌號

資料來源：http://www.rccl.com.tw/

◆季節航線

1.春季、秋季、冬季：巴拿馬運河。
2.夏季：地中海、北歐、俄羅斯、挪威峽灣、歐洲。
3.夏季、秋季：阿拉斯加、百慕達、夏威夷、泛大西洋。
4.秋季：新英格蘭、墨西哥。
5.秋季、冬季：歐洲、非洲、中東、澳洲、紐西蘭。
6.全年航線：巴哈馬群島、加勒比海、墨西哥。

◆重點產品

1.巨無霸型超級郵輪：以西印度群島各島國間之加勒比海航線為主。
2.Radiance of the Seas：西北太平洋、阿拉斯加、夏威夷、加勒比海、巴拿馬運河等航線。
3.Rhapsody of the Seas：阿拉斯加8天。
4.Legend of the Seas：環遊世界160天。

(二)精緻郵輪（Celebrity Cruises）

Celebrity Cruises
1050 Caribbean Way
Miami, FL 33132
www.celebritycruises.com

精緻郵輪船隊創立於1986年，1999年改隸皇家加勒比郵輪公司旗下，以2比1高客服比提供無微不至的貼心服務，強調提供旅客「直覺式服務」，船上服務人員不但會貼心記住旅客的名字，並有包括歐式管家服務等一系列延伸的設施與服務項目。有得獎主廚量身打造經典美食，讓旅客在船上可以吃到限定美味。在*Condé Nast Traveler*評鑑，次於迪士尼郵輪為2014年世界最佳大型郵輪第四名。

精緻郵輪船隊強調提供無微不至的貼心服務（李銘輝攝）

(三)伯曼郵輪（Pullmantur Cruises）

Pullmantur Cruises
https://www.pullmantur.es

　　Pullmantur郵輪公司總部於1971年設立在西班牙首都馬德里。2005年伯曼郵輪在西班牙推出All Inclusive餐飲全包的套餐服務。2006年伯曼郵輪正式加入國際聞名的皇家加勒比郵輪公司。在郵輪上隨時隨地無限制地盡情享受美食和飲品：礦泉水、果汁、咖啡、各類清涼飲料及一般美酒等，完全不收取任何附加費用。

　　Pullmantur郵輪優勢如下：

1.無與倫比的餐飲全包服務套餐。
2.無比貼心的兒童免費政策：兒童與大人同行，6～24個月（未滿24個月）完全免費（包括免付港口稅和服務費）；2～17歲（未滿17歲）船票免費，只需要支付港口稅和服務費。
3.恰到好處的噸數容量：以伯曼郵輪君主號而言，其空間比例：73,192噸／載客量2,733＝26.78，屬於「合理的空間比」。然而，一般一個航次的載客率

在85%左右，如此算來君主號的空間比例保持在「寬敞舒適」級別。

4. 目的地郵輪：伯曼郵輪精心設計每一條郵輪旅遊線路，精心挑選每一個郵輪旅程的目的地。

5. 純正的西班牙血統。

6. 郵輪設施服務應有盡有，國際水準的軟硬體設備，讓旅客盡情享受高規格待遇。

(四)精鑽俱樂部郵輪（Azamara Club Cruises）

Azamara Club Cruises
1050 Caribbean Way
Miami, FL 33132
www.azamaraclubcruises.com

2007年還是精緻郵輪的所屬船隊，因為其獨特性——「高檔服務與美食、愜意小船、非凡遊程」，西元2010年，成為皇家加勒比集團獨立品牌。號稱只有容納686客人，如同俱樂部一般，也可以到達一些大船少去的港口。並且停留在港口時間較一般郵輪長。

(五)可榭郵輪（Croisières de France, CDF）

CroisiEurope
www.croisieurope.travel

2007年創立，為皇家加勒比集團子船隊，2008年行駛於地中海與加勒比海，為典型的法式郵輪，2012年併入伯曼郵輪公司成為其子公司。

三、挪威郵輪集團船隊

(一)麗星郵輪（Star Cruises）

http://www.starcruises.com

船隊創立於1993年，以「縱橫亞洲、名揚四海」、「最適合初次搭乘者」為品牌訴求，並以亞太海域為主要營運市場。2000年麗星郵輪購併挪威郵輪船隊（Norwegian Cruise Line）以及東方郵輪船隊（Orient Lines）之後，船隊規模已突破20艘船隻之眾。

麗星郵輪位居亞太郵輪旅遊市場之龍頭地位（李銘輝攝）

麗星郵輪自1993年起，曾陸續以寶瓶星、挪威星、金牛星、白羊星、雙子星等不同噸位客輪進駐基隆港，並將之作為其東北亞郵輪市場母港之一，航行於台灣與日本琉球之間。

船隊以東南北亞各國消費者為主要客群，並於1999年業績成為營運載客量「世界八大郵輪船隊」前三名之列，並因此穩居亞太郵輪旅遊市場之龍頭地位。船隊屬性為中大型郵輪。船隊優勢是價格普及的廉宜收費、東方口味的餐飲安排以及華語服務的乘員配備。

(二)挪威郵輪（Norwegian Cruises）

Norwegian Cruise Line
7665 Corporate Center Dr.
Miami, FL 33126
www.ncl.com

挪威郵輪船隊創立於1966年，以「Free Style」為品牌訴求，充滿健康活力、強調不受拘束並深受年輕族群旅客歡迎之船隊。2000年間挪威郵輪為麗星郵輪船隊公司購併。郵輪最大的特色是Freestyle Cruising，在進餐以至各項安排均盡量給乘客最大的自由度，餐廳數目比同業多，安排較有彈性，打破傳統郵輪假期的種種限制。

(三)麗晶七海郵輪（Regent Seven Seas Cruises, RSSC）

Regent Seven Seas Cruises
8300 NW 33rd Street, Suite 100
Miami, FL 33122
www.RSSC.com

原稱為瑞迪生七海郵輪。創立於1995年，並以「小型的豪華郵輪、大型的活動設施」之高度個人化的高檔服務為品牌訴求而聞名。總部在邁阿密，屬高水準的中小型豪華型郵輪船隊，全球停靠超過300個港口。2014年2月挪威郵輪公司以30.25億美元買下麗晶七海郵輪。是市場上宣稱船費全包式服務的頂級郵輪中真正將全包式概念擴展到幾乎所有服務項目之業者。此外，該郵輪還設計旅遊顧問專家為每位乘客設計不同之岸上活動與行程。

(四)水晶郵輪（Crystal Cruises）

水晶郵輪創立於1990年，屬高水準的豪華型郵輪船隊，日本Nippon Yusen Kaisha（NYK）集團所有。總部設在美國洛杉磯。有水晶交響號（Crystal Symphony）和水晶寧靜號（Crystal Serenity）。

2001年榮獲《貝里茲郵輪評鑑指南》（*Berlitz Complete Guide to Cruising & Cruise Ships*）及*Condé Nast Traveler*雜誌選為最佳中型郵輪船隊。以無懈可擊的高檔服務品質，深具美西加州豪邁風格為品牌訴求而聞名。水晶郵輪是日本公司，走高檔路線，旗下郵輪比一般同級郵輪大。水晶郵輪旗下郵輪外貌均十分相似，中型豪華郵輪載客量約1,000名。

水晶郵輪是全球豪華郵輪的領導品牌，曾勇奪*Condé Nast Traveler*設立的「全球最佳郵輪獎」21次之多，以及連續十九年獲得*Travel ＋ Leisure*雜誌頒發的「全球最佳大型郵輪獎」，亦是Virtuoso, Specialists in the Art of Travel頒發的「最佳豪華郵輪獎」得主。水晶郵輪旗下的兩艘郵輪──水晶交響號及水晶寧靜號均入選2015 Berlitz郵輪評鑑「五艘最佳中型郵輪」。

水晶郵輪是全球豪華郵輪的領導品牌（李銘輝攝）

水晶寧靜號以及水晶交響號特色在於優雅的艙房，大部分都有私人陽台。並且有許多用餐選擇，以及世界知名之餐廳（Nobu Matsuhisa及Piero Selvaggio）。此外，還有得獎的娛樂設施、SPA以及沙龍、多元運動設備、先進的360度柚木散步甲板（promenade deck）。

◆**主要賣點**

1.該郵輪多次獲得頂級獎項。

2.水晶郵輪適合多元世代顧客，有迷人的古典式服務，寬廣空間以及多元選擇。

3.大約75%乘客是美加地區，25%是其他地區。

4.超過一半以上有私人陽台（水晶寧靜號有85%以上）。

5.水晶郵輪的飯店以及餐廳是以歐式服務著稱。

6.提供超值以及具有競爭力之訂位折扣以及團體訂位折扣。

7.有知名主廚Nobu Matsuhisa以及Piero Selvaggio，而且不另外收費。

2015年雲頂香港集團宣布已經簽定協議收購水晶郵輪公司，該項收購預計將於2015年第二季完成，屆時水晶郵輪將與麗星郵輪、挪威郵輪皆隸屬雲頂香港集團旗下，成爲姊妹品牌。

四、其他船隊

(一)日本郵輪（NYK Line）

https://www2.nykline.com/

日本郵船株式會社（NYK）郵輪船隊，目前僅以「飛鳥二號」〔原水晶郵輪船隊五星級水晶和聲號（Crystal Harmony）郵輪，於2006年改名〕航行於日本近海海域以及環航世界95天航線爲主。船隊以「夢航海」以及99%專門搭載日本國籍旅客爲其品牌訴求，航程中使用日本語文並隨船舉辦專家講座是其船隊特色。船隊屬性是中型郵輪。船隊優勢爲日式口味的餐飲安排、日語服務的乘員配備及各式專家專題講座。

(二)銀海郵輪（Silversea Cruises）

Silversea Cruises
110 East Broward Blvd.
Fort Lauderdale, FL 33301
www.silversea.com

　　銀海郵輪船隊創立於1994年，總部設於摩納哥。以超高級豪華型郵輪為品牌訴求，提供無懈可擊的高檔服務，九度榮獲*Condé Nast Traveler*旅遊月刊選為「最佳頂級中小型豪華郵輪」。第一艘船是銀雲號（Silver Cloud）。銀海郵輪船隊的共同成立人為義大利羅馬Lefebvre家族。2014年初，此公司有8艘郵輪，每艘約只載100～540名旅客。服務人員與乘客比例為1：1.34，讓乘客的細微需求都被照顧到。

(三)迪士尼郵輪（Disney Cruises Line）

Disney Cruise Line
P.O. Box 10210
Lake Buena Vista, FL 32830
www.disneycruise.com

　　迪士尼郵輪船隊創立於1998年，隸屬於迪士尼主題遊樂集團，以夢幻王國為品牌訴求，為一主題遊樂式風格船隊。迪士尼郵輪旗下船隊包括兩艘姊妹郵輪：83,000噸的Disney Wonder和Disney Magic。是近年難得的由較小郵輪公司建造的大郵輪。基本航行接近迪士尼樂園的加勒比海航線，讓乘客往迪士尼樂園遊玩的同時也享受樂園附近的郵輪旅程。

Disney Fantasy、Disney Wonder、Disney Dream於*Condé Nast Traveler*評鑑中囊括2014年世界最佳大型郵輪前三名。

迪士尼郵輪船隊以迪士尼主題遊樂園為主題意象（李銘輝攝）

(四)海上居郵輪（ResidenSea）

　　海上居郵輪公司新近創立於2002年，首創海上豪宅式郵輪概念，特徵是設備極端豪奢，客艙與硬體設施非常寬敞高級。此外，該公司豪宅式陽台艙，並不採取傳統銷售旅遊體驗方式販賣。而是以每間客艙在美金200萬至750萬不等之售價，以擁有五十年使用權方式，販售給各國富商巨賈。

(五)龐洛郵輪（Compagnie du Ponant）

http://en.ponant.com

　　為法國郵輪公司，1988年建立，隸屬於Bridgepoint集團，船上獨特裝潢陳設，融合優雅與尊爵，當代裝潢風格典雅中不失溫馨。為法國排名第一之旗艦郵輪。高規格鋼鐵破冰船船身可以探索極地景觀。

(六)MSC郵輪（MSC Cruises）

MSC Cruises
6750 North Andrews Ave. Suite 100
Fort Lauderdale, FL 33309
www.msccruisesusa.com

　　MSC運輸集團為地中海最大海運業公司，在1995年開始將業務拓展到觀光客運領域，並從2000年起隨著全球郵輪旅遊的風行，業務量出現大幅度成長，於是積極投入資源全力發展，目前共計12艘郵輪，全數都是全新打造而成。主要市場是地中海航線、南非以及巴西。2013年MSC郵輪公司旅客共計160萬人次，此公司為私人擁有之歐洲公司，其全球員工共計分布45國15,500人。

　　MSC大部分船艙的收費水準多設定在「一般人都負擔得起的價格」，基本售價設定每人平均1,300～1,500美金，並且船上消費走平實路線，船隊齊全，遍布

地中海，每年從4～12月航行於地
中海。而針對頂級客群，MSC則
在2艘13萬噸的幻想曲號與輝煌號
上以「船中船」概念打造的Yacht
Club，每艘船在十五樓及十六樓設
有99間頂級艙房，入住房客有專屬
的電梯、泳池、休憩空間，並且提
供24小時管家服務，其中最大房間
僅2間，坪數近30坪，Yacht Club整
體價位約為一般艙房的兩倍，可提
供高端客群做選擇。

MSC郵輪航行在陽光明媚的地中海（李銘輝攝）

　　MSC地中海郵輪總部設於義大利拿坡里（Naples），運用集團當初為了貨運密
布地中海沿岸的航點以及義大利獨特服務等兩大優勢來發展觀光郵輪，其運行海域
以地中海與愛琴海為主，包括希臘島嶼、葡萄牙、西班牙與北非等地都有停靠，部
分航次安排到北歐、北美與加勒比海。停靠地點都別具特色，特別是航行在陽光明
媚的地中海，遊客最能享受渡假時光，達成Fun Ship的訴求。

◆主要賣點

　　1.獨特的地中海氛圍與模式。
　　2.獨特設計，三種不同艙等可以滿足不同需要。
　　3.國際性氣氛，擁有近200個不同國籍的服務團隊，並使用多國語言。
　　4.寬闊的MSC Aurea Spa。

第三節　郵輪產業之市場區隔與郵輪評鑑

一、郵輪產業之市場區隔

　　如同其他市場一般，因為消費者需求不同，因此，郵輪市場針對不同旅客所
作之市場區隔與定位極為重要。**表2-3**分別依據郵輪之定價所形成之各種類型，說
明各類型之特色。

表2-3　郵輪市場區隔

區隔	經濟型（budget）	現代型（contemporary）	高級型（premium）	稀有型（Niche）	豪華型（Luxury）
市占率	5%	59%	30%	4%	2%
行程天數	不一定	3～7天	7～14天	7天	7天以上
船型	較小，較舊	新的，大郵輪或是巨輪	新的，中型及大型	小型	小型及中型
郵輪船隊	·湯姆森（Thomson Louis） ·嘉年華 ·皇家加勒比	·嘉年華 ·皇家加勒比 ·公主郵輪 ·歌詩達 ·AIDA郵輪 ·海島（Island Cruise） ·星辰（Star）	·精緻 ·荷美 ·冠達 ·大洋（Oceania） ·麗晶（Regent）	·天鵝號（Swan Hellenic） ·海達路德（Hurtigruten）	·水晶 ·銀海 ·璽寶 ·冠達 ·星風 ·赫伯羅德（Hapag Lloyd） ·大洋 ·麗晶
航線	·地中海航線 ·加勒比海 ·波羅的海	·地中海航線 ·加勒比海	·地中海航線 ·加勒比海 ·阿拉斯加	·環球航線 ·南極洲 ·格陵蘭 ·亞洲	環球航線
平均每天每旅客成本（美元）	80～125	100～200	150～500	400～1,200	600～3,000

資料來源：Nation News, Our Caribbean: A reason of new pressure for CARICOM.

二、郵輪評鑑

　　郵輪有類似飯店之星級評鑑，不過郵輪類型多，並非越大越好；舉凡住宿、娛樂、服務、餐飲、船上活動規劃等，都攸關郵輪品質的好壞。不過目前全世界郵輪的評選標準，雖沒有國際組織或是官方認可，但卻有透過定期的旅客評選，或是由作者實地體驗調查，所做出的評選依據。由於是從消費體驗的角度出發，加上擁有客觀的評選標準，因此，在市場上也獲得相當的肯定。

　　而在所有評選標準中，知名郵輪評鑑書籍《貝里茲郵輪評鑑指南》是郵輪愛好者及郵輪業者最推崇的依據。這本評鑑指南的作者，是海運評鑑協會總裁道格拉斯·華德（Douglas Ward），擁有四十多年的郵輪評鑑經驗，為了要做這本郵輪評鑑，一年更花了兩百天以上在郵輪搭乘體驗上。對於船舶本身、艙房、餐食、服務

娛樂以及航程進行評分，加總之後進行排名，並以星等來分別等級，是評比郵輪極為實用之參考依據。

在評選的內容上共有四百多種評選的標的，每種標準都相當嚴苛，因此也受到郵輪業界的推崇。此外，《貝里茲郵輪評鑑指南》也會根據不同的郵輪族群需求，例如家庭、年長者、蜜月、單身、同志，以及對於住房及設施有特殊需求的旅客，提供了相當詳盡的船隊選擇時的建議參考。

另一個由消費市場所票選的，就是每年*Condé Nast Traveller*雜誌針對消費者所做的旅遊調查報告，而其中郵輪旅遊的票選，由於是針對旅客喜好所評選出來，因此也相當值得參考。

再者為全球郵輪評論網站（Cruise Critic），每年公布年度最佳郵輪獎，此評審團隊具有專業的郵輪知識及郵輪旅遊經驗，評選標準則是根據郵輪航線、船艙服務及各項設施，在各指定類別中進行評分，例如，年度最佳新郵輪、年度最奢華郵輪、年度最適合親子郵輪旅遊等共18項（http://www.cruisecritic.com/）。

《貝里茲郵輪評鑑指南》之郵輪評比要點

一、船體建造

近年來造船及儀器設備、娛樂設施、救生設備等的技術日新月異，陳年老舊之船舶在各方面之設計規劃上，無法符合最新國際郵輪標準。

郵輪之建造時間，配合當時社會價值觀及消費需求，早期多是為了富商貴客之需求而設計，因此船艙較為寬敞，並以許多高級藝術品裝飾，強化其貴氣。近年為使消費平民化，在船艙之設計上較為簡單。空間較為狹窄，使用大量複製藝術品。

二、船隻大小 / 載客數

噸位大表示船隻較大，其設備多，則活動與娛樂項目就多，滿足不同旅客之娛樂需求，噸位小的船，娛樂就會偏向較為靜態，適合文人雅士。然而大船空間大乘客也相對多，單位空間反而相對比小船小，且空間大必須花費許多時間尋找目的

地，也會有較多排隊、餐廳席位不足之問題。

三、吃水深度

吃水深度較深表示航行中不易受到風浪影響，但是較小之港口無法停靠。反之，吃水深度較淺表示航行中易受到風浪影響，但是停靠港口不受限制。

四、單位空間

乘客之單位空間，可以噸數／乘客數作為評比，數字越大代表空間越大，一般落在30～50之間，低於30則表示較為擁擠。

五、船員／乘客比率

工作人員包括船上所有船員以及侍者，以總船員除以總乘客數，即可得出評比數字，如果是1：2以下，代表一個船員服務不到兩個客人，為精緻頂級郵輪。超過1：2～1：5則為一般中高級船隻標準。

六、服務人員

服務人員之專業素養，對於酒類以及餐食之介紹，服務態度以及語言能力也是評估項目之一。

七、艙房

艙房之空間以及設備周全、裝潢之精緻度、艙房服務及艙房選擇性。

八、餐飲

餐飲是否多樣化以及精緻美味，供應時間以及餐廳環境，也會影響郵輪評價。

九、娛樂設施

劇院、電影院、游泳池以及健身房等都必須滿足各國人士需求。

十、語言提供

因應船上多國籍人士，除了英文為必備語言之外，提供多國語言廣播、諮詢服務以及每日行程指南等，近年因應華人旅客增加，許多船隻也提供華語服務人員。

三、如何選擇喜歡的郵輪

　　並非昂貴的郵輪就一定適合，也並非所有的郵輪都能稱之為豪華。總部位於倫敦的Berlitz旅遊出版公司每年都會給郵輪分級評分，其出版年鑑*Berlitz Complete Guide to Cruising and Cruise Ships*是郵輪業評價權威。

　　包括Berlitz在內之郵輪年鑑，都把郵輪分為：豪華Luxury、高級Premium和標準Standard，相當於飯店的五星、四星、三星級。Berlitz評鑑時注重服務品質，此外飲食、艙房、娛樂和裝潢也是評比條件。

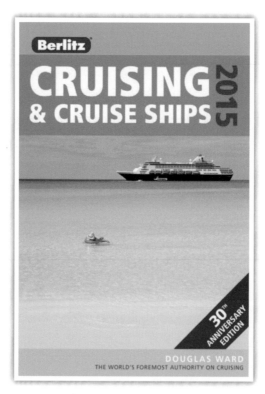

資料來源：http://www.insightguides.com/docs/
halo-asset-manager/images/Berlitz_
Cruise_Guide_9781780047546_NEW_
A_RGB.jpg (2015.06.11)

(一)豪華的五星級郵輪

此類郵輪不一定巨大，反而可能是小船。比如Hebridean Princess只有2,112噸，客人不足百人。五星郵輪還可能會比較舊，設施可能一般，但房間很大，裡面應有盡有，裝修豪華。最值得欣賞的是飲食和服務；服務人員會記住你的需求，飲食絲毫不遜於陸上頂級美食。

(二)高級的四星級郵輪

是現代郵輪代表。但艙房小，與五星級相較在細節上有差距，但在公共娛樂上則不會遜色於五星，甚至超過。如果不是專業美食家，其食物也尚稱美味。其賣點在於節目豐富。四星和五星的費用相差甚多。

(三)標準的三星級郵輪

並非簡陋型，也可能是新造的，賣點也是在於精彩演出節目。每艘三星都有其吸引乘客的一面。其乘客會比四星更年輕。上海出發的Costa（歌詩達）所屬的郵輪公司的三星船很受年輕人歡迎，因為船上活動多又有趣。而嘉年華公司更以Fun Ship為口號。相對於四星，服務人員少，且食物也較差一些。

世界上沒有絕對最好的郵輪，只有是否適合。對多數人而言，選擇五星級不一定是很好。例如船上節目如果偏向古典音樂或名人演講，通常年長者比較喜歡，他們屬於歐美上流社會，坐船保留了許多老的繁文縟節。對於喜歡玩樂熱鬧的人而言，7萬噸以上的四星也許才是首選。甚至有人建議選擇內艙，光是餐食就可值回票價。

此外，旅遊勝地也需搭配出遊時間，比如11月至2月適合遊覽亞洲的新加坡、馬來西亞、泰國等地；4～11月適合遊覽歐洲的地中海、愛琴海（義大利、法國、希臘、西班牙、北非等）；5～9月，適合遊覽波羅的海、北海等（丹麥、瑞典、挪威、芬蘭、德國、英國、荷蘭、俄羅斯等）。

2014年最佳郵輪獎

郵輪評論網站（Cruise Critic）第七屆編輯推薦獎，遴選出2014年度最佳郵輪獎，共18艘：

- 最佳新船：皇家加勒比海洋量子號（Quantum of the Seas）
- 最佳船隻翻新：大洋郵輪（R級）（Oceania Cruises, R-Class）
- 最適合家庭：迪士尼郵輪（Disney Cruise Line）
- 最佳餐廳：大洋郵輪（Oceania Cruises）
- 最佳娛樂：挪威郵輪（Norwegian Cruise）
- 最浪漫的郵輪：星風郵輪（Windstar Cruises）
- 最佳郵輪酒吧：精緻郵輪馬丁尼酒吧（Martini Bar, Celebrity Cruises）
- 最佳物超所值：嘉年華郵輪（Carnival Cruise Lines）
- 最奢華：法國龐洛郵輪（Ponant Yacht Cruises & Expeditions）
- 最佳冒險旅程：國際探險家郵輪（International Expeditions）
- 最佳套房：精緻郵輪（Celebrity Cruises）
- 最佳內艙房：皇家加勒比（Royal Caribbean International）
- 最佳標準艙：荷美航運（Holland America Line）
- 最佳岸上短程觀光：精鑽俱樂部郵輪（Azamara Club Cruises）
- 最佳北美郵輪母港：紐奧良（New Orleans）
- 最佳新河船舶：翡翠之星號與翡翠天空號（Emerald Star and Emerald Sky）
- 最佳遊河路線：維京歐洲河輪（Viking Cruises）

資料來源：http://www.cruisecritic.com/

Chapter 3

郵輪船體與設施管理

⚓ 郵輪船體設計

⚓ 船上空間規劃準則

⚓ 船上空間規劃

⚓ 船體維修

⚓ 附錄　麗星郵輪寶瓶星號主要甲板規劃

　　郵輪船體設計通常已經決定了其大小、載客量、空間比與設施，而在固定的船體中，除了有效進行空間規劃以提高獲利外，也應講究美學樹立郵輪風格，並注重人體工學增加使用舒適度，在有限的船體空間中有效的規劃出私人、公共與艙房等空間；另外，船體也需進入船塢做定期的維修或翻新。

第一節　郵輪船體設計

　　郵輪船體設計通常反映出郵輪的建造歷史，並決定其造型、功能、大小、承載量與船上人員所能平均分享的空間比率，以下分別說明。

一、郵輪船型

　　目前全球約有350艘郵輪在服役中，以船型大致可以分為以下幾種型式：

(一)傳統海洋郵輪（The Classic Ocean Liner）

　　傳統海洋郵輪乃指第一代的越洋郵輪，有許多尚在服役中，主要功能在於從事航行世界之運輸，大多數是在1970年前建造的，如果以目前之標準而言是較小的船體。

(二)現代郵輪（The Contemporary Cruise Ship）

　　在1970年代，船舶的設計者開始重新定義郵輪應該是什麼樣式。速度已經不是最重要的考量，反而是船上的設備，如何能夠有更好的設施以創造更多樣化、更有趣的假期型態與特殊的體驗，吸引更多遊客，因此船舶的規模越來越大，船舶尺寸與容納量都遠超過20世紀中期的船體，例如2003年建造之瑪麗皇后二號（Queen Mary 2）遠超過1938年之伊莉莎白皇后號（Queen Elizabeth）。

　　而在21世紀，更有超大船舶，業界稱為mega-ship，可以容納約兩千多名遊客，超過十二層樓面（每個樓面相當於每個建築的一層樓），甚至可以容納超過5,000人，有十六層樓面，如RCI海洋系列之綠洲號與魅麗號。

海洋航行者號長310公尺，高十五層樓，相較之下，其入口處旅客小若螞蟻（李銘輝攝）

皇后系列郵輪

皇后系列郵輪源於1838年冠達郵輪公司，從初期提供英國和美國大西洋航運郵輪之間的業務，至現時提供的最豪華及舒適的郵輪假期，為嘉年華集團之一。第一艘瑪麗皇后號客船由1936年到1967年都用來橫渡大西洋。同期，伊利莎白皇后號於1938年9月27日於英國建成下水，第二次世界大戰期間曾用作運兵船，1946年起主要服務於大西洋兩岸。1971年，為香港船商董浩雲購入作為海上學府，7月到達香港，於毀於祝融。

現代皇后系列郵輪有：

一、瑪麗皇后二號（Queen Mary 2）

瑪麗皇后號是由伊莉莎白二世以特克的瑪麗（伊莉莎白二世祖母）的名字來命名，名稱的來源與RMS瑪麗皇后號一樣。在2003年建造的時候，瑪麗皇后二號被公認為世界上最長、最寬和最高的客船。她亦曾是總噸位最大的客輪，達到148,528英噸。

引進了現代化的設備，例如人機對話式電視機、無線上網的網際網路設備、計算機網路管理系統等等，其複雜和現代化程度幾乎可以與一個城市管理系統比美。她是一艘橫渡大西洋的英國皇家郵輪。目前仍是全球體積最大的遠洋定期船。

瑪麗皇后二號有15個餐廳和酒吧、5個游泳池、1個賭場、1個舞池、1個舞台和1個天象館。

二、伊莉莎白皇后號（Queen Elizabeth）

新一代的「伊莉莎白皇后號」如同其姊妹船「維多利亞皇后號」一樣，採用VISTA等級的設計，其船體註冊為92,000噸，比維多利亞皇后號更大一些，但仍可通過巴拿馬運河，在環遊世界的航線安排上，仍具彈性。

三、維多利亞皇后號（Queen Victoria）

由冠達郵輪公司委託義大利船廠生產的最新豪華郵輪，該船總長294公尺，有十六層甲板，可以容納2,000名乘客和900名工作人員。設計為復古的郵輪風格，該船的穹頂大廳、樓梯和水晶裝飾燈很具備復古的風味號，讓貴賓們宛如置身於19世紀、20世紀初的豪華宮廷當中！除了圓形劇場外，郵輪上還設有購物中心、大型賭場、游泳池、健身俱樂部、博物館和一個藏有至少6,000冊書籍的圖書館，堪稱是一艘「海上宮殿」。

資料來源：http://cruises.dragontr.com.tw/ships/html/cunard.html, Feb /01/2015

(三)小型郵輪

與超大型船舶比較，小型郵輪多數指乘載小於300個乘客之郵輪。通常用在比較特殊的郵輪假期，其重點在於較為深入的或是私人目的的郵輪假期，如行駛於世界主要內河水域之河輪，如美國密西西比河、埃及尼羅河、歐洲萊茵河、科隆河或亞洲印度恆河、東南亞湄公河以及中國長江等。

航行於尼羅河上的小型河輪（李銘輝攝）

世紀傳奇號

世紀傳奇號2013年首航，是目前中國長江最新一代高科技電力推動、舵槳合一的超五星豪華郵輪，全世界內河僅有4艘；具有無振動、零油漆、環保靜音的本質優勢；全船Wi-Fi覆蓋，擁有世紀系列郵輪的特色：

1. 採用瑞士維京郵輪公司、德國尼科郵輪公司國際五星酒店SOS管理服務。
2. 採用中央廚房統一配置，建立安全、標準統一化服務。
3. 郵輪客房均為江景露台房，客房面積均在25平方公尺左右；神話號與傳奇號之客房均為一室一廳一陽台帶浴缸客房。
4. 配備雙觀光電梯（除世紀之星）。
5. 客房配有直飲水系統（鑽石號、寶石號、神話號、傳奇號）。

資料來源：http://www.ilovetravel.com.tw/eWeb_ilovetravel/edm/_centurytrip/destinations.htm

(四)其他

包括有桅的船舶（如星風郵輪）、河運船、駁船或大型平底船、渡輪以及多功能船舶等。

郵輪建造的年代會直接影響郵輪經驗，**表3-1**為典型新、舊型郵輪船型粗略比較，遊客各有所好，關鍵在於喜好品味的差異而已。

行駛在哥本哈根海岸觀賞美人魚雕像的觀光平底船（李銘輝攝）

表3-1　傳統郵輪與新型郵輪船型比較

較傳統型的船舶	較新型的船舶
較多使用木頭或是銅以及其他自然材質	較多合成材質
公共區域的範圍適中	公共區域的範圍很大。特別是中庭、展示間、購物廣場以及賭場
可以達到30個旅遊點	約20～25個旅遊點
懷舊的外表	現代化外表
船身的吃水很深，因此有時候某些港口無法進入，因此有些需要使用接駁船	除了某些真的很巨大的船舶之外，港口較易停泊
較小的窗戶或是舷窗	較大的窗戶
客房的景觀較多阻礙	客房的景觀較少阻礙
客房的陽台、遊廊、走廊較少	客房的陽台、遊廊、走廊較多
游泳池較小	游泳池較大
散步甲板（promenade decks）較為平常	散步甲板較不多見
不同大小的客房，客房相對較大	標準尺寸的客房，客房相對較小

航行於北歐芬蘭灣可同時運送旅客與車輛的過海渡輪（李銘輝攝）

二、郵輪大小

　　郵輪產業如何去衡量郵輪大小呢？其中一個方法是去計算客房數目；另一個方法是計算此船舶可以提供多少遊客膳宿（一般業者通常用客人guest，而非乘客

鑽石公主號長290公尺可載客2,670人，屬於超大郵輪（李銘輝攝）

passenger）。例如一艘船如果可以承載2,000名乘客或是超過此數目，就被認為是超大郵輪（mega-ship）。

　　另外，亦可以郵輪的服務人員來計算，一般比例上是一個服務人員服務二至三個乘客。因此如果乘客有三千人則配備之服務人員必須有一千到一千五百人；也可以以船舶的噸位（Gross Registered Tonnage, GRT）來衡量，船舶的噸位有一定的計算公式，但是有些部分沒有計算在內，因此實際的重量會超過宣稱的噸位。

　　以下是船舶產業一般解釋噸位之方式，通常是以可以容納多少乘客作為大約之估計。一般將乘客（passengers）簡稱為pax。

1.非常小（very small）：在10,000GRT以下，低於200pax。

2.小（small）：在10,000～20,000GRT，200～500pax。

3.中（medium）：在20,000～50,000GRT，500～1,200pax。

4.大（large）：50,000～70,000GRT，1,200～2,000pax。

5.超大（mega-ship）：70,000GRT或是以上，2,000pax或是以上。極大的船舶甚至有超過200,000GRT以上，能夠容納超過5,000pax。

　　此外，根據Gibson（2012）之分類，郵輪大小也可以區為如下幾類，如**表3-2**。

表3-2　郵輪大小分類表

分類	實際情形
Megaliner巨輪	超過2,000名旅客
Superliner大型	約1,000～2,000名旅客
Midsize中型	400～1,000名旅客
Small小型船	低於400名旅客
Boutique精品郵輪	特殊目的，通常少於300名旅客
Sailing Vessel風帆	主要由風驅動
River Barge河輪	主要在內河航行

有些人喜歡大船，有些人喜歡小船。到底各自優點如何？
較大的船具有之優點如下：

1.提供較多設備與活動選擇。
2.常常看起來較為夢幻。
3.可以服務較廣泛的各種客層。
4.較容易服務團體客人。
5.一般而言在水裡較為穩定。

較小的船優點如下：

1.提供較為親密的氣氛。
2.可以航行到較小的地方。
3.乘坐或是下船都較容易。
4.乘客較易認識工作人員以及船上其他乘客。

即使兩艘船有相同之大小以及容納相同數量之乘客，每艘船的氣氛風格以及個性都會不同。

三、郵輪空間比率

郵輪空間比率（space ratio）也可以衡量郵輪的大小。船舶的空間比率是指將GRT除以乘客容納量。例如船舶本身如果有30,000GRT，可以容納1,000乘客，則其空間比率為30。空間比率數字表示每個人可以分到的活動空間。空間比率越高表示在走道或是樓梯上的人越少越不擁擠，以及在餐廳用餐的桌距越大。

關於一般郵輪之空間比率之說明如下：

1.大部分船舶的空間比率約為25～40之間；最低約為8，最高約為70。

2.空間比率不一定與船舶的大小正相關，小船也可能有大的空間比率，超大船也可能空間比率低，完全取決於特定尺寸的船上承載多少乘客。

3.空間比率並不是唯一可以闡釋空間的因素，淺色系以及較大的窗戶也可以讓空間看起來較為寬闊。

4.如果船的空間比率不足，例如80%的客房是滿的，和完全滿載的船舶相比，乘客會覺得較不擁擠。

5.空間比率不一定與客房尺寸相關，較小的客房可能有較大的公共區域，因而產生較大的空間比率。

6.越高價的郵輪旅程，其空間比率可能越高。

如何去瞭解船舶的空間比率呢？大部分的船舶參考資料或是宣傳手冊上的資訊可以得知。

高空間比率對於是否在郵輪假期盡興並非絕對必要，有些人喜歡低的空間比率，其他人也可能認為用付出較少的費用去交換空間比率是值得的。因此決定的底線是如果旅客可以遇到有趣的人、看到有趣的港口、享受美好的食物以及娛樂，則空間比率其實是最不重要的考量點。

第二節　船上空間規劃準則

一、空間有效利用提高獲利

一般郵輪公司在規劃膳宿以及設施的部分時，最重要之原則在於空間的有效利用，以強化乘客使用之設施以及確保郵輪滿載為目標。因此在考量空間管理時，首要問題就是乘客可能都攜帶了大量的行李，如何從岸上用最少的空間順利地將行李移動到船上艙房或是離開時再移回岸上，以及在艙房中設置個人與財物儲存的空間等問題。

受限於船上空間有限，艙房空間可能無法與陸上飯店房間相比擬，但是船上的休閒設施則是船體的主要空間，也是郵輪旅遊的主要遊憩吸引力，在空間規劃上應以此為優先。而在管理上，也可順勢鼓勵旅客少留在艙房，多使用船上遊憩空間，引導遊客將注意力放在船上的其他設施。

　　總之，在空間以及收益管理上，郵輪的管理者面對最大的挑戰是缺乏可以替代的住宿與設備空間。因此，郵輪管理上，不危害安全衛生之最高原則下，有效運用可用之空間以提升其經濟收益，就是郵輪公司最重要之課題。

二、注重美學以及人體工學

　　不論艙位、房間、公共空間或員工膳宿區域之設計，雖各有不同，但最終都要呈現出整體的設計美感，以代表郵輪公司的品牌與價值。因此，必須講究美學（美麗與品味）與人體工學（舒服與暢行），基本的設計原則如下：

1.適合該區之功能。
2.無論是外觀或是功能性都要被使用者接受。
3.數量上也要符合需求。
4.符合船上健康與安全需求。
5.容易維護。
6.符合船公司品牌與品牌價值。

　　例如船上任何區域的家具、燈光、裝飾以及空氣品質、空調等。紡織品的顏色以及品質、地毯的織數、木製品的光澤，以及床的尺寸與觸感都只是整體設計中

郵輪的規劃與設計必須講究美學與人體工學（李銘輝攝）

無障礙房的衛浴設施（扶手、無障礙地板）（李銘輝攝）

的一小部分。然而這些細節將會呈現出整體的設計美感。美學更是代表美麗與品味，特別是有許多郵輪旅客見多識廣，有充分之旅遊經驗，更是多所要求。因此在設計上必須使乘客無論是睡覺、休息、更衣、閱讀、放鬆等（乘客觀點）；或是清潔、整理以及服務（艙房服務生觀點）兼具方便運作以及吸引力。

　　另外人體工學也是設計重點，因為需要去考量各種人體構面的特殊性；就如同航空業會面臨一些乘客太龐大而無法擠進標準座位，郵輪公司也有同樣的問題，例如乘客在有限的艙房空間中要如何行動自如。目前經由現代化設計，這些問題都能迎刃而解，特別是「無障礙房」（accessible room）滿足許多特殊需求的乘客。畢竟，迎向無障礙旅遊（accessible travel）乃郵輪旅遊的終極目標，也是現下之重要議題（CLIA, 2013）。

第三節　船上空間規劃

　　船上空間可以分為三部分：私人空間（船員空間）、公共空間以及客房空間。

一、私人空間

包含員工艙房、員工用餐區域以及員工娛樂設施；也包括重要的指揮與後勤中心，例如艦橋（bridge）（禁止遊客進入）、廚房、機械室（例如引擎房），都不在遊客的活動範圍，只有在某些特殊要求上，乘客才可以在限定時間的導覽活動中參觀。

艦橋位於郵輪正前上方，視線良好而寬敞，是郵輪的指揮中心（李銘輝攝）

二、公共空間

現今一艘所謂豪華郵輪，最起碼的甲板配置及其基本設施如下：

(一)運動甲板（sun or sports deck）及麗都甲板（lido deck）

此兩層為郵輪之最上兩層，設施有游泳池、池畔酒吧、健身房、美容院、SPA三溫暖、運動步道、網球場、小型高爾夫球場、自助餐廳、24小時簡餐餐廳、小型舞廳等。

郵輪的公共空間也是旅客休息與放鬆的場所（李銘輝攝）

麗都甲板設有SPA與美容院（李銘輝攝）

運動甲板上有泳池及SPA三溫暖等各項設施（李銘輝攝）

運動甲板為郵輪上的基本遊憩設施（李銘輝攝）

(二)服務設施甲板（promenade deck, upper & lower）

此為郵輪之中間三層，基本設施大致如下：

1.主餐廳：專供乘客輪流享用每日三餐之場所，晚餐服裝穿著禮儀，會有正式或非正式之不同限制。

2.遊憩場所：分別設有不同的遊憩設施，如賭場（Casino）、橋牌室、電動玩具等。賭場通常是郵輪產業的一項重點產值來源，會有輪盤、賓果、21點梭哈、百家樂、吃角子老虎拉bar機等設施。

主餐廳是專供乘客享用每日三餐之場所（李銘輝攝）

Casino是郵輪產業的一項重點產值來源（李銘輝攝）

吃角子老虎是賭場最受歡迎的賭具（李銘輝攝）

郵輪上的劇場是多功能的使用（李銘輝攝）

3.劇場（Show場）、歌舞廳：郵輪出航時，必會帶著多達數團的歌舞Show Biz
　Team、脫口秀、雜耍魔術師等隨行於航程中進行表演活動以娛嘉賓，節目
　內容每日更換。

4.電影院：郵輪上電影院的座位、音效與螢幕的感受，皆不遜於陸上的電影
　院。

5.卡拉OK、各式主題酒吧、咖啡廳。

6.免稅店、服飾精品店、便利商店、相片沖洗店等。

7.一般設施：會議中心、遊學講座教室、電腦上網設備、衛星通訊、兒童遊樂
　場、嬰兒照護中心、醫療設施等。

郵輪上電影院的座位、音效與螢幕感受，皆不遜於
陸上的電影院（李銘輝攝）

郵輪上有各式之主題酒吧或咖啡廳（李銘輝攝）

圖書室可讓遊客輕鬆享受閱讀或發呆（李銘輝攝）

郵輪上有各式之免稅店與精品店（李銘輝攝）

醫療設施是郵輪上必備之設備（李銘輝攝）

咖啡廳是郵輪上的基本設備（李銘輝攝）

8.其他設施：除了以上常見的一般設施之外，郵輪上也可能會出現的設備為會議中心、藥妝店、高爾夫球課程、花店、攀崖、滑水、抽菸室、美容院、畫廊、自動提款機、禮服租借室、卡片中心、圖書館、小禮拜堂（提供作為婚禮或是非宗教性的服務）、網球中心等。

兒童遊樂設施滿足親子遊憩需求（李銘輝攝）

甲板上的高爾夫球場，老少咸宜（李銘輝攝）

運動甲板上的攀岩活動甚受年輕旅客所喜愛（李銘輝攝）

郵輪上在特定時間會有畫作的展示與販售（李銘輝攝）

船上小禮堂也提供婚禮或非宗教性的服務（李銘輝攝）

美容按摩院在郵輪上是基本設備（李銘輝攝）

三、客房空間

　　客房又稱為艙房，類似於飯店之房間。艙房之設計極為有效率，艙房設計師會規劃所有櫃子抽屜等，使之一應俱全，具有飯店房間之功能；奢華者更不亞於陸上飯店之精工講究與氣派典雅，如航行於萊茵河郵輪（如Avalon、Viking），不但擁有歐洲宮廷精雕細琢之內裝，並以現代工藝設置大型落地觀景窗，讓每個艙房都可以一覽岸上美景。一般而言，河輪以縱身行走河川，兩側多為觀景套房設計。而一般海上郵輪則通常有四種客房，各有不同設施、大小及有無海景，因此也有不同等級與價位，通常套房與海景等級較高、房價也高。說明如下：

(一)外側客房（outside staterooms or sea view cabin）

　　又稱為海景房，有窗戶可以看到海景，擔心空間太過於局限壓迫的人可以選擇此種房間。較新型的船舶通常窗戶較大，某些郵輪甚至標榜有全面窗景的房間設計。

(二)內側客房（inside staterooms）

　　是指在客房內側的房間，通常就會利用鏡面或是淺色顏色以及明亮的燈光或甚至用假的窗戶來營造較為開闊的感覺。因為此種房間便宜，而且有旅客也認為只要能夠有地方睡覺即可，特別是晚睡的房客也會覺得好處在於不會被日出光線吵醒。

(三)套房（suites）

　　此種房型是最昂貴的房間。某些船上只有少數數量，也有些船舶是上層甲板全部都是較大客房以及套房。依據傳統之定義，套房必須是具有客廳、臥室以及浴室。在船上通常是分為休息區以及睡覺區，中間以窗簾分開。此種設計可以容納二人以上，因此適合家庭。沙發通常可以拉成床鋪。某些船上套房甚至豪華有如一般飯店房間，甚至高達5,000平方呎，如果是此種大小，一般就稱為別墅（villas）。

(四)陽台套房（balcony or veranda cabin）

　　基本上有上述套房設施，加上陽台，通常稱為veranda cabin，為西方遊客喜歡之房型，也常為船公司設計「無障礙房」之選擇。

　　通常在標準客房的設備包含兩個單人低床、床之間或是單側有一個床架、梳妝台、櫃子、電視、燈光、地毯。

郵輪上的外側客房有靠窗,陽光可以進入房內(李銘輝攝)

最經濟的四人艙房爲上下鋪,下鋪也可當沙發使用(李銘輝攝)

郵輪上的內側客房沒有靠窗與陽光,係利用鏡面營造空間寬闊感(李銘輝攝)

郵輪上的陽台套房深受旅客喜愛(李銘輝攝)

即使是陽台套房仍然簡約,空間有限,入門右側爲衛浴間,左側爲衣櫃(李銘輝攝)

有陽台的套房可以到陽台上欣賞美景(李銘輝攝)

第四節　船體維修

對於郵輪而言，必須在不間斷的航程中持續服務旅客，才能確保營收，但是仍然需要有短暫時間休息，進入船塢（dry dock）以進行維修保養工作：

1.維護以及矯正船上固定的裝備以及配備。
2.維持船上的動力系統以及機械或是電子設備。
3.去除海藻或是其他生長物以免影響動力之效能。
4.提升船舶設備。
5.確保船隻符合國際規定。

船塢是指用以停泊、建造或檢修船隻的建築設施。有控制水線高低的設備，可分為淫船塢、乾船塢、浮船塢、建造用塢等。浮船塢是指可以在水上移動並能沉浮的凹形船塢，用來修理船隻。目前的大型船舶都是在船塢中組裝，為了有效利用船塢，在船體結構可以安全浮起並且有基本的操縱能力（還是需要拖船協助），會將船塢灌水至海水平面以使船浮起後，將船拖到旁邊碼頭繼續其他的組裝工作。

新的科技發展產生許多與過去截然不同之需求，例如新的船漆塗料可以使船的外殼維持更久不需照料。因此使船身可以維持更久不需要離開水面維護。至於較大型的船表示有較多設施一直在折舊中，這些都是維護時必須考慮的因素。此外，國際相關規則的持續改變，例如關於安全或是汙染方面的規定，也會使船公司管理者必須持續去改善其日常維護，或是提升新技術系統或升級IT系統以便因應最新需求。

另外，郵輪經年累月在海上航行，因此每隔一段時間，郵輪公司會安排郵輪進場翻修。例如：

一、伯曼郵輪

伯曼郵輪君主號（Sovereign）改建於2008年，是伯曼旗下載客量最多的郵輪。同時該郵輪是伯曼系列船隊中體積最龐大、設施最完善的郵輪，有如一座巨大的海上行宮。共有客艙1,162間，其中有744間海景房，遊客可以不出客房就直接欣

賞海上美景。

二、大洋郵輪

大洋郵輪（Oceania Cruises）旗下三艘郵輪——利嘉特號（Regatta）、英錫亞號（Insignia）以及諾蒂卡號（Nautica），於2014年春季斥資五千萬美元進行全面翻修，包括郵輪艙房再升級，有廣達約56坪的主人套房將獨立浴室、梳妝台及動線重新翻修；餐廳座椅、擺設及裝潢更新；SPA美體館蒸氣室翻新；增設illy咖啡館，提升船上咖啡品質。三艘重金翻修的郵輪，將帶給遊客煥然一新的全新感受。

三、歌詩達維多利亞號

歌詩達維多利亞號（Costa Victoria）於1996年下水，2004年內部完全翻修。2013年又再經過最新翻修。全面翻修的郵輪展現出一種清楚明顯的風格，結合了傳統的航海外觀與簡約設計、昂貴陳設和藝術作品。

郵輪上的龐貝健康中心是一處真正別緻和原創的養療場所：游泳池區的設計靈感來自於古羅馬浴場，四周被矩形柱包圍，內設桑拿浴室、蒸氣室、治療室和健身房。未來天文館中庭（Planetarium Atrium）或協和廣場（Concorde Plaza）均是歌詩達維多利亞號豪華壯觀的絕佳詮釋；廣場四周被高大的玻璃牆圍繞，可隨時俯

健康中心內設桑拿浴室、蒸氣室、治療室和健身房（李銘輝攝）

瞰大海，並且晚上會有現場音樂和舞蹈。休息室點綴並裝飾了獨特的藝術作品，如隨想曲酒吧即裝飾了Emilio Tadini簽名的獨特而寶貴的馬賽克作品。採用多項高科技成果的複雜的修繕計畫，令歌詩達維多利亞號郵輪更具現代感（**表3-3**）。

　　新的陽台已被添加到外部客艙，同時增設了兩個美麗的全景式人行道和一個全新的自助餐廳平台，並有兒童的特殊菜單。

表3-3　歌詩達維多利亞號郵輪基本資料

下水年份	1996年
內部完全翻修	2004年
客容量	1.928（床鋪總數）
最大載客量	2,394人
總客艙數	964間
噸位	75,000噸
長度	252.9公尺
寬度	32.2公尺
甲板數	14層（客用12層）
航速	24節
服務人員	720人

附錄　麗星郵輪寶瓶星號主要甲板規劃

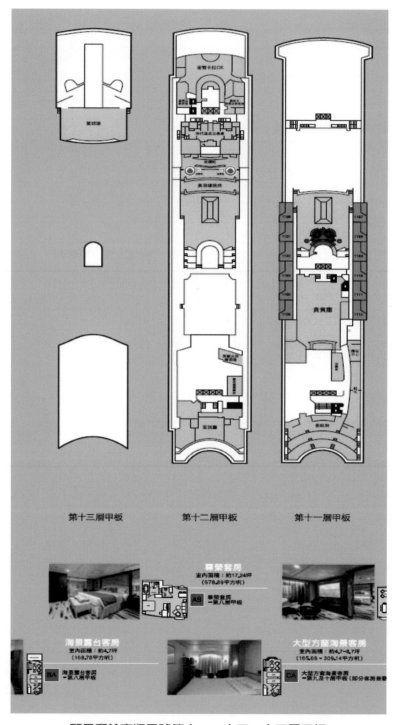

麗星郵輪寶瓶星號第十一、十二、十三層甲板

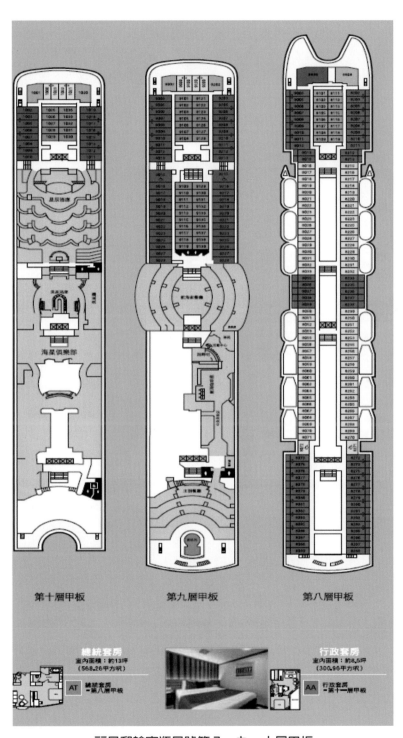

麗星郵輪寶瓶星號第八、九、十層甲板

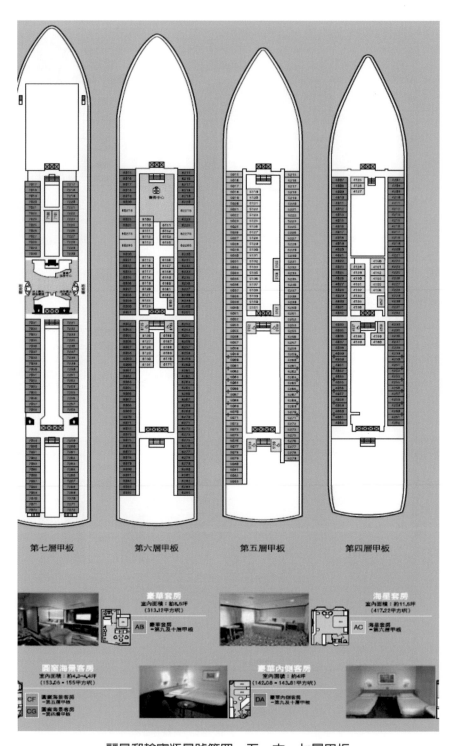

麗星郵輪寶瓶星號第四、五、六、七層甲板

Chapter 4

郵輪旅客服務管理

⚓ 郵輪顧客服務管理背景

⚓ 顧客服務實務管理

⚓ 郵輪餐飲服務管理

對於郵輪而言，旅客所感受的服務品質十分重要，攸關旅客的滿意度、重遊率以及郵輪品牌的聲譽（評價），甚至透過服務品質可以創造目標旅客，因此郵輪之服務管理至為重要，為郵輪管理者必備知能。

第一節　郵輪顧客服務管理背景

一、郵輪顧客服務特性

對於郵輪產業而言，所謂的成功其實是指留住重遊的顧客並開發新的顧客，進而造就品牌的聲譽。亦即，過去的顧客與現在的顧客以及他們對於服務與產品品質的感受會直接化為郵輪公司之聲譽。因此對郵輪公司而言，必須持續追求能夠滿足顧客的品質。

為此，郵輪公司所提供之服務必須要針對目標客群之要求，甚至是超越目標客群之預期，才可能維持既有顧客及開發新顧客。因此郵輪公司不惜投下重金與時間，創造顧客的尊榮感，雖然在提供顧客服務的動機與實際提供之服務品質之間可能還是存在缺口，而且所提供的服務品質也很難一致，郵輪公司仍然持續朝提升服務品質而努力。

所以郵輪的成功公式極其嚴苛——讓所有事情都做對，而且要超越顧客之預期。因此必須確保所有的管理者、船長、全體船員以及服務人員都經過嚴格訓練，並且是顧客導向的訓練，才能有效解決顧客問題、提供超越顧客預期之服務。

對於管理者，這樣的顧客服務極具挑戰。船上服務人員相對於顧客的比例（一般如果是豪華級的郵輪大約是一比一），最好是能夠維持讓服務人員與顧客有適當的接觸與關注。在大型郵輪上的顧客來自各國，顧客對服務品質的預期必定有所差異。尤其現今的郵輪旅客更是嚴苛，生活在多元媒體的社會，消費者意識與權利提升，更傾向擴大抱怨。惟在船上之服務管理也有優勢，因為船員都是簽約上船工作（大多是九個月），聘約期間人員不太會變動而影響部署。另外，人員均在同一艘船，表現盡入管理者眼底，很難遮掩。

總之，旅客（顧客）與船組人員（服務人員）在船上共同生活（許多天），在郵輪上的服務提供或遞送均涉及複雜的互動，且顧客參與服務的提供過程，而這樣

桌邊服務是郵輪上常見的服務接觸（李銘輝攝）

的過程持續性地進行並累積，在此特性下，船組人員須善用機會提供歡樂時光，讓一般旅程變得更為特別而難忘，植入服務品質形象，留住重遊客、吸引新遊客。

二、郵輪服務接觸策略

由於郵輪顧客服務的互動性，旅客會與船組人員之間必然且持續互動。然而郵輪服務人員人數有限（涉及重要的法規以及安全議題），必須詳加規劃以配合最適的服務接觸策略。郵輪服務接觸大致分為高度接觸（high contact）與低度接觸（low contact）。實務上，在不影響（不降低）、甚至可以提高服務品質時，可以採取降低接觸的策略，以節省服務人力。例如在客艙配備螢幕訊息，降低顧客去櫃檯獲取資訊需求。又如預定處理特殊服務或是岸上服務的人力，可以比訂位人力優先，因為訂位可以透過公司網站或是旅行社訂購，所以可以降低訂位人員服務接觸。另外，在管理上盡量降低排隊人數，或避免插隊、擁擠情形，可提升顧客滿意度，並提升工作滿意度。而一些重要的活動，例如船長雞尾酒會或是歡迎酒會，就可以創造高度接觸以使旅客印象深刻。

船長歡迎酒會旅客盛裝參加，創造高度服務接觸，令人印象深刻（李銘輝攝）

歌詩達郵輪2015義大利主題晚餐菜單

資料來源：phoenix.com.tw/images/costa/page3-2-1.html

　　在船上的服務接觸包羅萬象，例如用餐時的人員接觸，或是組員與旅客在艙房或是公共區域的接觸，甚至是在俱樂部或是酒吧的接觸，而這些接觸對於提升旅客印象非常重要。一般而言，接觸策略（contact strategies）可以分為兩種：

(一)降低服務接觸策略

1.利用電話、電子郵件或是其他方式降低接觸。

2.導入訂位系統。

3.創造出第二順位的資訊點，以分散主要場所的壓力。

4.利用drop-off點去蒐集顧客資訊。

5.將服務傳送給顧客。

船上每日一報PATTER（降低服務接觸的策略之一）

公主號每日郵輪報（Princess Patter-embarkation day）

6.透過巡迴接待員控制以及給予顧客資訊。

7.審慎利用訊號。

(二)促進服務接觸策略

1.利用系統。

2.訓練人員去處理所有遇到的狀況。

3.維持一致的營運時間。

4.將後台辦公室與接待區做出區隔。

三、郵輪服務接觸導向

　　服務形象是來自於顧客的親身體驗，而顧客對於服務的感知，是在與服務提供者接觸的瞬間所形成的。雖然只是短短的時刻，卻是顧客評價服務品質及組織獲得好名聲的重要關鍵。基於此一體認，Jan Carlzon認為組織的存在是為了服務與支援那些和顧客直接接觸的前線工作者，而其著眼點在於滿足顧客。

　　服務的最大特性就是顧客參與服務的提供過程。服務接觸是指顧客與服務機構直接互動的過程，也就是顧客與服務傳遞系統的互動，包括顧客、服務組織、服務人員等三項因素。

與郵輪上表演者面對面的接觸，是直接傳遞服務的一種方式（李銘輝提供）

　　站在管理者的立場，如爲營利性服務組織，當然要盡可能地以有效率的服務遞送來確保其利潤和維持競爭力；如爲非營利性機構，則著重於服務的有效性，但卻可能受限於經費。因此，爲有效控制服務傳遞，管理者傾向於以規則和程序來限制服務人員進行服務時的自主性與判斷力，並限制服務提供的範圍。如此將缺乏客製化，產生不滿意的顧客。而在接觸人員與顧客之間存在著知覺控制（perceived control），亦即服務人員想控制顧客的行爲，以便於管理並減少工作壓力；反之，顧客則欲控制服務接觸，以獲得更多利益。這樣的知覺控制，產生了三種服務導向：

(一)服務組織主導的服務接觸

　　爲了效益及成本領導策略，組織將服務傳遞標準化，即施以嚴格的操作程序並限制服務人員的判斷自由。因此，服務人員被迫遵照指示，無法自行處理個別顧客的需求。如此將造成顧客缺少選擇也無個別服務，不滿意地批評爲官僚系統；而員工的工作滿意度也會降低。

(二)服務人員主導的服務接觸

　　服務人員主導服務接觸時，有兩種狀況：一種是企圖限制服務接觸的範圍，以減少面對苛求的顧客時的壓力；另一種則是處於自主地位時，便認爲可以控制顧客，自認爲專業而期待進行判斷時獲得信任。最明顯的例子就是醫生與病人的關係。

(三)顧客主導的服務接觸

　　顧客主導服務接觸可分爲標準化和顧客化兩種方式。所謂標準化的服務，就是採用自助式銷售的方式，讓顧客完全控制服務過程，但這是有限制的，例如：郵輪上投幣式販賣機。顧客化的服務則是類似於律師辯護，需要由服務組織提供大量的顧客所需的資源，但須以大量的金錢來換取效率。

　　由上述可知，任意一方主導服務接觸都會造成衝突；因此，最理想的方式爲顧客、服務組織、服務人員三方共同合作創造有益的服務接觸。

第二節　顧客服務實務管理

在實務上，主要之郵輪顧客服務管理大致含括以下範疇：

一、訊息傳遞管理

郵輪船上有數百至數千名旅客，因此管理單位與旅客之間必須有良好的訊息溝通，有效、正確且即時的訊息傳達至關重要。

大部分郵輪是由事務長（purser）辦公室或是櫃檯，或是透過接待櫃檯提供顧客所需要的訊息。在旅客剛上船，就會有一些訊息協助他們適應船上新環境。訊息會在不同階段提供，例如在上郵輪之前，訊息會寄到旅客家中；或是上船之後放在客房或是艙房中，或是公布在各個重要地點，以及每日公告或是郵輪新聞。此外，遊客也可以到服務櫃檯去直接詢問，也可以用電話，或是直接問船員等服務人員。

以顧客服務導向而言，好的服務是能夠預測顧客的需要，尤其掌握顧客之第一與最後的印象，據驗證對於服務知覺的影響最大。因此郵輪會安排接待櫃檯，訓練服務人員處理登船的各種問題，並且透過印製的資料說明。

反之，如果接待櫃檯或是詢問中心的人潮過多或是電話滿線，造成詢問無回應或是回應緩慢，或是大排長龍，這樣不佳的顧客服務將會導致顧客不滿意、壞口碑、甚至抵制行為等。

每天的活動單會放置在房門上的訊息夾（李銘輝攝）

二、郵輪小費管理

在郵輪上艙房服務人員、公共區域服務人員或是酒吧的服務生，都會直接與顧客接觸，顧客以感謝或是小費來作為回饋。研究也證實小費可以促進客人與服務人員之間的關係。

郵輪的接待櫃檯是提供顧客訊息與服務的第一線（李銘輝攝）　　郵輪上酒吧服務是船上服務傳遞的重要場所（李銘輝攝）

　　在歐系飯店與餐廳中，是採用Tronc系統，用來分配小費，為餐旅業界常採用。此系統必須將所有收到小費放入集中處，再依據服務體系中的層級來分配小費，越高等級者收到越多小費。

　　而郵輪公司則依其策略而有不同之小費系統。有的郵輪公司規劃全船為非小費區，例如Seabourne Cruises。而公主郵輪則是要求每一乘客每天付出10美元小費，以類似Tronc型態分配。有的郵輪，酒吧消費的每張帳單自動收取15%的小費；P&O郵輪則是提供顧客小費指南，讓顧客可以對於想要表示感謝的服務生提供小費。

　　總之，小費的收取有各種不同的方式，也涉及不同的關係人，以下以小費場景中的各個關係人的角度來看待小費管理。

(一)利害關係人一：乘客

　　不同的顧客對於小費會有不同的反應，如果旅客對於小費已經習以為常，或視之為退出策略，則視小費為提供特殊服務的額外報酬。有些時候，小費被認知為對服務人員的一種補償。也有時候，旅客將給予小費作為進入策略，以擁有更好的服務。一般而言，旅客樂於去支付每日固定金額的服務費；至於酒吧等，則支付帳單的某一比例；但也有旅客拒絕支付服務費，認為不公平，也非所需。

(二)利害關係人二：服務生

　　在服務業，小費可能是所得當中的一大部分，有時候甚至是服務生的真正所得。另一方面，也代表旅客為其特殊假期服務的一種感謝。小費的給予可能是極不公平的，有時候取決於顧客是誰，這位服務生是否好運。乘客不一定瞭解小費對於

服務生的真正意義，有些會覺得不自在，覺得是一個惡俗。因此，特別是對於管理者而言，每日固定金額的小費是比較適合的，而且除了固定比例的小費之外，還是有可能有額外的給予。

(三)利害關係人三：員工

小費是員工收入的一部分，如果整體收入無法讓員工接受，則員工就不會再次簽約。因此，如果管理不佳，小費就會成為潛在的不和諧的根源，所以一個有固定百分比率分配的管理小費系統正可以解決問題。

此外，實施完全無小費的服務管理，也或許能讓郵輪上的乘客及服務人員避免一些小費衍生的負面問題。例如直接公告「小費並非預期，也不被鼓勵」，意在傳遞管理者的理念：小費有時並不公平，某些旅客可能會覺得不舒服。但是這些問題都可以避免，只要不必對服務人員施予小費。服務人員滿意他們的所得，好的服務不需要另外給錢。

郵輪最常見的小費管理是艙房小費，通常自動加到船上的個人應付帳戶中。一般艙房內每一名乘客都需要付小費，如無特別註明，小朋友的收費方式和大人一樣（**表4-1**）。

表4-1　各郵輪目前小費概況

郵輪公司	小費概況
挪威郵輪	一天12.95美元，套房一天14.95美元（3歲以上的乘客就需要收服務費）
公主郵輪	一天11.5美元，套房和小套房一天12美元
荷美郵輪	一天11.5美元，套房一天12美元
皇家加勒比郵輪	一天12美元，套房一天14.25美元
嘉年華郵輪	一天12美元
精緻郵輪	一天12美元，Concierge Class及Aqua Class一天12.5美元，套房15.5美元
冠達郵輪	一天11.5美元
迪士尼郵輪	每日小費計算方式比較複雜，基本上是看航程的天數，然後把小費的金額加總
麗星郵輪	乘客於船上及岸上精華遊都不需付小費

資料來源：各家郵輪公司網站

三、郵輪服務人員管理

　　顧客服務直接受到相關人員之影響，如果服務人員當天不開心或是需要休息，立即影響正常服務遞送。因此，創造比在家更有吸引力的船上生活，以提升員工生活滿意度，是確保服務品質的重要策略。

　　所有郵輪上工作人員之契約都是固定期限，有些是六個月或是八個月或是十個月期間，這段期間都必須保持個人及環境之愉悅狀態。因此在船上，除了工作夥伴之互相支持外，還要享有豐富的社交活動，並享受旅遊的樂趣，以及船上的食物、一般性飲料、電話、網路、娛樂設施等，對於郵輪公司員工而言，船是他們第二個家，是讓員工能工作與休息並得到平和狀態的地方。

四、特殊需求服務管理

　　行銷學者Kotler（1991）認為現代策略性行銷的核心是所謂的STP行銷，亦即市場區隔（segmenting）、目標市場（targeting）及定位（positioning），郵輪旅客被直接行銷、被目標市場行銷所吸引，郵輪公司會針對某些客群設計出產品，因此，在市場區隔以及產品定位之後，郵輪公司會推估上船的旅客種類，並且預估其需求的範圍。但是永遠會有無法預知的特殊情形，而產生對於管理階層的無窮挑戰。

　　以郵輪旅客而言，其消費需求誠屬多樣化與複雜化，從郵輪上的多元化娛樂、活動、餐飲、預期的專題性旅遊，到更多區域航線選擇、合理可以負擔的價位，以及足夠的岸上導覽及觀光等，不一而足。

　　特別是郵輪的旅客人口特質逐年變化，年齡層降低，且社經層級更廣泛。過去典型的旅客是瀕領退休金年紀，且以女性居多。對於這些較年長的旅客，可以預測可能有行動不便的問題，在飲食上、船上活動或是上岸港口觀光也可能有

慶祝結婚週年，在旅客房門外繫上滿滿祝福的氣球（李銘輝攝）

健身房可以滿足年輕化旅客的需求（李銘輝攝）

與吉祥物合影是小朋友的最愛（李銘輝攝）

特殊需要。但是隨著逐漸年輕化的旅客人口結構，必須創造新的需求，例如健身房、小孩保姆、電腦遊戲或是更多休閒晚餐以及較大的夜間俱樂部等等。

以亞洲而言，目前亞洲郵輪旅客，主要還鎖定在中產階級、收入較高的家庭、夫婦和個人、專業人士、企業家、自由職業者或者企業辦理推廣活動獎勵旅遊，這些旅客對於獲得更多元服務、甚至客製化的主題經驗，都有相當的需求（**表4-2**）。近年來，旅客族群亦有慢慢下降的趨勢（旅報，2010）。

根據CLIA（2005）報告，因為個人以及人格型態的多樣化，每一類都會有許多屬性反映其心理特質，但是在某些部分可以歸納出其特質。33%是求新求變的嬰兒潮，希望能夠有不同的假期；20%是熱情的嬰兒潮，在極有壓力之生活下希望能夠逃離日常生活；14%是尋求奢華型態渡假；16%是消費型旅客，希望能物超所值；11%是探險者，這些是受到良好教育的旅客；而6%則是船舶迷。

表4-2　郵輪旅客需求

客層	需求
已婚夫妻、40歲左右、雙薪、生活型態活躍。	享受生命中的小事物，社交活躍，樂於享受新事物認識新朋友。
年輕夫妻與其家庭（兒子6歲，女兒4歲）。男生可能是資訊科技專業人士，女生可能是非全職在家工作。	希望放鬆且讓小孩開心。
單身女性，已退休，72歲，身材適中且健康有活力。	喜歡跳舞以及認識新朋友，通常已經有郵輪經驗。

資料來源：CLIA (2005).

第三節　郵輪餐飲服務管理

在高規格的現代化船舶上的餐飲管理乃高度複雜之人力管理。

一、郵輪餐飲服務管理背景

相較於岸上飯店的食物提供與餐飲服務，郵輪上的服務更為勞力密集。一般陸上飯店只是維持服務品質的考量，但是郵輪上還要考量有限的法定人力（數），郵輪必須要在有限的環境下維持高規格服務，為此，必須透過工序簡化或自動化等方法降低作業的技術要求，使技術水準低的服務人員也能操作，又必須考量成本控制以及中央化生產，因此是極為艱難的。故郵輪上提供的餐飲之水準就是名副其實的品質指標。

以公主郵輪為例，不是只有正餐時間才能用餐，一天24小時內、不論白天或晚上都可以用餐，船上提供24小時房間內送餐服務。公主郵輪是第一家除了提供傳統固定梯次時間用餐之外，也提供特色餐廳、主題自助餐、輕鬆非正式用餐等多元餐食選擇的郵輪公司。主餐廳每晚的各國風味主題美食都不同，沒有一餐重複，同時還擁有各種不同類型的餐廳可變換選擇。

一般而言，郵輪旅客大概一天可吃到六餐，從早餐、早午餐、午餐、下午茶、晚餐到宵夜。可以選擇到餐食種類豐富、自由取用的自助餐廳用餐，也可以到主餐廳吃套餐，甚至還可足不出房就在艙房內用餐，只要事先通知服務人員。

另外，在郵輪餐飲管理中還有獨特的問題（Kirk & Laffin, 2000）如下：

1. 船上食物品質攸關郵輪的成功與否，然而食物等產品卻不是購買郵輪產品的主要考量。
2. 郵輪假期的價格中包含了食物的提供，有時候甚至包含飲料。
3. 郵輪業者必須提供多樣化餐廳以滿足不同的顧客需求。
4. 在供應上還涉及複雜的物流。
5. 用餐的設施也必須維持最高標準。
6. 乘客與服務生之比例可能較低，也就隱含服務水準必須相對提高。

7.全體組員被預期長時間工作。

8.全體組員的報酬被認為是高報酬的，因為包含小費、免課稅薪資以及旅行的機會。

至於船上廚房的設施，大致與岸上廚房類似。但是新世代郵輪的廚房設計較為不同，會傾向能夠更有效率且安全的生產大量、高水準餐食。

二、食物供應管理

世界上知名的橫跨大西洋的郵輪都可以自給自足，由於船通常遠離母港、長時間在海上航行，因此，郵輪本身既是貨輪也是客輪。航行中會停靠在某些港口，購買當地的產品載回母港分給其他船舶，例如在紐西蘭的奧克蘭港口買羔羊。因此，郵輪的餐食在航程中，要確保供應無虞。

現代郵輪的冷凍空間以及乾貨區通常在底艙，設計成洞穴式的冷藏儲存。因為郵輪營運的主要目的是提升公司收益，因此空間設計主要考量為不浪費空間，空間配置必須最適化。最大的空間設計為乘客區、艙房以及客房酒吧，或其他收益空間，以創造最大之收益。如果船舶被設計為十天行程，則儲存就是依照十天配置，行程開始時儲存區是滿載，行程結束時成空（或最少）。

郵輪廚房的設計講究高效率，以提供安全、大量且具高水準的餐食為目標
（李銘輝攝）

郵輪的餐食供應涉及複雜物流管理（李銘輝攝）　　郵輪底艙的物流倉儲管理需要高度專業技術與規劃
　　　　　　　　　　　　　　　　　　　　　　　　（李銘輝攝）

　　管理船舶的餐食供應需要高度技術與專業，在規劃上必須要瞭解消費型態、菜單規劃、遊程，還有預測數量以及考慮預期之外的變化。另外，採購契約必須根據供給能力、品質與價格簽訂。人員配置有儲存管理經理人，由一位助理以及管理人協助。此外，還會僱用一位儲藏室主管，負責飲料。這些員工對餐飲主管負責，也與主廚以及酒吧主管密切聯繫。

　　驗收食材的程序為：甲板端貨物在貨櫃中經過海關檢查之後上船，透過叉架起貨機推車以及裝卸貨板載運上船。雖然船上常常使用輸送帶系統，但是現代郵輪大部分是透過碼頭周圍地區的入口進貨。儲存經理會檢查項目的正確性以及品質，如果品質低於預定之規格則拒絕進貨。

　　大部分郵輪公司採用電腦化儲存系統，由主廚辦公室或是酒吧經理辦公室發出電子化調撥單申請物資，儲存經理要負責儲藏品的正確與安全儲存，且必須要考量到安全與衛生。此外，某些貨物因為高價位還需要特別的小心處置（例如魚子醬、葡萄酒以及香檳等），而其他項目例如新鮮蔬菜也必須要維持其可使用狀況。

三、食物準備以及服務傳遞系統

　　餐飲服務業必須遵循系統理論（Ball et al., 2003），因為系統理論可以解釋狀況、因應變化。系統可以區分為軟、硬體系統，硬體系統是基於技術類，而軟體系統則是與人員有關。因此，系統是指一套組合元素與其間關係，必須在適切環境下結合產生預期的產出。研究系統可以讓管理者更瞭解程序，得以改善或再引進新系

統。此外，系統在變動時通常存在風險，因為改變會引起抗拒，而且系統以及互動的系統相當複雜，系統中某些元素相對穩定，而某些因素相對具有風險。系統必須隨著環境變化而調整，以期達到平衡。系統可能在一個群體中無法完全標準化，但是有可能在個別情境下維持穩定且獨特。

(一)食物生產系統

根據上述理論，在郵輪上的食物準備可以稱之為食物生產系統（Food Production System），包含食物準備以及生產、保存與運送；以及食物與飲料服務系統（Food and Drink Service System），包含食物服務以及用餐、清潔、清洗碗盤以及酒吧管理。根據Davis等人（1999）指出，食物之產生程序包含將生的食材或是半熟食材轉化成可以食用的項目，系統的有效性以及效率就反映在投入與產出之間的關係（廢棄、能源效率以及人員效率）以及服務傳遞因素（顧客滿意、品質知覺以及服務議題）。

◆提供飲食與服務之政策

郵輪上之生產系統有三大重要元素：需求的變化性、提供飲食與服務的操作種類、服務的時間點。

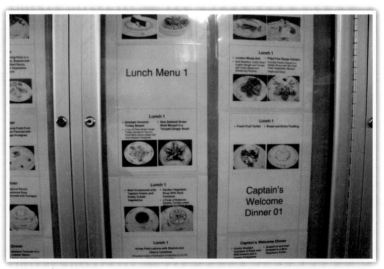

郵輪上菜單的型態、數目、餐盤、規格、食物準備等都需要標準化（李銘輝攝）

◆廚房設計

　　現代郵輪廚房看起來是大量的不鏽鋼廚具區域，內有主廚工作區以及其他作業區。大部分船上廚房生產系統是源自於傳統法式partie系統，其中準備區域是比較獨立的。廚房的設計是要能夠整合作業準備項目以保證能夠由服務生有效率的提供顧客餐點，並且確保品質，以及外觀、溫度和口味。因此廚房所在位置是極其重要的，最好是鄰近準備區以及供應的餐廳。雖然也常常使用電梯輸送，但理想上最好是在同一層，其位置也必須考量船員用餐以及清洗區、儲存區。

　　廚房必須空氣流通以確保工作狀況以及舒適程度，烹調的氣味也要受到控制。此外，廚房也需要有冷水供應煮食、飲用或是清洗。熱水則用於各式用途。因此廚房需要有適當的排水系統、安全耐用的地板、合宜的燈光等。

(二)餐飲服務系統

　　餐飲服務系統重點在於傳遞食物及飲料給顧客，對於滿足顧客需求極為重要，同時也與食物準備不可切割。實際上有些郵輪餐廳會在桌邊加熱，但是基於安全考量盡量避免在桌邊使用瓦斯燃料烹調。此外，許多郵輪會提供各國多樣化餐點，例如日式料理或是印度式料理等。

　　食物服務系統必須考量時間（顧客需要的時間）、所在地（餐廳、自助式服務或是客房送餐服務）以及顧客特殊需要（例如特殊餐盤服務，服務生與顧客之間

廚房的規劃與設計應區隔清洗區及儲存區（李銘輝攝）

的社交互動層級）。在正式用餐區域，餐盤服務可能需要服務生或是助理服務生送至桌上；非正式自助餐則是融合桌邊服務以及自助服務。

四、人力、產品及流程規劃

在餐飲管理上必須協調團隊、偵測檢討生產與服務流程，產生標準作業程序以達成效率與效能。餐飲管理之人力是團隊工作，團隊工作中必須使任務有效分配並達成，同時確保工作滿意以及互動溝通。在檢視生產與服務流程中，餐飲經理必須確保品質並提升標準，目標明確且準確地傳達至團隊每一份子。因為餐飲系統必須仰賴團隊整合，必須觀察日常操作程序以找出其中隱含之風險或是缺乏效率之處。

如果詢問餐飲經理如何得知顧客需求？其回答通常是累積多年經驗。然而用餐經驗與乘客的人口統計特質有關，而且也與郵輪品牌之定位與目標市場有關，因此在餐飲上的產品設計就必須符合相關因素。郵輪產業之個別品牌發展出品牌辨識之元素，某些英國品牌船舶會採取比較傳統正式之用餐方式（例如冠達郵輪），某些美國的船就會偏向比較休閒式用餐方式，採取較輕鬆非正式的方式（例如公主郵輪）。而且一旦建立風格就會持續保持此一風格，以作為吸引愛好者之特色。

此外，關於產品之設計與規劃，包括航線中的港口、主要船員國籍、主要多數乘客國籍都是必須要考量的因素。此外，也可以透過乘客問卷，或是實際上船員

郵輪的身心饗宴——與海天同遊，與好友共餐敘（李銘輝攝）

與顧客之間的互動得知乘客之反應。

五、餐飲衛生與安全管理

餐飲衛生與安全管理目的為防止飲食所引起之健康危害，包括食品中毒、經口傳染病、人畜共通傳染病、寄生蟲病；有關生產（採購）、加工、製造、調理、輸送、儲存可能引起之食品變質；食品過敏性、黴菌毒素、食品添加物、農藥、有害性食品及有機物、抗生素、放射性物質、食用器具、包裝、洗潔劑等之食品殘留或汙染。預防方法如下：

1.食物冷藏應在4小時內達5℃以下。
2.食物熱藏應達65℃，煮過放冷之食物在供食前應再加熱至75℃以上。
3.食品調理後儘快食用，食物製備時間不應離供食時間太長。
4.常因使用於肉類之辛香料導致食品中毒，故此類原料需適當儲存。

六、酒單規劃

郵輪由經驗累積得知應該儲存以及販售的酒類。如同食物一般，許多因素會影響酒的種類以及趨勢。這些因素包含乘客的年齡、地區、社經地位、背景以及酒

廚房之清洗影響餐飲衛生與安全甚鉅（李銘輝攝）

類知識。

　　規劃酒單時之重點如下：

1. 酒單必須要易於讓顧客瞭解。白酒與紅酒種類必須足夠，並且標示國家或地區。
2. 必須選擇品質易維持以及供應方便的酒類。
3. 酒的釀造年份必須標示。
4. 酒類鑑賞專家以及初學者喜歡辨識熟悉的酒，因此可以提供參考資料或是辨識點，協助初學者方便選擇，或是鑑賞家更加信賴。
5. 售價是重要的。某些顧客可能對於價格不會膽怯，但是顧客對於價值以及售價之間不盡然瞭解。相對於食物而言，酒類比較不會因為服務而強化其價值。
6. 酒單設計應該達到平衡，以確保提供的酒涵蓋種類、產地（視航線而定）、價格範圍（視顧客種類而定）。

Chapter 5

郵輪旅遊操作

- ⚓ 郵輪旅遊特點
- ⚓ 郵輪旅遊的行前準備
- ⚓ 郵輪旅遊體驗
- ⚓ 附錄　郵輪取消規範（以嘉年華郵輪公司爲例

　　一趟郵輪旅遊如何讓遊客印象深刻及難忘，除了郵輪公司的努力與精準作業流程，也需要旅客的配合與投入，才能創造完美的旅遊體驗，進而不斷地提升郵輪旅遊產品的吸引力，此為郵輪管理者、旅遊業躉售商、銷售人員以及領隊等相關人員必須深入瞭解與力行的課題。

第一節　郵輪旅遊特點

　　由於郵輪浮動旅館、一程多站的特性，郵輪旅遊不同於其他旅遊，能滿足更多樣化旅遊動機需求、更具彈性的遊程天數與遊程安排以及全包式假期的方便性，使其成為另一種選擇的旅遊產品，此為操作郵輪旅遊者首要認知。說明如下：

一、滿足多樣化旅遊動機需求

　　參加郵輪旅遊原因很多，有時候只是因為好奇，有些時候因為旅行社推薦，或是朋友推薦，也可能只是為了實現夢想，或者只是避開冬季。根據CLIA（2011）的研究，參加郵輪旅遊的動機或郵輪旅遊最能滿足遊客需求的地方大致如下：

1. 只收一次行李，不須更換旅館，將實際享受假期時間達到極大化。
2. 可以完全逃離日常生活圈。遠離壓力、汙染、塞車、鬧鐘、電話、傳真等等，只剩下蔚藍海水、天空以及風景。
3. 享受完全的貼心服務。在床上享用早餐、懶散的在甲板消磨時間、泡在SPA池、悠閒下午茶時間，或是享受頂級香檳酒與魚子醬。
4. 可以選擇從事許多各式各樣的活動，也可以選擇什麼都不做。
5. 因為郵輪常常跨越多重地理區域，可在一次旅行中體驗寬廣的地理區域。
6. 體驗有別於傳統旅遊的新渡假型態。
7. 郵輪上提供更多樣的活動與餐飲。
8. 郵輪上購物多樣化。
9. 郵輪上可以結識來自各國新朋友。
10. 可以透過主題行程郵輪（例如爵士主題）認識同好。
11. 相較於傳統旅遊是更浪漫的旅行。
12. 郵輪上廣開各種課程，增加學習的經驗。

郵輪上的品酒課程增長遊客體驗與學習成長（李銘輝攝）

13.幾乎可滿足各種客層需求，家族、單身、年輕或是年長者、各種團體、喜歡運動或是喜歡知識的，都可以在郵輪上獲得滿足。

14.適合用來慶祝特殊節日，生日、蜜月或是結婚紀念日。

15.郵輪旅遊正夯。

16.安全的旅遊型態。

17.物超所值。

18.適合家族旅遊。

19.對於商務人士也很適合，可以包船提供獎勵旅遊。

20.事先預知支付的內容。

二、旅程天數可長可短

　　旅客選擇郵輪旅行，關於旅程天數之選擇，有人會選擇短天期的旅程，例如三天期從佛羅里達到巴哈馬旅遊，或是四天假期從加州到聖卡塔利娜島（Santa Catalina Island）或是恩塞納達（Ensenada）及墨西哥，甚至有些人會在正式選擇多日行程之前嘗試選擇一天的行程（party cruise），少數則選擇約三個月的環遊世界之旅。

　　最受歡迎的旅程一般是七天行程。在規劃上以週六到週六稱為七天郵輪行，

親朋好友可以在郵輪陽光甲板上懶散的消磨時間（李銘輝攝）

但是有時候此種行程還會包含第八天，因為船公司通常週六傍晚離港到下一站，週六早晨旅客確實已經在船上航行。

三、遊程彈性大

船的行程可以為來回的行程（round-trip, circle itinerary），從同一港口出發再回到同一港口，例如船可能從溫哥華出發再回到溫哥華，中間經過一些有趣的港口；也可能從A港口出發而在B港口結束，即所謂單向行程（one-way itinerary），再從B港口載運另一批新旅客前往A港口。而在旅程當中，遊客可以在船上體驗各種娛樂活動，除了到達港口日（port days），一般是早晨到達傍晚離開，旅客可以自選上岸或是留在船上。船上之外的行程也可以向郵輪公司購買配套。

四、全包式套裝產品

(一)郵輪產品價格

郵輪旅遊產品的價格會比一般旅遊產品昂貴，主要是因為郵輪旅遊是少數旅遊產品當中之全包式套裝旅遊產品（inclusive package），舉凡客房住宿、全日不

停供餐、船上各式活動、演藝娛樂節目，甚或連港口稅捐（等同機場稅）等，均全數包含於套裝費用之內。因此其價格比之一般旅遊產品略高，當然也就不足為奇。

一般收費標準大致如下：

◆豪華型郵輪

通常一般搭載旅客不滿300人的豪華型郵輪，房間一律都面海（sea view）。甚至有的超高級郵輪強調的是，客艙一律附加陽台的全套房（all suite）配備。船上服務組員與旅客人數比例，也盡可能達到一比一之高度個人化服務比例，以強調貼身服務之溫馨與周到。其收費約每天台幣一萬到兩萬元之間。

◆標準型郵輪

通常一般搭載旅客在1,000人以上的標準型郵輪，費用在平均每天台幣五千到一萬之間。船上有服務人員接待、全日免費供應精美餐點、多樣化演藝娛樂節目、全日由工作人員帶動團體遊憩、各式各樣學術文藝娛樂講座活動，以及旅客參與岸上遊程之安排等，都是此類郵輪最大賣點。

(二)郵輪登船之後費用

郵輪全包費用中，包含了哪些項目，取決於航線以及郵輪。

◆通常包含之費用

客房膳宿部分幾乎都是包含在內的，客房設施、備品（例如洗髮精）、三餐、娛樂、船上活動、孩童活動指導及運動設施使用等。只有在某些情況下，客房服務或是船上特殊餐廳必須支付附加費用。

送餐到客房的特殊服務必須加收服務費（李銘輝攝）

◆視情況包含之費用

而有時候沒有內含的費用是港口費用、政府費用與稅捐，以及從機場到碼頭的接駁。

◆通常不包含之費用

航空費用、港口遊覽行程、支付船上人員小費、酒精性飲料以及軟性飲料

（但是通常比飯店便宜一些）。選擇性的活動、洗衣、特殊提供（例如船上甜點店供應的甜食）、上網、郵輪前後之旅程。

　　然而有些郵輪是將所有的費用全包。某些頂級的郵輪行程會傾向幾乎費用全包，因此旅客在此種郵輪上幾乎可以得到任何飲料，也可以參加岸上行程，不需再支付費用；而在此種高級豪華郵輪上，服務人員通常不會再收取小費。

◆絕對不包含之費用

　　岸上餐食、出發港口停車費用、購物、博奕、拍照、醫藥服務、托嬰服務、個人服務（例如剪髮服務）以及保險。一般郵輪不會銷售旅程取消或是旅程中斷或是行李遺失破損險。

郵輪上醫療費用
M/V SUPERSTAR GEMINI
CLINIC FEES

諮詢（Consultation）
　　看診時間　　　　　　　　　　　　　NT$500.00
　　非看診時間（09:00H to 21:00H）　　　$700.00
　　非看診時間（21:00H to 09:00H）　　　$900.00
艙房呼叫（Cabin Call）
　　09:00H to 21:00H　　　　　　　　　NT$1,000.00
　　22:00H to 09:00H　　　　　　　　　$1,200.00

郵輪上美髮費用（麗星郵輪雙子星號）

專業美髮　風格造型及頭皮按摩（包括洗髮、頭皮按摩、造型吹髮）

短髮30分鐘　　　　　　　NT$350
中髮50分鐘　　　　　　　NT$400
長髮1小時　　　　　　　 NT$450
特長髮1小時15分鐘　　　 NT$500

第二節　郵輪旅遊的行前準備

　　因為旅客上船之後行程少則一週，多則可能超過一百天（例如環遊世界），因此，做好行前準備工作，可使旅遊更順利愉快。

一、文件準備

1. 機票、船票及岸上過夜預訂之住宿飯店憑證（Hotel Voucher）：旅客應切記攜帶郵輪船票及旅遊合約上船。除了確認登船之外，亦得以隨時核對並保障個人之權利。
2. 護照、簽證等旅行必備文件：郵輪船上行政人員通常會代旅客保管護照，並仔細核對各靠泊港口國家簽發之入境許可簽證，以確保旅客旅行各國時可以順利通關。

目前各航線所需要之簽證大致如**表5-1**所示。

表5-1 各航線所需要之簽證

航線區域	所需要簽證
夏威夷航線	美國簽證（如有到加拿大，另需加拿大簽證）
巴拿馬航線	美國簽證
加勒比海和中美洲航線	美國簽證
墨西哥航線	美國簽證
地中海航線	啓航國的申根簽證（往返簽證）
阿拉斯加航線	美國簽證，加拿大過境簽證
新英格蘭航線	美國簽證，加拿大簽證
北歐、俄羅斯航線	啓航國的申根簽證、波蘭、俄羅斯（如果船上安排聖彼得堡岸上之旅客，可免俄羅斯簽證）
南美洲或澳洲航線	所經過國家簽證（部分免簽）
非洲航線	所經過國家簽證（部分免簽）
亞洲航線	所經過國家簽證（部分免簽，如濟州島）

二、隨身衣物及藥物準備

1. 正式服飾：正式服裝一到兩套，原則上男士爲深色西裝、女士爲連身晚禮服，參加船上雞尾酒會、正式晚宴時必備的服裝。
2. 休閒服飾：因船上有洗衣或自助洗衣服務，一般只要帶一星期分量之休閒服飾即可。至於是否需要厚重衣物，則視郵輪航線途經地區海域之當季季節而定。

參加船上雞尾酒會、正式晚宴須著合宜服裝（李銘輝攝）

3.泳裝：海上航行期間，旅客可到陽光甲板泳池游泳。不游泳的旅客也可到噴射式按摩浴缸（spa whirlpool）泡湯，因此可準備泳裝以及防曬乳液。

4.望遠鏡：船行大海或造訪國家公園時，用來觀賞大自然景物，例如冰河雪山、海中群島、賞鯨豚等。

5.信用卡：郵輪通常採取無現金記帳（cashless basis）付款方式，最後再一次結清。旅客如未事先登記以信用卡付款，則需排長龍等候以現金或旅行支票結帳。

海上航行時，可到噴射式按摩浴缸泡湯（李銘輝攝）

海上航行時也可沿途觀賞海洋生物如鯨豚（李銘輝攝）

6.必備藥物：國外藥房不販售非經醫師處方之藥品。因此，旅客出發前可依照
旅程長短及需要分量，帶足個人習慣使用藥品，例如感冒藥、胃腸藥等必備
藥物。

7.其他：輕便拖鞋、運動球鞋、便帽、墨鏡、摺疊雨傘、牙膏、牙刷等，均爲
郵輪旅遊不可或缺之隨身物品。

第三節　郵輪旅遊體驗

　　郵輪旅遊操作，廣義而言始於旅遊產品搜尋至郵輪行程結束；狹義而言則是
僅限於郵輪行程，本節採狹義觀點說明旅客體驗與旅遊操作。

一、登船

　　在郵輪開航之前，旅客可以選擇郵輪的前套裝行程（pre-cruise package），例
如加勒比海的行程，在邁阿密上船前在當地旅行1～2天。

前往舷門時，船上攝影師會幫忙拍照，旅客可自由選購（李銘輝攝）

舷門安全檢查包括旅客登船卡、壓印信用卡、手提行李掃描等（李銘輝攝）

郵輪出航後，船上員工組成熱烈歡迎儀式（李銘輝攝）

如果去程的航空行程是郵輪公司安排的，郵輪公司會在航空站一起接駁至郵輪港口登船（同時行李直送郵輪，再見到行李可能已經在郵輪上的客房了）；如果不是，則無此接機（meet-and-greet）的服務，必須自行前往港口集合。

一般港口大約在下午兩點開始登船手續，郵輪公司人員協助報到及登記。檢查乘客的證件，以及壓印信用卡（作為船上花費），通過安全檢查以及掃描手提行李，然後經過舷門（gangway，連接船舶與港口），經過時，船上攝影師幫你拍照（之後乘客可以透過電腦或是船上藝廊選購）。登船之後，再通過另一次安檢後，接著迎面而來的就是船組人員歡迎儀式或是樂隊演奏。

上船之後，由服務人員陪同找到客房，房內備有各種說明，其中包含每日活動，有些郵輪還有兒童每日活動表。接下來可以到處探索一番，可以去餐廳確認座位，也可以去事務處登錄信用卡，因為許多郵輪是不用現金，船上費用只需簽名在個人帳戶，旅程結束時再向信用卡請款。之後回到房間發現行李已經送達，此時艙房服務人員（cabin steward）會來自我介紹，您會覺得服務超越一般飯店，因為曾幾何時住飯店有服務人員專程來打招呼？

船上每位乘客有登船卡，郵輪登船卡上顯示您所搭乘的郵輪名稱、郵輪出發日期、旅客英文姓名、用膳餐廳名稱、用膳梯次、餐桌號碼、船艙號碼及旅客記帳代號。郵輪上的無現金系統即是依據您的登船卡使用情形登錄帳款，船上服務小費亦自動記帳於登船卡內。這張郵輪登船卡是您的旅客識別證，您不僅在登船、下船時需要它，還將在郵輪上當成信用卡使用，因此它將伴隨您遊覽全程。

登船後來到房間走道，行李已然放置在房門外（李銘輝攝）

登船卡

登船卡是旅客在船上的身分證明，也是船上消費之簽帳卡以及房門鑰匙，於離船時以登船卡領回護照，對於旅客至關重要。因此，為確保旅客的權益，不可轉借他人使用，若不慎遺失，須立即前往大廳櫃檯掛失，否則所有損失將由旅客自行負責。同時，同房之所有乘客須一同前往服務台協助確認身分，始可補發。

登船卡

CLIA受訓卡

船上救生船訓練必須在出航之後24小時內完成，房內備有橘色的救生衣，每位乘客都要穿著並到指定地點參加救生演練（李銘輝攝）

二、出航

郵輪的出航也是一個高潮活動，例如下午六點出發，此時船上有樂隊現場演奏，服務生提供飲料，所有人都引頸期盼開航時刻。在享受一些活動之後，回到客房，準備第一天的歡迎雞尾酒會以及晚餐，當旅客預定郵輪行程時，旅行社會詢問用餐時段，第一輪（first seating）較早，一般約晚上6:30；第二輪（second seating），則是約晚上8:30。餐廳服務生會帶領至指定之桌位，可能是8人座。也會介紹同桌其他乘客互相認識，可以點酒，但多半需自費。晚餐之後通常會有各式表演。

三、郵輪船上活動

郵輪旅客甲板之硬體配置設備，如以當今市場最為風行之「標準型」郵輪為例，則其基本設施應有如下各項：

(一)運動甲板

配置有露天游泳池、運動跑道、健身房、籃球場、排球場、網球場、小型高爾夫球場等設施。

麗星郵輪雙子星號船上飲料部分費用

啤酒	BEERS	台幣
海尼根	Heineken	95.00
嘉士伯	Carlsberg	95.00
老虎	Tiger	95.00
生力啤酒	San Miguel	95.00
柯羅娜	Corona	95.00
健力士黑啤酒	Guinness Stout	105.00
台灣啤酒,青島啤酒	Taiwan Beer, Tsing Tao	90.00
礦泉水	**MINERAL WATERS**	
伊雲水,巴黎水	Evian Water, Perrier Water	75.00
當地礦泉水	Local Mineral Water	25.00
各式汽水	SOFT DRINKS	
可樂,健怡可樂,雪碧	Coke, Light Coke, Sprite	70.00
橙汁,沙士	Orange Crush, Sarsi	70.00
蘇打水	Soda Water	70.00
開胃酒	**APERITIFS**	台幣　每杯Gls.
金巴利,茴香八角酒	Campari, Pernod	90.00
甜／乾苦艾酒	Cinzano Rosso, Bianco	90.00
甜／乾馬丁尼酒	Martini Dry, Rosso, Bianco	90.00

健身房是運動甲板上必備設施（李銘輝攝）

麗都甲板上的游泳池及噴射按摩池是郵輪上的基本配備（李銘輝攝）

中庭大廳是旅客服務的第一線（李銘輝上）

(二)麗都甲板

配置有游泳池、池畔酒吧、噴射按摩池、SPA三溫暖、美容院、自助餐廳、24小時簡餐餐廳、Disco舞廳等設施。

(三)客艙甲板（passenger cabin deck）

郵輪客艙一般依其設置位置、艙房大小、有無陽台或窗戶，以決定客艙之不同艙等與價位。通常乘客艙房粗分計有總統套房（Presidential Suite）、頂樓套房（Penthouse Suite）、附設陽台行政套房（Junior Suite or Mini Suite）、附設陽台艙（Balcony Cabin）、靠海外艙（Outside Cabin）以及無窗內艙（Inside Cabin）等類型艙等。以麗星郵輪雙子星號為例，船上房間配置如下：

客房種類	樓層	面積
行政套房	7	6.5～8坪（附陽台），6坪
貴賓套房	6、7	5.5坪
	7	4坪
海景方窗客房	6	4坪
	4	3.8坪
海景圓窗客房	7	3.2坪
	3	4坪
	2	3.8坪
標準內側客房	6、7	3.8坪
	3、4	3.8坪

主餐廳提供乘客享用每日三餐（李銘輝攝）

水上兒童遊樂場是小孩子的最愛（李銘輝攝）

(四)主體甲板（main deck or promenade deck）

主體甲板位於郵輪之中間三層，其基本設施大致如下：

◆中庭大廳（main lounge）

一般挑高穿越三層以上甲板，在狹長的郵輪空間中常常讓旅客有空曠錯覺。其間大都設置事務長辦公室（purser's office）、岸上遊程部門（shore excursion）以及其他服務部門。

◆主餐廳（main dining room）

專供乘客輪流享用每日三餐之場所，晚餐服裝會有正式、半正式或輕便服裝之不同禮儀常規。

◆遊憩場所（gaming room）

有賭場（casino）、橋牌室、兒童遊樂、虛擬實境電動玩具等不同的遊憩設施。

◆夜總會、歌舞廳（show lounge）

夜總會舉辦雞尾酒會、歌舞宴會。歌舞廳則備有大型歌舞、演藝、雜耍、魔術、特技、脫口秀等節目，於航程中進行表演以娛嘉賓，節目內容每日更換。

◆電影院（theater）

郵輪電影院一般放映好萊塢首輪電影，座位、音效、螢幕的感受，皆不遜於陸上電影院。

遊客可以在照相館選購自己在郵輪上被拍攝的照片（李銘輝攝）

現場演奏讓旅客不禁翩翩起舞（李銘輝攝）

◆其他設施

　　卡拉OK、各式主題酒吧、咖啡廳、網咖上網設備、免稅精品店、便利商店、照相館、孩童照護中心、自助洗衣、會議中心、衛星通訊、專題講座、醫療設施等。

　　而隨著時代的發展，郵輪也越見龐大，當初只能容納2,000～3,000人的郵輪，現在可裝載的客人已經達8,000多人，設施也越來越多，喜歡郵輪旅遊的旅客就越來越多。

　　以中國為例，郵輪旅遊產品豐富。在初期的郵輪出境旅遊中，所有的郵輪旅遊路線基本上都是「新馬泰」、越南等，且行程較短。現在郵輪產品越來越豐富，隨著麗星、歌詩達、皇家加勒比等國際知名郵輪公司進駐中國，郵輪產品已經涵蓋了地中海、日、韓、中國香港、越南、美國東西加勒比海岸、阿拉斯加等地區，市場上的郵輪旅遊產品已經比較豐富。

　　多家全球知名的郵輪公司看到了中國郵輪市場潛力，例如皇家加勒比郵輪公司。歌詩達郵輪是第一家獲得中國運營資格、以中國港口為母港的國際郵輪公司，目前歌詩達在中國已開闢了以天津、上海、香港三大港口城市為母港的不同航線，定期航次也增加至36個。為了讓中國遊客能更舒適地享受充滿義大利風情的郵輪假期，歌詩達在郵輪上擴大了中餐區，安排了30%左右會說中文的服務人員。

不想上岸，也可以選擇繼續留在郵輪上曬太陽、玩樂（李銘輝攝）

除了特色咖啡或含酒精的酒水，在船上大都不需另付費（李銘輝攝）

三、船上慢活

郵輪旅遊是一種懶人式旅遊，通常上船之後，所有活動都在船上進行，睡覺、吃飯、看風景，免去轉換交通工具以及收拾行李換飯店的步驟。郵輪靠岸時，遊客可以選擇是否上岸參加陸上行程，輕裝上岸，規定時間內回來即可。也可以選擇不上岸，繼續在郵輪上曬太陽、玩樂。

航程中的每個夜晚，遊客都會在郵輪上度過。傍晚過後才是郵輪精彩生活的開始。船上的夜生活極其豐富，劇場內每天都會舉辦古典或流行音樂會以及不同風格的歌舞劇，卡拉OK廳和夜總會都通宵開放，在各種主題酒吧裡還能喝到美酒。整艘郵輪就像一座漂浮在海上的不夜城，除了去酒吧需要額外付費外，其他多數是免費。

船上有時會舉行一些比較正式的酒會，如船長舞會、社交舞會等，遊客則需要穿上西服、晚禮服等服裝參加。還有各種風情的酒吧是享受美好夜生活的場所。

在郵輪上，一般不提倡吸菸，所有的電梯和餐廳均為禁菸區。所有的公共區域、酒吧，則提供吸菸和非吸菸區。遊客只要注意所在之處是否放置菸灰缸，便可知道能否吸菸。

無論是餐廳還是酒吧，除了特色咖啡、含酒精的酒水和汽泡飲料需要付費外，其餘的所有飲料，如果汁、普通咖啡等，通常都不須再另付費。

郵輪上不僅有室內電影院，還有露天電影院。遊客能躺在海上星空下看電影。每天送到艙房的每日活動單上，都會預告第二天電影播放的時間和場地。

有的豪華郵輪上還有交響樂團和聲樂家。喜歡音樂的遊客能在郵輪上觀賞專業樂隊表演，現場聆聽聲樂家的演唱。每天晚上的音樂會都有不同的主題，包含古典音樂或是流行音樂。愛唱歌的遊客還可以約上三五好友或家人，去卡拉OK廳一展歌喉。

郵輪上的夜總會通宵開放，遊客可以在舞池中盡情搖擺，直到天空泛白為止。有時夜總會還將舉行各種主題舞會，如化裝舞會、海盜舞會、船長舞會、社交舞會等。此外，劇場內每天晚上都會舉辦不同的話劇、歌舞劇等各種演出。

四、船上社交

郵輪渡假是由歐洲貴族開創其風潮，其精髓在於全家人透過浩瀚的海洋去尋訪歷史，是種優雅閒適、自由的旅行，是歐美人最喜歡的渡假方式之一。

很多人對郵輪充滿浪漫期望，彷彿坐上郵輪，就進入一部肥皂劇，有愛情邂逅，有傳奇故事，能遇到形形色色的人。實際上，郵輪社交生活也許並非如此浪漫驚奇，但的確是郵輪旅程的重要組成部分。

旅客可以參加郵輪上安排的活動，度過歡樂且益智的時光（李銘輝攝）

與來自不同國家的旅客打一場共同語言的桌球是暢快的美麗邂逅（李銘輝攝）

郵輪如同一個相對封閉的社區，公園、餐廳、劇院、攀岩牆、游泳池、酒吧等休閒運動娛樂場所應有盡有。海上的夢幻之旅，孩子們在兒童俱樂部老師的帶領下遊戲；平日裡忙於家務的媽媽們，享受半日悠閒；爸爸們聚在酒吧盡情把酒言歡，這就是郵輪生活上最真實的寫照。

很多歐美國家長者，幾乎每年都要與朋友們一起乘坐郵輪渡假，不僅可以和老朋友加深感情，還常常會遇到新朋友。在一些環球航線的郵輪上，還可以認識各地的朋友。郵輪上的社交很神奇，不同國家不同語言的人在一起度過一段美好的時光，這裡有各種邂逅可能，有與日常生活不同的交往方式。也許，郵輪上的社交並不能成為你生活的一部分，但是可以體驗到超越生活的快樂和美好。

五、郵輪禮儀

在國際郵輪上，是一個小地球村，合宜的禮儀將增加旅遊的和諧與樂趣。

(一)郵輪餐廳

座次安排通常會以混合編組方式，將熟悉與不熟悉的乘客湊合同桌，以增加乘客結交各國新朋友的機會。如遇到態度粗魯乘客同桌時，則可以要求換桌。

(二)艙房住宿禮儀

切勿高聲喧譁,以免影響鄰居安寧。如果遇有吵鬧之惡鄰時,也可以通知船方要求改善或換房。

(三)郵輪穿著禮儀

郵輪乘客於每晚享用晚宴時,船方都會提前提醒旅客,穿著的禮儀慣例規定,適宜得體的穿著,除了不致於在國際社交場合失禮之外,也可以增加郵輪旅途中的樂趣。郵輪公司為顧及乘客的方便,目前要求的正式穿著已較為少見。半正式服裝的規定反而較為常見,一般僅要求男士穿著西裝、西褲、襯衫。

至於使用游泳池或按摩浴池時,需要先於客艙房間內換穿泳裝,在前往泳池途中應披件外衣,以免失禮。回房前,則應於泳池畔的更衣室換裝完畢,絕不可全身濕淋淋的四處走動。

六、行程的結束

在經過數天行程以及數個港口和無數精彩活動之後,郵輪行程終於要畫下句點,在結束前一晚,晚餐會有精彩的表演,然後回到客房收拾行李,根據指示,只需留下少數過夜必需的物品,其他的東西都裝入行李,將行李置於房門外,之後由

郵輪上享受海上的日出、日落是陸上生活的奢求（李銘輝攝）

服務人員前來領取並保管。

離去前，遊客必須填寫海關單並且在事務處結清所有帳單。第二天早上通常有早餐，旅客帶隨身行李至公共區域等候通知登錄手續，登錄手續如同船上其他活動一般極有規律性和準確性。行李吊牌都以顏色區分，約20%旅客是紅色，20%旅客是黃色，每個顏色依序被通知（極少郵輪允許旅客自己登陸）。下船之後領取自己的行李（會被放置在一個大房間中），然後通關，再搭上接駁車至機場或是車站，結束旅程。

七、後記

前述郵輪行程雖然琳瑯滿目，猶有未盡，分述如下：

1. 在少數情況下，有時候某些郵輪特色在於停靠港口只有半天（上午七點到下午一點），其他時間都在海上或河上航行。

2. 當船舶航行在有異國情調或是冒險的地方，例如南極洲，遊客必須搭乘塑膠筏上岸。有些地方因為船太大而無法靠岸時，則必須在港外駁船，再利用小船接駁上岸。

3. 大部分郵輪上，旅客可以每天吃超過三餐，除了早、午、晚餐之外，還可以有下午茶點心等等，至於客房餐飲服務則是全天24小時提供。

4. SPA或是瘦身課程通常會與低卡路里、低油脂有關，因為許多乘客在意吃得健康，所以郵輪也提供越來越多健康的選擇。

5. 郵輪會安排一些有趣的主題，例如在船上有現任或是過去的足球、棒球明星與客人融合在一起，拍照、簽名或是教導遊客特殊運動技巧；其他的主題也包含爵士樂、電影製作、財管、懸疑偵探或是看日蝕。

6. 岸上旅遊行程很少包含在郵輪旅遊價格中。不一定必要向船公司訂購岸上行程，可以考慮向陸上公司訂購，租車或是隨心所欲。但是切記──如果是船公司安排的岸上行程延誤，則船公司會等待，如果是自己規劃旅遊延誤時就不可能延後出航時間。

7. 幾乎不太可能船組人員與乘客同桌用餐。而全船上最尊貴的是船長桌。

8. 某些情況下客房服務會收取一些額外費用。

9. 當所有乘客都離開船上，船上工作人員會快速準備下一個航程，因為規劃繽

密，所以幾乎都可以在幾小時內完成。

10. 傳統上旅客可以支付現金小費給用餐或是客房服務人員，不過越來越多旅客是直接在其船上帳戶中自動扣除小費。許多郵輪公司也允許旅客事先就扣除小費。但是如果在船上覺得不開心，金額部分可以調整。大多數郵輪對於服務費用自動加15～18%作為小費。一些少數高檔郵輪則是執行不需小費政策，意味著客人不需被迫給小費，而超豪華郵輪則是禁止船員收取小費。

11. 郵輪可以取消嗎？可以，但是一般而言很少發生。可能的原因包含船舶機械故障、港口危險天氣，或是造船廠交貨不及，一般而言，郵輪公司會盡可能安排下一航次或是給予下次航程折扣。

12. 在最後一分鐘是否可能改變航線？一般而言，可能發生之情況應屬天氣因素或是政治動盪。

郵輪生活

一位在郵輪上生活了九年的紐澤西女人說：我跟隨這艘船遨遊四海，也經常透過電子郵件和陸地上的朋友進行聯繫。我習慣了海上的生活，並不懷念陸地。

雖然每個月要為這種理想的生活方式支付3,500英鎊，但在她看來郵輪上的生活遠比陸地精彩得多。豪華艙房、運動社區、高級舞會，還有SPA中心、博物館，甚至連上下三層的歌舞劇院都被請到了一艘船裡，可以想像嗎？十一層的郵輪橫在海上，儼然就是一個綜合娛樂中心，當然住上九年聽起來像是笑話，但由房間到舞會，再由舞會到按摩床都只是一步之遙，這種便利誰不想要？

另外郵輪比養老院好嗎？一名長年在海上旅遊的老人說，養老院一樣要付費，沒有尊嚴，所有人當你是病人與老人。但是在郵輪上養老，所有人當你是遊客，生病有醫務人員協助，每天遇見或是認識不同的旅客。雖然聽起來是玩笑，但是也反映了歐美郵輪上老年旅客的心聲。

MSC郵輪船上服務人員小費規範

【給付對象】

您的餐廳領班及其助手、服務員、餐廳工作人員、門房和客房服務人員將共同分享這些服務費。

【收費標準】

服務費的數額是固定的，不能改變，服務費金額以每人每日為計算基礎，自動記入登船卡帳單中。

【地中海及北歐航線】

1.8天或少於8天：每成人每天7歐元，約60歐元。

2.多於8天：每成人每天6歐元包括秋季橫渡大西洋航線。

3.14歲以下兒童無需支付服務費。

4.14～17歲兒童需支付成人費用的50%為服務費。

【加勒比海及北美航線】

1.成人每天12美元。

2.兒童每天6美元，包括春季橫渡大西洋航線。

【南美航線】

1.成人每天9美元。

2.兒童每天4.5美元，包括春季橫渡大西洋航線。

【南非航線】

每人每天6美元。

【遠洋航線】

1.前往南非航線：每人每天6歐元。

2.來自南非航線：每人每天6美元。

3.每名18歲以下兒童需支付上述費用的50%為服務費。

【餐廳消費】

所有在酒吧及餐廳的消費帳單將在航程結束前結算。另15%的服務費將加入帳單。

【當地小費】

在目的地港、機場、中途港及岸上觀光時的小費建議您按當地風俗習慣支付。

資料來源：http://cruises.dragontr.com.tw/wmed12days/qa.html

郵輪大哉問

★郵輪上要帶多少錢？

在郵輪上，大家幾乎用不到現金，因為帳全記在登船卡（Cruise Card），一張卡行遍全船，它是航行身分證、房間鑰匙，也是消費簽帳卡，乘客在船上的消費會直接記帳到指定信用卡，下船時只要到櫃檯確認明細，再選擇信用卡或現金付款即可。

★上郵輪帶些什麼？

艙房內提供毛巾、浴巾、洗髮精、沐浴乳、吹風機等，但不提供牙膏、牙刷、洗面乳及刮鬍刀，要自行攜帶。有慣用藥物的人要記得攜帶，有宿疾者請攜帶英文病歷表，郵輪上輪椅僅供緊急使用，行動不便者要自備輪椅，雖然船上有醫務室，但須付費。

★郵輪上可以打電話嗎？

船上其實可以上網、打電話，但須付費，但因為是透過衛星，所以費用較高，衛星電話每分鐘約4.95美元（約新台幣148.5元）、Wi-Fi網路費用每分鐘約0.79美元（約新台幣23.7元）。

★郵輪上洗衣服？

許多郵輪航行天數都很長，那衣服髒了要換洗怎麼辦？船上提供需付費的洗衣、燙衣服務，也有投幣式自助洗衣設備，提供洗衣、烘乾、洗衣粉，乘客也可自行攜帶洗衣粉。

★郵輪上會暈船嗎？

對於初次搭船的旅客最擔心的事可能是會不會暈船？郵輪噸位大，加上設有平衡器，船隻是巡航於離海岸12公里以上之處，並且少跨洋，搖晃度不如一般小船那麼大，不過當風浪大時，還是有一定程度搖晃度，建議初次搭船及對於容易暈船的人，還是攜帶暈船藥，船上工作人員不會主動提供暈船藥，自己攜帶比較安心。

★怎麼玩？

上船後就不會有人打擾你了，沒有導遊，一切安排參考郵輪「報紙」，它會詳細列出當天活動，可選擇有興趣的活動參與。

★郵輪可以帶狗上船嗎？

一般大型郵輪都有寵物舍，比如最奢華的瑪麗皇后二世號上有12間犬舍，並且還會為牠們送上一份禮物。

★來不及上船怎麼辦？

在海外上船考慮飛機接駁。一般最好是提前一天到達。郵輪不可能因為等待遊客而更改行程時間。最好選擇郵輪公司指定酒店，一般會有接駁巴士。如果飛機趕不上郵輪開船時間，則要自己趕往下一個港口。在旅途過程中觀光誤點基本上亦是如此，除非是郵輪公司安排的飛機郵套裝行程，則誤點由郵輪公司負責。

行家經驗談──老黑：一定要來趟大旅行享受樂活人生！

實現夢想的關鍵，不是目標、距離、障礙，而是渴望。

老黑，45歲，事業頂峰之際，放下工作，親身研究體驗包括郵輪在內的各種旅行方式，矢志成為「懶人旅行達人」，認為不管去多少地方、多長時間，總是住在同一艘船上、睡在同一張床上，而且這艘船是活動的，能帶旅客逛五大洲、七大洋，還不用趕飛機、拖行李，船上生活飯來張口茶來伸手，而全部這些只要不到傳統旅行一半的價錢。

2013年夫妻搭上環遊世界郵輪，105天去了三十幾個國家、四十幾個城市，認為郵輪旅行最大的缺點就是「走船看花」，停留時間短，難以深入瞭解陌生地方，但卻也因此得以覆蓋廣大地理範圍，使得國與國、洲與洲間的差距，在短時間內的停留中，越發縮短。

打個比方，過去曾分別到過歐洲和美國，談起這兩地的差別，以前他大概只會說「美國黑人比較多」，這趟經過在歐洲一個月的停留洗禮，來到美國感覺就像到了另一個星球，不管地理、歷史、文化和生活方式等，都有顯著的差異。這就是郵輪的特性，深度雖然不夠，卻能提供傳統旅行難以達到的廣度。

資料來源：http://solomo.xinmedia.com/travel/13150-cruises/2欣旅遊

附錄　郵輪取消規範（以嘉年華郵輪公司為例）

一、訂金

　　為保留您的訂位，訂金請於客服人員回電確認後48小時內繳交，否則視同自動放棄船位，本公司不負任何通知及賠償責任。訂金金額：依訂購之航程種類不同須繳付之訂金金額如下（航程種類以實際在船上住宿之天數計算）：

航程種類	訂金金額
4天3夜	US$150／人
5天4夜	US$200／人
6天5夜	US$250／人
7天6夜及8天7夜	US$300／人
9天8夜	US$350／人
阿拉斯加航線	US$400／人
10天以上	US$450／人
歐洲航線	US$550／人

二、尾款

　　尾款付款日必須於開航日前90～60日前付清，依航程種類不同規定如下（航程種類以實際在船上住宿之天數計算）；如未在下述期限付清全額款項，艙房將被取消，本公司不負任何賠償責任。

航程種類	尾款付款日
4天3夜 5天4夜 6天5夜	開航日60天前
7天6夜 8天7夜 9天8夜 10天以上 阿拉斯加航線	開航日75天前
歐洲航線	開航日90天前

三、取消與罰則

任何訂位之取消必須以書面方式通知，口頭告知無正式效力，以下罰則生效之日期以書面通知到達之日計算。

依船公司規定，付訂後之船位取消依以下規定日期加收取消費用。以下天數之計算方式，是以郵輪開航日前之天數計算：

航程種類	取消日	取消費用（每人）
4天3夜 5天4夜 6天5夜	61日以前	訂位費
	60～30日	訂金沒收
	29～8日	50%之全額費用
	7日內	100%之全額費用
7天6夜 8天7夜 9天8夜	76日以前	訂位費
	75～30日	訂金沒收
	29～8日	50%之全額費用
	7日內	100%之全額費用
阿拉斯加航線 10天以上	76日前	訂位費
	75～46日	訂金沒收
	45～15日	50%之全額費用
	14日內	100%之全額費用
歐洲航線	91日前	訂位費
	90～56日	訂金沒收
	55～15日	50%之全額費用
	14日內	100%之全額費用

【全額費用】包含所有郵輪船費、轉運交通、加訂之飛機航段、岸上觀光、郵輪行程前以及行程後之套裝行程費用。

【訂位費】為每人NT$1,000元整。

※艙房人數之更改（例如原訂四人艙房中，其中一人取消），船公司保留變更旅客原訂艙房之權利。

※旅客姓名之更改或附加，船公司將視情況決定是否接受更改，且會有取消費或改名費之產生。

※於以下各種情況，無法給予任何退費：
  1.旅客未於郵輪啓航前一小時辦妥登船手續而導致無法登船。
  2.旅客於啓航後之中止航行。
  3.旅客於啓航後之取消。

資料來源：http://www.travel4u.com.tw/Cruises/Help/help_documents3.aspx

NOTE

Chapter 6

郵輪船上工作組織與管理

⚓ 船上工作組織與部門

⚓ 郵輪飯店部門工作組織與管理

⚓ 郵輪工作人員的招募與管理

郵輪是一個社會的縮影,其明確的目標即是郵輪的正常運作。但正如同一個社會,因為個人之間的多樣性,其中必隱含細微之差異,因此如何管理此環境,以創造出包容差異之平衡,考驗管理者的管理操作。

第一節　船上工作組織與部門

郵輪上大約有多少員工呢?大多數郵輪在比例上約每三位乘客至少有一位服務人員。如果是較為豪華的郵輪比例上則接近1.5～1。因此,在巨輪上大約需要超過2,000名工作人員。

郵輪上的工作種類繁多,其特色是融合各種構面之多樣性,例如船員的國籍、年齡、背景,以及上船之前的工作經驗,還包含可能因為不同需求或是動機而上船工作的員工。

大型郵輪上因為有許多設施與活動,因此需要僱用許多工作人員以維護各項設施之運作,同時也必須符合顧客需要。傳統上船方會僱用高級船員以及一般船員,這些員工在層級管理制度下必須完成其任務以便維護乘客安全,同時兼顧郵輪上商業活動收益。

制度上通常採取輪班制。然而近年來因為許多設備自動化,在許多船上的24小時看守制度已經改變,透過自動化設備確保各項設施運作的有效性與安全性。傳統上看守責任是每四小時一班,上午八點至十二點,十二點至下午四點,下午四點至晚上八點,依此類推每四小時一班。典型的甲板或是工程部高級船員會在24小時中值兩個四小時班。

在郵輪上是採取層級制度,但是與貨輪比起來,大部分員工是與顧客服務有關的。在現代郵輪中,員工被指派為高級船員(officer)、船員(crew)以及工作人員(staff)。高級船員有其職權,通常被分為四個部門,甲板、工程、無線電通訊以及飯店服務。船員也被分派至以上四個部門,工作人員則多數是簽約至船上工作,例如商店經理、美髮師、美容師、表演者、賭場職員以及拍照人員等。

船公司基本上是大型且多樣化之社群,因為其規模以及複雜性,因此更需要管理以及協調。船主(master)在郵輪上有絕對之權利。船主亦即為船的擁有者,對於船要停留或是行經哪裡,船員、乘客以及船舶的各項內容及風險都有決定權力,因此在角色與職權上與船長有微妙的差異。雖然在郵輪上船長常常是占船主

的缺，亦即為同一人。其間只有位階上的差異，舉凡船的大事小事，最終的負責人都是由船主負責（船上平常習慣上都會以captain稱之，這是有點口語上的用法，公司的正式文件大多是用master，至於船長本人則大多喜歡用master稱呼自己，比較正式也比較有權威的感覺）。其他船上的高級船員也可能占船長缺，例如staff captain，被要求負責與船員、工作人員以及顧客相關事務。

　　某些船上的職位有跨部門的責任，環境官員（Environmental Officer）對船長直接負責，但是也有責任必須確保船公司政策以及配合環境事務相關規定。許多船也會聘任人資及訓練官員，具有跨部門職責，確保訓練以及人力發展可以符合公司政策方向。現代商船工作部門大致分為船長及艙面（甲板）部門（Master and Deck Department）、輪機部門（Engine Department），以及其他特殊船舶依其船舶特性依相關國際公約所編制之部門（如郵輪另有事務部門）。以下介紹郵輪上各部門人力分配（**圖6-1**）。

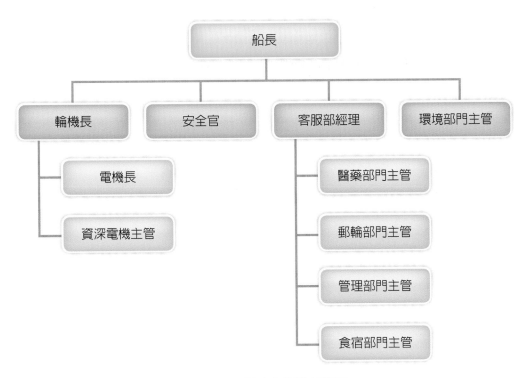

圖6-1　郵輪人力組織架構圖

一、甲板部門

(一)人力配置

　　船主要負責船以及監督航行以及甲板部門。甲板部門是由大副負責。船舶越大，需要越多甲板管理人員，稱為二副或是三副、四副，人數取決於船舶大小。此部門必須監督航行以及船舶安全，部門的資深主管之一也要兼任安全部門主管，甲板的大副或是二副等官員的人員定額通常要配合正在訓練的資淺主管，此種較資淺主管稱為實習生（cadets）。

　　甲板部門主要包含：

◆**大副**（Chief Officer, First Mate, First Officer, Staff Officer）

　　為甲板部之首，角色類似總管。總管貨物裝卸、甲板工作分配，管理所有甲板部水手以及實習生。當船長繁忙或是不在船上時（例如在港口時），大副必須要帶領所有船員。

◆**船副**（Officer**或**Mate）

　　分成二副（2nd Officer, 2/O或2nd Mate, 2/M），負責管理航海儀器、醫藥以及航海圖；而三副（3rd Officer, 3/O或3rd Mate, 3/M）則是負責管理求生或是滅火設備。

　　船副屬於甲板部門之高等海員（或稱甲級船員）。為船舶之主管人員，並依據船長命令以及大副指示進行管理和值勤，負責航行當值、主管事務、督率有關海員等工作。船副之等級又依照國際公約所規定之船舶噸位及航行水域作為航行限制和執照等級核發之區分，各國家有其不同名稱，例如中華民國「海商法」即以前項公約由高至低分為一等至三等之等級不同限制之甲級船員，並以國家考試之方式限制取得及格證書，再經過前項STCW國際公約規定取得相當之海上勤務資歷方能由航政主管機關（交通部）取得適任證書。

　　船副於郵輪航行時之職責如下：

1.保管、校驗船上航海設備與儀器，以及保管、修正海圖與航海有關之書冊和圖表。

2.船舶進出港或錨泊時，應於船長指定之部位值勤，遵照船長命令，指揮海員執行其職務。

3.船舶停泊時，遵照船長命令當值；船舶裝卸貨物時，監督裝卸作業。

4.保管並記錄航海摘要日誌、磁羅經自差簿、航海儀器紀錄簿及填寫正午報告表。

5.負責郵件之裝卸及保管，備置郵件簿登記收受與遞交之日期、件數。

6.負責駕駛臺內外及駕駛臺甲板上各項設備、屬具之清潔與保養。

7.保管船上藥品與醫療設備。

8.協助大副辦理船舶進出港手續及一般行政事務。

9.船舶開航前，會同輪機人員試車、車鐘、號笛，並將船舶吃水及燃油、淡水儲量報告船長。

10.保管並檢查救生、滅火及艙面通信設備。

11.負責接送引水人，並檢查繩梯及舷梯之安全。

12.其他依國際公約、法規、僱用人規定應由船副負責及上級交辦之事項。

　　船舶配置兩名以上之船副者，其各人職責由僱用人參照前項規定之。船舶未配置船副時，其由船副辦理之事項，由船長指定人員辦理之。

◆其他船員位階

　　至於甲板部門其他船員位階包含：

1.二等士官長（Chief Petty Officer, Petty Officer）：在甲板部門大副之下管理甲板部門船員。

2.船上木匠（Deck Carpenter）：負責停泊以及出發，有點類似副水手長的職位。以往船舶量水、開關艙、製作木具則由木匠負責。

3.舵工（Quartermaster）：屬於資深船員，負責掌舵，專職操舵。

4.資深水手（Junior Seamen）、二級水手（Seamen Grade 2）以及一級水手（Seamen Grade 1）：後二者必須要與船上的大副、二副、三副一起負責掌舵。

5.水手長（Boatswain）：甲板部有很多水手，而統領水手的人是大副，但是水手中的領隊就是水手長。當大副分派工作時，由水手長細分每個水手該負責哪一個部分。

6.一般水手（Ordinary Seamen, OS）：被認為最不具備技術之船員。

7.幹練水手（Able-Bodied Seamen, AB）：比水手再晉一級。

　　船上職級可以由肩章辨識，肩章是一種固定於衣服肩上的裝飾物，常見於軍隊、警察或是船員等組織的制服上。肩章一般配以不同的裝飾物或標記符號，用於辨識佩戴者所屬的職務和職階。

　　甲板的大副或是二副等官員，通常是純金色的。船主以及船長是四條槓加菱形，大副是三條槓，二副兩條槓，三副1.5條槓。甲板部門的標誌是鑽石。安檢部門可以透過其棕色線以及其符號S辨認。大部分郵輪會有環境官員，此職位是對船長負責，容易辨識因為穿綠色衣服，其所繡的條紋是金色（**表6-1**、**圖6-2**）。

表6-1　郵輪甲板、飯店部門與郵輪技術部門工作人員之肩章

部門	職稱	肩章
甲板	Master	3+1 Double Gold Stripe
	Staff Captain	4 Gold
	Chief Officer	3.5 Gold
	First Officer	2.5 Gold
	Security Officer	2.5 Gold w/S
	Second Officer	2 Gold
	Third Officer	1.5 Gold
	Technical Secretary	1 Gold
	Operations Administrative Asst.	1 Gold (No diamond)
	Doctor	3 Gold w/red
	Nurse	2 Gold w/red
飯店	Night Hotel Officer, F&B Controller, Senior Asst. Purser, Asst. F & B Manager	2 Gold w/white
	Asst. Crew Purse Asst. Provision Manager	1.5 Gold w/white
	Hotel Manager's Personal Assistant, Sanitation Officer, Sous Chef, Deck Supervisor, Assistant Maitre D'	1 Gold w/white

（續）表6-1　郵輪技術部門工作人員之肩章

部門	職稱	肩章
技術	Chief Engineer, Staff Chief Engineer	4 Gold w／褐紫紅色
	Ship's Services Manager, Chief Electrical Engineer	3.5 Gold w／褐紫紅色
	First Engineer, First Electrical Engineer	3 Gold w／褐紫紅色
	Refrigeration Engineer, Second Engineer, Computer System Officer, Electronics Officer, Furnishing Manager, Deck Services Electronics Engineer, Second Electronics Engineer,	2.5 Gold w／褐紫紅色

郵輪船長的肩章是四條槓加一菱形

郵輪大副的肩章是2.5條槓加一菱形（李銘輝攝）

Crew Purser（事務長）

Asst. Provision Manager（助理補給經理）

圖6-2　郵輪甲板、飯店部門與技術部門工作人員之肩章

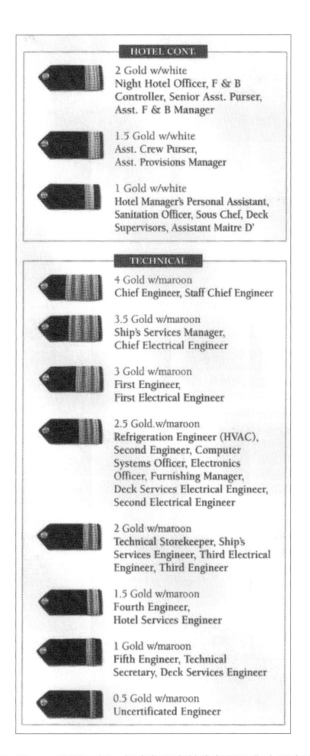

HOTEL CONT.

2 Gold w/white
Night Hotel Officer, F & B
Controller, Senior Asst. Purser,
Asst. F & B Manager

1.5 Gold w/white
Asst. Crew Purser,
Asst. Provisions Manager

1 Gold w/white
Hotel Manager's Personal Assistant,
Sanitation Officer, Sous Chef, Deck
Supervisors, Assistant Maitre D'

TECHNICAL

4 Gold w/maroon
Chief Engineer, Staff Chief Engineer

3.5 Gold w/maroon
Ship's Services Manager,
Chief Electrical Engineer

3 Gold w/maroon
First Engineer,
First Electrical Engineer

2.5 Gold.w/maroon
Refrigeration Engineer (HVAC),
Second Engineer, Computer
Systems Officer, Electronics
Officer, Furnishing Manager,
Deck Services Electrical Engineer,
Second Electrical Engineer

2 Gold w/maroon
Technical Storekeeper, Ship's
Services Engineer, Third Electrical
Engineer, Third Engineer

1.5 Gold w/maroon
Fourth Engineer,
Hotel Services Engineer

1 Gold w/maroon
Fifth Engineer, Technical
Secretary, Deck Services Engineer

0.5 Gold w/maroon
Uncertificated Engineer

（續）圖6-2　郵輪甲板、飯店部門與技術部門工作人員之肩章

資料來源：http://www.cruiselinefans.com/attachments/cruise-questions-advice-62/33660d1308440325-
officer-insignia-lastscan.jpg

(二)甲板部門工作職責

◆工作職責

甲板部門人員工作職責包含如下：

1.船舶之運作及駕駛事項。

2.船體、甲板設備、航海儀器之維護和修理，以及物料之申請與保管事項。

3.氣象之觀測及報告事項。

4.甲板通信設備之使用及保管事項。

5.航路船位之報告及航海日誌之記錄事項。

6.甲板部門人員之管理、考核及訓練事項。

7.貨物裝卸之準備及督導事項。

8.海圖及航海圖書之備置、修正與保管事項。

9.輪機部門、事務部門（旅客部門）及電信部門之聯繫事項。

10.醫療、一般行政及船員福利事項。

11.船上安全及保全事項。

12.其他有關甲板部門事項。

◆值班注意事項

在郵輪航行時，船員值班應注意辦理下列事項：

1.遵守航行規則，謹慎當值。

2.遵照船長有關航行事項之指示，不得擅自更改。

3.保持船長所定航向及航速，如遇時機急迫，得為權宜變更，但應即時報告船長。

4.注意天氣及海面狀況，遇突發事件，應即報告船長。

5.夜間當值，應先簽閱指令簿。

6.負責通信聯絡，並應即報告船長。

7.錨泊或停泊時，應注意天氣及附近海面情況。

8.交值時，應將船舶運作情形、所受命令及其他重要事項，詳告接替者。

9.當值時一切有關事項應翔實記入航海日誌。

10.其他上級主管交辦事項。

二、輪機（機艙）部門（The Engine Department）

輪機部門的人員負責操作和維護一艘船的推進系統和其他系統，也處理船上的飯店設施，特別是汙水、照明、空調和用水系統。工程部門人員管理大量的燃料的轉移，還要參與消防、急救訓練。額外的職責包括保護船隻和執行其他航海的任務。工程部門人員是貨物裝卸的齒輪裝置和安全系統中的重要角色，儘管具體貨物的卸載還需甲板工人的幫助。

輪機長（Chief Engineer），是船上輪機部門的最高負責人。基本上和船長階級差不多，但實務上，輪機長代表該部門向船長負責。輪機長統籌船艦上主機（引擎）、發電機等機械、電機設備的操作及維護事宜，指揮其部屬進行工作，並控管船上燃油、潤滑油及其他必要的消耗品。

輪機長與船長的職階相同，肩章均為四條槓（船長的會多一個菱形）。工作之分工方面，輪機長負責輪機部門，船長負責航行部門及甲板。不過船長有船東授予的行政權，輪機長則無。

輪機長管船舶機械，統管底下的管輪、銅匠、機匠。其中管輪分成大管（又稱機匠長，No.1 Motorman）、二管（又稱為副機匠長，No.2 Motorman）以及三管（No.3 Motorman）。因為一條船有很多船舶機械，例如鍋爐、淨油機、主機、輔機等，各自負責管理一部分。

水手是在甲板部門協助大副的乙級船員，而在機艙協助輪機長／管輪的乙級船員，大致分為三類：銅匠（Fitter）、加油匠（Oiler, OLR）以及機匠（Motor Man）。

銅匠是類似水手長，機艙部乙級船員之首，主要作船舶燒電焊和日常保養工作。加油匠的工作就是加油。機匠則是機艙部乙級船員，等於機艙裡的水手，負責一般保養工作。部門不同則稱謂不同，在甲板部門稱為水手，在輪機部稱為機匠，其職級是相同的。此外，幫浦匠（Pumpman）是平常在機艙保養及裝卸油、操作幫浦、各油艙裝油與分配問題等。

三、醫藥部門（The Medical Department）

醫務主管（Principal Medical Officer, PMO）負責整個部門。一般而言，船上只要超過一百名乘客就必須有一名醫師。除了醫師之外還有護士。依據船的規模，有

時候還會有資深護士以及二至三個一般護士之分。有些船上還會有護理員，通常其職級和水手一樣。如果是規模更大的郵輪還會有藥劑師、物理治療師以及牙醫師等人力配置。

提供醫務服務是在船上社會中必要的福利。醫藥團隊也可能因為提供專業服務而產生收益，因此，某些郵輪公司會將醫藥部門放在客房服務部門之下。

醫務主管的肩章條紋通常有三條線，金色及紅色。

郵輪上如何準備幾千人24小時的餐食？

以藍寶石公主號郵輪為例，以位於六樓的平面船艙而言，主要區塊為主餐廳共同使用的廚房空間，該空間以棋盤形規劃動線並且將烹飪方法不同的料理分配於其中，例如：義大利麵、生菜沙拉與乳酪裝盤、熬湯、煎烤肉品以及甜點等不同區域，其目的在於提高船上供餐的速度以及冷藏空間，如此配送料理到主餐廳就不會混亂，供餐速度快，並可維持每一道料理的品質。

行政主廚JP Seidel說：「就我目前管理的Chef有一百六十餘人、Staff則有二百三十餘人，這將近四百人的工作人員就是在幫我管理各種領域料理的人員，並掌控品質的穩定度。但由於地平線自助餐廳每到用餐時間人數就會急速增加，所以我會將人力大致分為地平線自助餐廳60%：其他主餐廳、特色餐廳與點心吧40%，到了離峰時段則會將人力配置顛倒去準備下一個時段的餐點。」

至於船內空間較多部分，主題餐廳則是以階段區劃，創造出另一個不同的用餐空間，不同的空間利用以及區劃，讓不存在的空間猶如「一夜城」般出現，不僅可以將用餐的人分散至自助餐廳、主餐廳、特色餐廳以及點心吧，所以不用擔心在用餐時間會找不到位置，或是沒有東西吃的問題出現。

郵輪空間有限，因應事件改變空間配置與動線，使空間因變化產生新的使用模式以及形塑不同氛圍，創造出不同「質量」的空間。能將人拒於千里的是空間，能使情景交融的也是空間，即使有些空間是工作空間與後勤動線，但這些地方也存在許多人與人之間的鏈結與情感的互動。

資料來源：http://solomo.xinmedia.com/archi/14812-princesscruises/2

四、娛樂部門（The Entertainment Department）

此部門之管理者必須對於全球娛樂有高度專業認知，而此部門必須包含音樂家、舞者、演員、歌手、喜劇演員、導演、音效燈光組員、舞台技術人員、演講者、健身運動指導員、兒童指導員及兒童專家。

五、飯店部門（The Hotel Department）

此部門之大小取決於規模，飯店部門服務團隊通常可能非常多變化，但是在僱用員工上是最多的。有飯店經理、飯店服務主管，以及乘客服務主管（Passenger Services Director, PSD）或是執行事務長（Executive Purser）等。因為郵輪公司的不同，其強調的核心價值也不同，由於乘客以及產品之差異，因此在飯店服務組織人力上就會有些許差異，茲詳述於下一節中。

第二節　郵輪飯店部門工作組織與管理

一、郵輪飯店部門工作組織

郵輪上之客房服務通常都是反映出郵輪規模，其勞務密度是與產品以及服務品質相對應的。郵輪操作一般可以分為兩大類：航海操作類（sailing operations）以及飯店操作類（hotel operations）。不管哪一類，飯店部門都是服務品質遞送的直接管道，是顧客滿意度的重要指標（Hartline & Jones, 1996; Oh, 1999），因此人力的配置攸關服務品質。

如果是航海操作類，則郵輪品牌以及其傳統通常是將郵輪產業視為航海企業，也認為航海為郵輪之行銷焦點，則其飯店服務團隊就可能是由執行事務長帶領。

反之，如果是飯店操作類，則郵輪管理著重於飯店服務，則在人事部門組織上，其高階領導階層就可能是乘客服務主管（PSD）或是飯店主管，而飯店服務就

傾向是由二至三個經理管理。至於其職稱可能是代理事務長。這些代理事務長聚焦於餐飲、乘客服務（包含房務）以及財務管理。當然每一代理事務長會帶領一個團隊，因此，可能包含如下團隊：

1. 餐飲：執行主廚（Executive Chef）以及餐廳的團隊，包括主廚、酒吧經理、酒吧管理人、酒吧服務生、酒吧助理服務生、餐廳經理、服務生領班、侍酒師領班、助理侍酒師、服務生、助理服務生。其中執行主廚要控制所有餐飲的準備以及供應。

2. 乘客服務：房務經理、房務管理（Chief Steward, Head Housekeeper）、房務指導、服務人員、艙房服務生、男管家、洗衣部主管、洗衣部助理主管、洗衣助理。其中房務管理必須負責所有客房以及公共區域之清理，並管理所有的艙房服務生。

3. 管理人員以及人力資源部門人員。

4. 其他部門：商店、花店、輸出影印店、藝術拍賣、通訊中心以及美容中心。

5. 財務部門：帳戶經理、收益經理。

不同的郵輪公司為配合其策略需求，對於其飯店服務經理之定位有所差異。例如，公主號郵輪僱用一個團隊的初階事務長（Junior Assistant Pursers），這些事務長被賦予不同的責任，包含接待、岸上行程、藝術品拍賣、餐飲以及船員辦公室。這些初階事務長協助副事務長，副事務長必須對資深副事務長負責。

餐飲以及房務的部門，無論是服務之提供或是其間的協調，均須以人力資源觀點分析。任何郵輪的效率主要都是以服務人員團隊（服務生、客房服務員、侍酒師以及公共區域服務人員）的服務品質為基礎，因此為郵輪公司帶來極大的挑戰。

二、飯店部門人力組織架構

郵輪公司不斷擴張而必須面對可觀之人資需求。例如，新的巨輪需要將近1,000名飯店服務人力，而包含契約之簽約管理以及簽約形式都必須詳細考量。這些服務人員團隊也需訓練及管理。因此，透過經驗豐富的人資部門訓練人員以便於建立郵輪的服務系統。

在執行事務長之下分為財務經理、乘客服務經理以及餐飲經理。財務經理之下有帳務經理；乘客服務經理之下分為管理經理以及夜間經理。管理經理管轄前檯

以及服務人員，而夜間經理下有夜間副理；餐飲經理之下則管轄資深餐飲副理以及餐飲副理。

　　所有飯店服務人員都須簽約，然後至少幾個月長時間在船上服務，為增加船員的心理健康狀況，船內的服務空間、動線均安排於內艙為主，並擁有左右不同的動線，且將服務人員詳細分配所負責的區域、工作與時段。因此，服務人員可以迅速針對自己的責任區做出正確的判斷與反應。另一個有趣的事情是，每位服務人員工作的時段會被分配於不同的地方負責相同或類似的工作，如此複雜的排班方式用意是在於希望透過這樣的方法，不會讓船員以及服務人員感覺無聊或是缺乏挑戰性。

　　郵輪之飯店部門之人力組織如圖6-2所示。

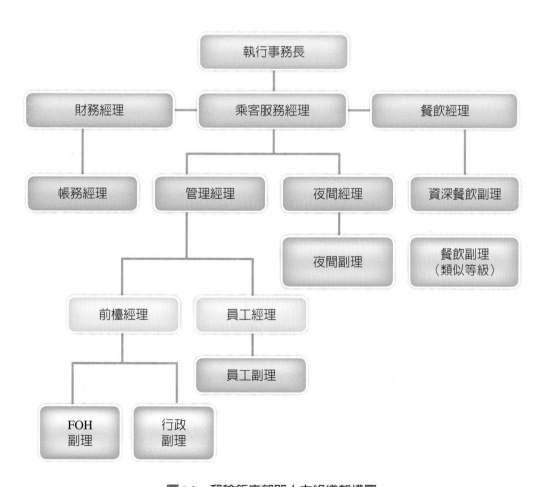

圖6-2　郵輪飯店部門人力組織架構圖

第三節　郵輪工作人員的招募與管理

一、郵輪公司招募情況

　　一般人會想的是如何能取得郵輪上的工作機會？但對於郵輪公司而言，如同大型公司，它需要招募許多員工以及各種專長。而異於一般陸地上的公司，郵輪公司要招聘的包含陸上的員工以及在海上的船上員工。在陸地上有船公司的總部，如大部分郵輪公司總部在美國邁阿密，此外還有一些公司，例如在美國西雅圖、洛杉磯或是紐約，或是在世界其他的港市，如上海、台北等。另外，還有一些在陸上的工作，如碼頭協助登船程序的人員，大多是計時人員；還有季節性服務工作職缺，如在阿拉斯加有許多郵輪公司會經營旅行社、飯店以及鐵道網服務，需要招募業務開發經理（Business Development Manager, BDM）。

　　而海上的船上工作，則如前所述，職位十分龐大與複雜。如何招募到這樣的海、陸員工呢？有些郵輪公司是自己直接招募，另外有些是透過仲介機構作為中介，或透過地區辦事處招募當地員工，也有郵輪公司的子公司負責招募。此外，透過相關領域雜誌期刊登載招募訊息，例如船務以及航海事務或是餐旅等，也可以找到比較接近專業領域或是有經驗的員工。一般在事務處經理必須有較高教育程度，其專業可能是商業或是餐旅或是觀光領域。

　　通常郵輪公司對於應徵船上工作的應徵者，會先曉以船上生活須知或概況，畢竟郵輪船上工作以及生活型態並非適合每個人，因此也可能會有不適應之情形。根據許多總部在美國的郵輪公司的招募與分配員工職位的情況來看，大部分的員工來自於非英語系國家，而一般英語流利的員工通常是在商店、SPA、賭場、孩童活動區、事務長辦公室以及醫療區等。至於運動方面人力、岸上觀光、美容美髮以及拍照、娛樂等也通常是英語系國家員工為優先。至於高階員工通常是歐洲人，之前必須有海軍或是商船的服務經驗。其他的員工如餐飲、廚房、清潔人員以及維護工人等多來自於東歐國家、亞洲、非洲、拉丁美洲以及加勒比海國家。

二、管理者之挑戰

Lukas（2009）指出，對於郵輪管理者而言，面對情境、契約以及多國籍等問題是最大的挑戰。在船上連續工作許多個月是高度挑戰，一個如同溫室的環境，充斥旅遊以及社交氛圍，旅途中充滿各種變化，每個航程所代表的是新的一組乘客或是客人，雖然某些郵輪是標準航程，但是有許多郵輪會變化其航線。郵輪員工團隊會有許多人進出更換。因此，如果更換新的經理人，就可能會設定新的工作步調以及型態，因此，領導風格更迭而造成影響也頗為常見。

另外，員工對於船上生活與真實生活差異之適應也是重要挑戰（Yarnal & Kerstetter, 2005）。在海上的新的世界中需要適應船上生活型態、傳達命令的方式以及船上工作的紀律等，還要持續且一貫的提供顧客服務，又必須與乘客之間有互動，因此，對於員工而言，其實是一種情緒勞務（Johansson & Naslund, 2009），也產生在工作環境中的特殊交易性質，因為員工會認知他們販售其勞務及技能（包含技術以及互動）以換取所得以及利益（Brownell, 1994）。

這種情緒勞務，Hochschild（1983）認為是在工作中員工必須為了符合顧客需要而扮演出工作所需要的情緒。郵輪上的員工，在不斷的互動中展露情緒的兩種方式，可分為深層扮演和淺層扮演；淺層扮演指的是員工調節情緒表達，使其與組織的要求相符合；深層扮演則為表達組織期望的情緒而對於本身的真實情感進行調整並使其一致。

因此，郵輪人力資源管理對於領導者而言是複雜的。除了在嚴密的工作組織框架下實施嚴格的紀律外，Lukas（2009）相信必須要瞭解其間的複雜性，並且創造讓員工超越自己的情境，因為成功的郵輪人力資源管理應該是讓員工以工作為傲，知道自己擅長之處，以及享受工作。

郵輪船上生活須知與概況

　　船上工作人員用餐有專屬廚師以及服務團隊提供餐飲，而且經過特別設計能符合特殊文化以及地區族群的船員需求。供餐是全日24小時，因為讓船員用餐愉快可以確保他們工作愉快，有時候某些主管也可能為公關需求與乘客一起用餐。

　　上岸時間必須要看操作環境，如果團隊可以分擔工作則可以得到時間上岸休息。如果某些設施未開放則工作人員可以排休，例如商店等。但是如果人力不足則不能上岸。因為在相關航海法規中，郵輪必須維持最低人力配置以維持安全。

　　如果在船上船員生病會由船醫診治，如果情況惡化則必須送上岸甚至解約。在大多數情況下，健康與安全規則相關規定避免身體不適者提供乘客餐飲服務。

　　船員一般被安置於服務艙房中，較資深的員工之艙房較大，甚至是單人套房。其他員工可能二到四人一間。此外，因為空間有限，船員被建議不要帶太多行李上船。至於船員住宿型態因為船公司不同而有不同標準與規格。船公司會盡量安排令船員滿意的食宿。

　　在船上的生活因為同事之間工作與生活的接近，會產生較為深厚的同事情誼，船員可以在船員的酒吧或是船員區域休閒，一般而言飲料價格會低於乘客區。大部分郵輪有船員俱樂部，船員也被允許使用某些設施，例如游泳池、按摩浴缸、健身房或是電影院。由船長或是高階經理人制定規則。當船員加入船上團隊，必須簽署願意遵守相關規則，若違反規則重則免職。此外，郵輪工作之前必須遵守的規則如下：

- ・不允許酩酊大醉。
- ・不允許持有非法藥物或是攻擊性武器。
- ・不允許粗鄙話語。
- ・不允許打架。
- ・除了某些層級之外，員工在非工作時間不許出現在乘客艙房或是公共房間。
- ・必須尊敬長官。
- ・必須時時尊敬及禮貌地對待乘客。
- ・所有員工必須經過救生船訓練。
- ・所有員工必須嚴守時間。
- ・所有員工不允許錯過郵輪。
- ・所有員工不允許賭博。

郵輪工作優缺點

　　對於員工而言，郵輪工作最大的優點當然是免費旅遊世界各地，特別是如果郵輪航線沒有重複，單程航線，經年環球航行。郵輪到達港口時工作負擔較輕的部門員工就可以下船。郵輪員工的另一好處是小費，特別是餐飲以及客房部門。此外，可以遇到全球各地的有趣乘客也是優點之一。

　　但有些新手，一開始可能無法適應環境。船上生活型態、傳達命令的方式以及船上工作的紀律等可能與過去習慣模式大相逕庭。選擇船上工作可能是因為夢想一邊工作一邊旅行，但是也必須接受這個工作之獨特性，其中包含很長的工作時間以及長期間的契約。一般餐旅業通常提供人們在工作時間之外的服務，因此餐旅行業的員工必須接受沒有正常社交時間。而郵輪則是提供一種打破傳統的工作型態。

　　因此，郵輪工作的缺點是在郵輪上的工作其實不僅只是一種工作，而是一種生活型態，而工作人員必須能夠接受這樣的生活模式。大部分的郵輪，即使其總部在美國亦然，都在其他國家註冊，特別是一些開發中國家，因此不適用美國勞工法，每日的工時極長，而且極為片斷，例如上午六點到下午三點，然後晚上八點到十一點。資深員工的薪資相對較高，其餘則薪資較低於最低薪資。此外，其工作安全性以及員工權益很少。而例外的情形，則是行走在密西西比河的河輪，必須遵守美國勞工法規，員工福利與美國本土一樣。

如何成為郵輪上工作的一份子？

相信有很多人內心中對於可以環遊世界、結交不同地方的朋友，同時還可以賺錢存錢的工作（因為在船上大部分的時間都是在工作，又不用繳房租，所以很容易把錢存起來），充滿了不切實際的幻想，那該如何找到這方面的資訊呢？船上工作的平均月薪（有小費的工作）

服務生	USD$2,500～4,000
助理服務生	USD$1,500～3,000
酒吧服務生	USD$1,000～2,500
調酒師	USD$1,500～3,000

有意願的人，可以到專門招募船上工作人員的公司或網站應徵（登錄資料）

http://www.cruiseshipjob.com/index.htm

http://www.cruiselinesjobs.com

一般是餐飲、旅遊、金融、管理等服務業背景的人比較容易被錄取，當然英文一定要是「可以溝通」的程度，如果還有其他外語能力會再加分，或是有特殊才藝的也可以申請。如果可以過人力公司第一關，郵輪公司會進一步安排面試，接著就是等好消息和辦工作簽證了。

郵輪上工作，不比旅遊，其實是相當累的，雖然有下船輪休的時候，但是不比在陸上的工作，不是想下船休息就可以下船的（一般郵輪上工作都是一年一簽，連續工作八個月，然後休四個月），不過還滿適合年輕人去闖一闖，看看外面的世界。

資料來源：http://www.leisurecruisers.com/2014/05/19/%E5%A6%82%E4%BD%95%E6%88%90%E7%82%BA%E9%81%8A%E8%BC%AA%E4%B8%8A%E5%B7%A5%E4%BD%9C%E7%9A%84%E4%B8%80%E4%BB%BD%E5%AD%90/

不良的船東

　　某些郵輪上對於員工的工作環境被認為有改進空間，例如皇家加勒比、嘉年華以及迪士尼。在2014年於巴西海域，有11名船員從類似奴隸狀態中被救出。

　　郵輪產業持續成長，對於乘客雖然是豪華享受，但是船員必須忍受低薪，每天工作12小時，契約長達六至十個月。每個月可能只賺到550美元，平均一天約18美元，每小時約1.5美元，甚至低到1.2美元。甚至無法休假，契約結束後休息兩個月再重新開始新約。

　　船上的酒保、女傭以及侍者通常來自貧窮非工業化國家，船員為賺取美元與其國家貨幣之間的高匯率而離鄉背井，睡在狹窄空間忍受低品質食物，生病不敢張揚，害怕失去郵輪工作機會。

　　而郵輪公司可以如此妄為是因為這些郵輪並非在美國註冊，因此船員不受到美國勞工法保護。因此，在2014年4月一份由Leeds Metropolitan University所作之研究中認為郵輪業者應該負起其社會責任。

資料來源：Mark Johanson，〝Cruise Labor Under Spotlight After Brazil Accuses Ship Of Subjecting Staff To〝Slave-Like Conditions.〞〞. April 8, 2014, http://www.ibtimes.com/cruise-labor-under-spotlight-after-brazil-accuses-ship-subjecting-staff-slave-conditions-1568709.

NOTE

Chapter 7

郵輪地理與
海上航程規劃

⚓ 國際郵輪傳統市場
⚓ 郵輪旅遊
⚓ 全球郵輪航線分布
⚓ 全球熱門航線

第一節　國際郵輪傳統市場

　　根據聯合國世界觀光組織（UNWTO, 2014）預測，全球觀光旅遊人數將持續成長，預計2020年達到16億旅遊人次，但經由水陸的旅遊僅占5%，陸地觀光卻高達57%，足見全球郵輪旅遊市場還有極大的成長空間（CLIA, 2014）。

　　二次世界大戰後，國際郵輪以不同噸位、載客數、創造多元化的觀光旅遊趨勢，航向世界主要海域（Orams,1999; Ward, 2006），遍布三大洋、五大洲，為遠洋海域之郵輪航線，國際郵輪傳統市場，概分為八大海域，並以載客量依序說明如**表7-1**。

　　綜合上述，全球郵輪市場以加勒比海域為目前市占率最大，而且北美與歐洲占了全球85.9%的郵輪市場，但市場已臻成熟，成長速度趨緩；許多國際郵輪公司（例如嘉年華集團以及皇家加勒比集團）已漸漸將郵輪轉往亞洲，顯示亞洲海域雖然只占4.4%，但成長快速，根據國際郵輪協會（CLIA, 2013）指出，亞洲郵輪市場年成長率平均已達8～9%，高於全球平均成長率的7%，且亞洲郵輪旅客每五年成長約50萬人次，顯示郵輪市場板塊已逐漸從歐美地區遷移至亞洲，尤其是中、日、韓及台灣。

表7-1　傳統國際郵輪航線海域與市占率

區域	主要停靠國家港埠	市占率（%）
加勒比海	1.東加勒比海：包括維京群島、波多黎各 2.多明尼加西加勒比海：包括牙買加、墨西哥、大開曼群島海域 3.南加勒比海：包括委內瑞拉、哥倫比亞、ABC三島	37.3%
歐洲（包含地中海地區）	希臘、義大利、土耳其、埃及、法國（蔚藍海岸）、西班牙、哥本哈根、斯德哥爾摩、馬爾他	30%
阿拉斯加	加拿大（溫哥華）、美國（阿拉斯加）	4.5%
亞洲	日本、韓國、新加坡、泰國、馬來西亞、印尼、香港、中國、台灣	4.4%
南美海域	美國（紐約、波士頓、邁阿密、洛杉磯）、加拿大、百慕達、墨西哥（Acapulco）	3.3%
其他海域	含波羅的海、英倫群島、挪威、黑海、非洲、南美、南太平洋、夏威夷群島等海域	14.5%
澳洲	紐西蘭、澳洲	5.9%

資料來源：http://www.cruisemarketwatch.com/market/

第二節　郵輪旅遊

一、郵輪旅遊特性

郵輪本身即得以具備作為一個旅遊目的地的功能（cruise ship as a destination），因此通常會被冠以「浮動渡假旅店」之別稱。它僱用多國籍、種族、文化背景員工，提供旅客貼心溫馨服務等多元特色。旅客亦得以辦妥一次登船手續後，只要打包一次行李，即可悠閒享受全程食衣住行育樂等高級享受（Singh, 2000）。茲針對此一結合「運輸、旅遊、旅館、餐飲、設施、活動」等多元屬性的郵輪產品，概括略述相關其產品特性如次：

(一)多元目的地型渡假

搭乘郵輪旅遊就形同旅客得以隨身攜帶住宿之艙房，就像「帶著Hotel去旅行」一般。每當郵輪巡航停靠各地港灣甚或環航地球一周，旅客亦得以登岸悠遊列國，而不須為住宿不同旅店而搬進搬出，因此又名之為「多元目的地型渡假」（multi-center holidays）（Sogar & Jones, 1993; Ward, 2003）。

(二)浮動渡假旅館

郵輪具有浮動渡假旅館特性，因郵輪除了航行於河川大海之外，其他相關休閒遊憩活動之硬體設施、軟體服務、休閒氣氛等，其實與各式海島、海濱甚或內陸高山型定點休閒式渡假旅館——諸如地中海俱樂部（Club Med）、太平洋島嶼俱樂部（PIC）等渡假型旅館之屬性殊無二致（Gray & Liguori, 1996; Showker & Sehlinger, 2002）。

(三)郵輪旅客族群特性

Wynen（1991）研究指出，郵輪旅客旅遊動機受到人口統計屬性中之「年齡」變項顯著影響，傳統上郵輪旅客以老年人從事長天數、較豪華昂貴之海上旅遊居多。如今，世界各大郵輪船隊公司，乃著手推出短天數、低價位航線，以設法滿足較年輕族群之需求，期能吸引更多不同年齡層旅客（呂江泉，2001）。

二、郵輪停靠港市區位（destination region）特性

許多文獻指出，一座會令旅客滿意的郵輪停靠港市，必須具備引人興趣、文化功能、安全無虞、易達性（accessible）以及使用友善性（user friendly）等特性。具體而言，具備成為郵輪停靠港市的條件，或多或少都必須要有如下數則軟硬體規格或條件之存在（Gibson, 2006）。

(一)郵輪港口定義

McCalla（1998）及Marti（1990）將郵輪港口分成「郵輪母港」（homeport）、「停泊港」（port of call）以及「混合港」（hybrid port）等三類。Maj（2001）將郵輪港口分成「郵輪母港」（origination port, homeport）以及「停泊港」（destination port）兩類，並將郵輪母港定義為：靠近郵輪市場，具空陸運支援，可進行郵輪本身之維護與補給，滿足旅客住宿及觀光需求。而停泊港主要為觀光目的、航程約三至七天的郵輪港口（趙元鴻，2005）。

(二)港市周邊配套

所謂具觀光價值的旅遊目的地即結合購物、沙灘、水上活動、生態旅遊、歷史保存、國際會議等周邊配套，且觀光景區也將成為旅客再次造訪港口的主因（趙元鴻，2005）。而郵輪旅遊產品價格，通常會比一般旅遊產品價格略有偏高，主要乃因郵輪旅遊產品始終堅持全部套裝內含（total inclusive package）的緣故。舉凡來回接駁機票（air-sea or flight-cruise package）、全程往返接送、海陸住宿、全日供餐、船上活動、娛樂節目，甚或連港口稅捐、服務小費等，均全數包含於套裝費用之內（呂江泉，2002）。

(三)郵輪港市條件

郵輪母港除了須提供包括旅客上下船、燃料、食物等備品之補給，並提供郵輪足夠的停泊位及設備電力之連結等服務外；外部則應能提供旅客完整的空陸運輸系統，使旅客得以快速上下郵輪並進行陸上觀光遊程。歸納言之，一座優良郵輪港市的條件應如下述（Gibson, 2006）：

1.郵輪港口最佳低水位（low tide line）水深10公尺，最佳碼頭泊位長度320公

溫哥華的國際會議中心聳立於郵輪碼頭邊，擁有完善的港市配套設施（李銘輝攝）

尺，以具備容納巨型郵輪（指載客量2,000人以上之巨輪）實力。

2.港口須位於國際機場附近，前往周邊旅遊景區目的地，必須同時具備易達特性。

3.郵輪港口（或港市）本身即已具有開闊的視野，以及某些特定的景區吸引力。

4.郵輪港口免稅，並能提供舒適、方便、安全、專業的服務與倉儲設施。

5.小型島嶼郵輪港口，須兼具有多元的景點吸引力。

6.郵輪客運碼頭或客運中心（terminal），須兼具藝術文物展示功能。

7.專業的岸上遊程接待操作實力。

8.刺激有趣的夜生活去處。

9.舒適晴朗、四季皆宜的氣候條件。

10.動靜皆宜，即有悠久的歷史文化內涵，又適合進行水上或陸上等戶外活動。

三、航線行程特性

如下的郵輪航線行程特性，不但與郵輪旅客需求與滿意度切身相關，對郵輪產業、郵輪船員及代理行銷之旅遊業者而言，其重要性更是不容忽視。

(一)可及性（accessibility）

某些地表旅遊環境由於地形、位置或氣候條件之限制，並不適合從事汽車或航空旅遊。例如美國阿拉斯加州沿太平洋岸之冰河、群山、城鎮及景區，陸空交通不易甚或無法到達，利用郵輪進行旅遊參訪最屬適宜。

(二)地域性（regional）

某些地表旅遊環境由於地勢、規模條件之限制，完全不適合從事汽車或航空旅遊。例如位於南太平洋、愛琴海及加勒比海等海域群島，陸空交通幾無可能時，郵輪旅遊遂取而代之。

(三)安全性（security）

某些未完全開發國家由於政經或治安條件不佳時，郵輪旅遊得以其集旅運、食宿、交通兼育樂於一身之多元特性，提供具安全保障之硬軟體服務。

(四)季節性（seasonal）

郵輪公司通常根據氣候季節的變化，而分別在全球各個不同的海域航行營運（**表7-2**）。原本身為郵輪發源地的歐洲地中海海域，卻也因其距離主要市場太過遙遠，加以加勒比海終年陽光普照、熱帶島嶼風情迅速吸引各國旅客到訪之吸客效應，地中海於1980年代末期以來，即逐漸落居主要郵輪海域之次席（呂江泉，2004）。

美國阿拉斯加陸空交通不易，郵輪旅遊成為最佳的旅遊方式（李銘輝攝）

表7-2　世界郵輪航行季節表

海域＼月份	1	2	3	4	5	6	7	8	9	10	11	12
加勒比海	★	★	★	★	★	☆	☆	☆	☆	☆	☆	★
地中海	☆	☆	☆	☆	☆	★	★	★	★	★	★	☆
東南亞海域	★	★	★	☆	☆	☆	☆	☆	☆	☆	★	★
南太平洋海域	☆	☆	☆	★	★	★	★	★	☆	☆	☆	☆
阿拉斯加	☆	☆	☆	☆	★	★	★	★	★	☆	☆	☆
美西海域	★	★	★	★	☆	☆	☆	☆	☆	☆	★	★
美東海域	☆	☆	☆	☆	☆	☆	☆	☆	★	★	☆	☆
備註	★：High Season最佳航行季節。 ☆：Shoulder Season平季。											

資料來源：Ward (2001).

相較之下，只在每年北半球5月至9月之夏季期間營運，搭載全球郵輪市場約僅有一成客量的阿拉斯加海域，以及其他諸如北大西洋、波羅的海、南太平洋及東南亞，東北亞地區等等海域，將來肯定仍會有特定之發展空間（Cartwright & Baird, 1999）。

第三節　全球郵輪航線分布

　　旅遊地理（Tourism Geography）係指旅客外出從事休憩旅遊，並尋求滿足相關食衣住行育樂等需求同時，與其途經或停留地理環境以及社會經濟間，所產生之互動關係與互動規律（盧雲亭，1993）。

　　郵輪地理（Cruise Geography）除了涉及運輸地理與經濟地理範疇外，同時亦涉及娛樂地理及旅遊地理等範疇（Mancini, 2000）。郵輪航遊海域地理位置之客觀影響力，在郵輪業主選擇航線行程決策因素中，扮演著非常關鍵的角色。首先，郵輪改變了在旅遊產品中地理空間與時間存在的客觀阻礙，與傳統旅遊產品大異其趣。其次，郵輪改變了航空器與陸上交通工具無法載送遊客到達的事實，提高島嶼國家的旅遊可及性，甚且得以提供旅遊安全性、可靠性與保障性。

　　此外，Mill（1990）指出郵輪業主選擇航線行程決策因素，除了考慮郵輪各別市場與航行海域之地理區位差異外，氣候亦扮演著相當吃重之角色地位。郵輪季節性航線行程之規劃，亦緊隨各海域氣候季節之遞變而更動。世界77%以上之郵輪

航線地理區位，均以選擇陽光普照、氣候溫和之海域，為其遊程規劃之重要依據（Cartwright & Baird, 1999）。茲根據Mancini（2000）將世界各主要郵輪航線行程及其區位特色詳述如下：

一、美洲航線

目前世界最主要的郵輪航線，將近80%均以北美洲周邊海域以及密西西比河流域為主。加勒比海海域郵輪航線自1998年以來，即因吸納了全世界二分之一強的旅客，而名列「世界郵輪航行海域」之首位。美國佛羅里達州邁阿密港，因此成為全世界最大的郵輪船隻集散中心，而擁有「世界郵輪聖地」之別稱（Ward, 2006）。茲將美洲航線主要港市及其特色詳述如下：

(一)北美洲航線

北美洲航線如加以細分，則有東岸加勒比海、阿拉斯加海域、美東加拿大海域、巴拿馬運河流域以及西岸墨西哥太平洋岸等五大區塊。

◆阿拉斯加航線

阿拉斯加的航行季節大約從每年5月到10月初，因為這段時間白晝最長，氣溫也最舒適宜人。沒有受到汙染的天空，藍白色的冰河雪山，輪廓鮮明的起伏山脈，親和宜人的小鎮，均使阿拉斯加成為世界上發展最快的航遊目的地之一。阿拉斯加主要有如下兩條郵輪旅遊航線：

1. 內灣航線（Inside Passage），通常從加拿大英屬哥倫比亞省的溫哥華或美國華盛頓州的西雅圖開始，向北穿梭於狹長的海峽之間，經過森林密布的島群來到返程點史凱威（Skagway）附近。而後，郵輪再向南駛回溫哥華或西雅圖，航程中最常見的停靠港口城鎮如下：

    (1)西雅圖（Seattle）：美國西北角華盛頓州的郵輪門戶港，也是每年夏季「阿拉斯加航線」主要的「母港」之一。

    (2)溫哥華（Vancouver）：溫哥華港是阿拉斯加郵輪航線的母港。每年5月至9月郵輪在海上運行、往返溫哥華及阿拉斯加這兩個地方。溫哥華港共有16條郵輪航線，約285次航班，每年為溫哥華港帶來約13億美元的營收。以其「五帆」地標而廣為人知的「加拿大廣場」（Canada Place）郵輪碼頭，可以同時停泊四艘大、中型郵輪。溫哥華港被貝里茲旅遊出版公

司，評選為北美最佳郵輪旅遊港口。

(3)汐地卡（Sitka）：汐地卡曾是俄羅斯的一個邊境殖民地，還是俄屬美洲的首府，帶有濃郁的俄羅斯殖民遺風。

(4)朱諾（Juneau）：朱諾是美國阿拉斯加州的首府，是一個座落在山腳下風景如畫的人口密集小鎮。

(5)史凱威（Skagway）：史凱威是阿拉斯加淘金熱潮時期的要地，以淘金史蹟聞名。

(6)冰河灣（Glacier Bay）：冰河灣是郵輪旅客選擇到訪阿拉斯加的主要因素之一。在這裡遊客可以看到巨大的冰塊從冰河崩落，之後轟然沉入水中的奇景。

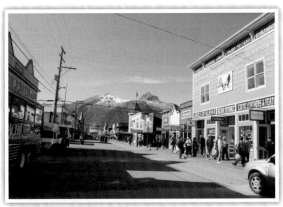

史凱威是內灣航線的折返點，街道盡頭就是郵輪停泊處（李銘輝攝）

溫哥華港是阿拉斯加郵輪航線的母港（李銘輝攝）

朱諾是美國阿拉斯加州的首府，夏季停靠郵輪如織（李銘輝攝）

冰河灣是郵輪旅客選擇到訪阿拉斯加的主要因素之一（李銘輝攝）

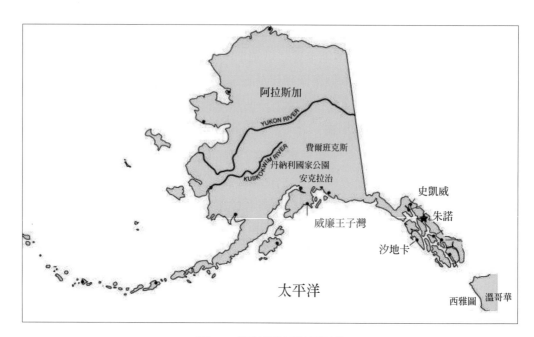

圖7-1　阿拉斯加航線海域

(7)凱奇坎（Ketchikan）：以印第安原住民文化遺跡聞名，成為美洲本土文化中心之一，自封為世界鮭魚之都。

2.北上或南下航線（Northbound or Southbound）：北上（或南下）航線是從溫哥華或西雅圖到安克拉治（Anchorage）的單程航行。郵輪在許多內灣航線同時經過的港口停留，然後繼續北上到哈伯冰河、學院峽灣（College Fjord）、威廉王子灣和基奈半島。許多遊客在安克拉治選擇一條從安克拉治到費爾班克斯，全長約356公里全程配有導遊鐵路路線來延續他們的陸上旅行，途中旅客並會在丹納利國家公園短暫停留，此公園亦即北美最高峰麥金利峰所在地。

凱奇坎的水陸兩用觀光船深受遊客所喜歡（李銘輝攝）

◆美東加拿大航線（US New England）

　　一個多世紀以來航行於大西洋水域之間，從北美出發前往歐洲的載客輪船輸送，即為今日郵輪旅遊的前身。美加東北部的航行季節，從每年晚春開始到秋季結束，其中以9、10月的秋季楓葉之旅最受歡迎。隨著船隻往返於紐約和蒙特婁這兩個北美大城市間，美加東北部郵輪航遊重獲生機。最常見的中途停靠點如下：

1. 紐波特港（Newport）：位於羅德島州，擁有美國最豪華的宅邸群聚。
2. 波士頓（Boston）：位於麻薩諸塞州，是美國自由獨立的搖籃。
3. 巴港（Bar）：位於緬因州通往阿卡迪亞國家公園的門戶。
4. 聖約翰市（St. John）：位於加拿大新不倫瑞克省，是加拿大沿海諸省的兩個主要城市之一。
5. 哈利法克斯（Halifax）：位於加拿大新斯科舍省，是加拿大沿海諸省的兩個主要城市之一。
6. 魁北克市（Quebec）：位於魁北克省，有著17世紀在北美法屬殖民地的遺風。

◆墨西哥蔚藍海岸航線（Mexican Riviera）

　　陽光、沙灘、痛快的購物、美味的食物、節日的氣氛，吸引到墨西哥太平洋蔚藍海岸進行航遊的人們。墨西哥蔚藍海岸航線中有兩條線路最具代表性：

郵輪岸上旅遊：波士頓的獨立紀念碑（李銘輝攝）

加拿大魁北克有著17世紀北美法屬殖民地的風情（李銘輝攝）

1. 下加利福尼亞半島（Baja California）：航程從洛杉磯或聖地牙哥出發到下加利福尼亞半島，途中郵輪有時會停在聖塔利納，一座離加利福尼亞海岸僅26公里的迷人小島。這條線路終年開放，往往成為初次航遊者的最初選擇，其主要基地港如下：

   (1) 洛杉磯（Los Angeles）：洛杉磯港不僅是美國西岸最為繁忙的貨櫃港及領先的郵輪港，亦為世界級多元用途的海港。2006年的來訪遊客總數目約有2,560萬人次，增長率為5.1％。洛杉磯港郵輪的旅客數目，更擁有高達40％的增長，如此將會為洛杉磯帶來133億美元的收入，成績令人滿意。

   (2) 聖地牙哥港（San Diego）：美國第三大城市聖地牙哥港市，處處可見富有拉丁美洲特色的建築物。

2. 阿卡波科（Acapulco）：第二條路線是一條單程路線，在墨西哥阿卡波科與洛杉磯或聖地牙哥之間運送乘客。這條航線大多在冬季營運，途經以下港口城市：

   (1) 卡布聖盧卡斯（Cabo San Lucas）：位於下加利福尼亞半島的南端，最吸引人之處是美麗的小海灣、潛泳運動和非凡的深海捕魚。

   (2) 馬薩特蘭（Mazatlan）：另一個釣魚愛好者的天堂，提供森林遊、購物、民俗表演以及可愛的小酒館。

   (3) 瓦亞塔港（Puerto Vallarta）：原始未經開發、破壞的海灘，產品豐富的市場，以及令人印象深刻的高爾夫球場。

聖地牙哥處處有拉丁美洲特色的建物（李銘輝攝）

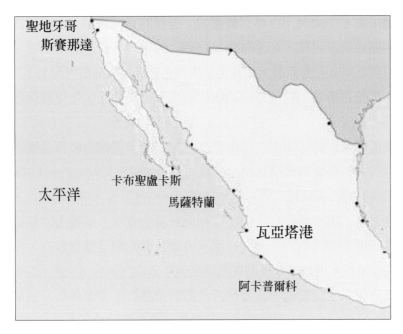

圖7-2 墨西哥航線海域

(4)阿卡普爾科（Acapulco）：墨西哥老牌的渡假勝地，有無數的夜總會、飯店和聞名遐邇的懸崖跳水表演。

◆**巴拿馬運河航線**（Panama Canal）

航線從阿卡普爾科出發帶著遊客參觀運河，並有可能在沿途參觀一個中美洲港口。通過巴拿馬運河之後，郵輪可能會在哥倫比亞、委內瑞拉以及加勒比海等處停泊。巴拿馬運河航線，一般約須歷時10～16天。

◆**加勒比海航線**（Caribbean）

加勒比海航線可謂是世界首選的航遊目的地，大致被分為東加勒比海、南加勒比海及西加勒比海等三條基本路線，如再加上巴哈馬群島，則共有四條路線。加勒比海航線有很多樣的選擇性，以下將說明這條路線受歡迎的原因。而這種多樣性也影響該地區航遊旅客的構成，加勒比海航遊吸引各種年齡、各個階層的遊客。

1.東加勒比海航線：通常以佛羅里達州邁阿密港、勞德岱堡港、聖胡安和波多黎各為起點和終點，航行當地擁有歷史悠久的古城和許多迷人的沙灘，途經如下地點：

(1)邁阿密港：擁有「世界郵輪聖地」美譽的美國佛羅里達州邁阿密港，邁阿密人口五百萬，是佛羅里達州最大的城市，也是該州最著名的城市，以其終年宜人的氣候，尤其是世界著名的邁阿密海灘而聞名。

(2)美屬維京群島：由觀景與購物的勝地聖托馬斯島、聖克羅伊島和聖約翰島所組成。

(3)英屬維京群島：比起美屬維京群島，它的發展相對較為落後。英屬維京群島中的維京哥爾達島嶼上，有一個與英國巴斯同名的景點The Baths，是由海邊一個獨特的巨石陣所組成。

(4)聖馬丁／聖馬斯特丹：由法國和荷蘭聯合管理，郵輪通常停泊在荷蘭所屬一側的聖馬斯特丹港，在那裡各種各樣的商品應有盡有。而法屬的聖馬丁港口，則以其精美的餐館聞名。

(5)安提瓜：安提瓜是一座獨具特色的熱帶島嶼，主要景點「納爾遜的造船廠」，是18世紀英國加勒比海艦隊的總部所在地。

(6)瓜德羅普和馬丁尼克島：這兩個島具有同樣的法國殖民地文化、火山、深綠色的風景以及琳琅滿目的商品等許多共同點。

(7)其他：郵輪公司到訪的其他島嶼，有多米尼加、聖盧西亞、聖文森、格瑞納達和聖基茨等。

2.南加勒比海航線：與加勒比海其他地區相比，南加勒比海的遊客相對較少。航線通常起始或折返於聖胡安和阿魯巴島，沿途將會遊經下列島嶼：

(1)ABC三島：ABC分別代表阿魯巴（Aruba）、博奈爾（Bonaire）和古拉索（Curacao）三島的三個地名起始字母。阿魯巴和古拉索島擁有風光旖旎的沙灘、賭場以及風景如畫的荷蘭建築。博奈爾島則是加勒比海地區最大的潛水勝地之一。

(2)特尼亞達：銅鼓樂隊和凌波舞的發源地，凌波舞是西印度群島的一種特技舞蹈。

(3)巴巴多斯：一座熙熙攘攘的熱鬧島嶼，島上有古老的植物園和「哈里森洞穴」地下遺跡。

(4)其他：南加勒比海航線尚包括南美大陸的一些島嶼港灣，例如委內瑞拉首府卡拉卡斯的專用港拉瓜伊拉和位於哥倫比亞的卡諾基納等。

3.西加勒比海航線：經由巴哈馬航線同樣經過的佛羅里達諸港口，可以快捷地進入西部加勒比海。偶爾也可經由休士頓、加爾維斯頓或紐奧良等地。西加

勒比海航線提供豐富的海島航遊和岸上遊程項目，其中以如下地點最受歡迎：

(1)坎昆島：位於尤卡坦半島，墨西哥最受歡迎的風景名勝之一，擁有良好的購物環境、頂級飯店和許多娛樂設施。附近有代表馬雅文明的廢墟遺跡，以及以潛水與漁業聞名於世的科蘇梅爾島。

(2)開曼群島：一個有傳奇色彩的跳水勝地，跳水者可以與長相可怕但是性情溫順的海洋生物一起游泳。在這裡有海龜農場和彩虹魚市等兩處著名景點。

(3)牙買加：以其特有的西印度島風格，節奏強烈的音樂，以及包括恩河瀑布等在內豐富多樣的景點。

(4)海地：位於伊斯帕尼奧拉群島最大島嶼的西面，因融合非洲和法國的不同文化，而使海地顯得特別迷人。其特有的民族藝術風格，也被人們廣泛收集整理。

(5)多明尼加共和國：位於伊斯帕尼奧拉群島的東面，以其歷史景觀、眾多的高爾夫球場和商品賣場而聞名。

(6)其他：西加勒比海航線還包括墨西哥的一些港口，例如坦皮科、委拉克路斯省和佛羅里達州的基韋斯特。將來如政治情勢有所轉變，則古巴也有可能成為一個主要的航遊目的地。

4.巴哈馬群島：巴哈馬航線多數由邁阿密港或勞德岱堡港出發，其餘路線從卡納維拉爾港或坦帕市啓航。巴哈馬的主要港口拿騷，港口附近有產品豐富的購物天堂、歷史名勝以及潛水勝地。

(二)中南美洲航線

中南美洲各國自然景觀多種多樣，人文特色繽紛多彩，名勝各擅勝場，有許多港口城市可供郵輪靠泊。

◆中美洲航線

中美洲是世界上最主要的生態旅遊目的地之一，本航線經常與巴拿馬運河或西加勒比海航線相結合推出。每年10月到次年4月之間，大西洋沿岸航線最受歡迎。典型的路線從波多黎各的聖胡安或巴西的里約熱內盧啓航，中途停靠點包括法屬圭亞那海岸外的魔鬼島，以及巴西的貝倫、瑞西菲和薩爾瓦多等港市。亞馬遜河航線則沿河逆流而上，經由連綿不絕的熱帶雨林一路到達瑪瑙斯。

圖7-3　中南美洲航線海域

◆南美洲航線

　　南美諸多引人入勝的地方是內陸地區，遊客可能遊覽的岸上遊程，包括有氣勢宏大的伊瓜蘇瀑布，祕魯的馬丘比丘（從利馬出發經由庫斯科到達），以及復活節島和加拉帕格斯群島等。航線偶爾會選擇南美的太平洋岸，主要海港有智利的聖地牙哥以及祕魯的利馬港。航線有長達一個月的周遊南美的航程，也有經過里約熱內盧、烏拉圭的蒙德維地亞、阿根廷的布宜諾艾利斯、福克蘭群島等，再穿越麥哲倫海峽到達南美洲的太平洋岸。甚至在繞過南美洲的南端之前，郵輪也有可能繞行至南極洲，這是郵輪所能到達的最遙遠的地方之一。

二、歐洲航線

　　緊接著北美洲之後，歐洲亦以其悠久航行歷程，匯集歷史、古蹟、美食及優雅閒適之生活方式於一身而聞名。除了位處內陸的瑞士之外，全歐境內各國幾乎均

有各式郵輪通航於北起挪威峽灣、波羅的海，萊茵河、多瑙河兩大河系，南達地中海沿岸各國，是一個極具魅力的航遊大洲。

(一)地中海航線

目前仍以有傳統郵輪的發源地的南歐地中海域，高達21%的市場占有率最高，其餘則有英倫三島及北歐波羅的海等航線次之。

◆西地中海航線

西地中海以精緻的生活方式、古老的村莊、優雅入時的專賣店、展品豐富的美術館、上好的葡萄酒、精緻的菜餚聞名於世。典型的西地中海航線途經西班牙、法國和義大利三國。直布羅陀海峽、科西嘉群島、馬爾他島以及位於北非的摩洛哥，通常均被列為西地中海航線範圍。最受歡迎的三大港市為西班牙的巴塞隆納、法國蔚藍海岸的尼斯和義大利的羅馬外港等。

◆東地中海航線

具有悠久歷史的東地中海郵輪航線，從義大利水都威尼斯、希臘雅典、土耳其伊斯坦堡出發，航向荷馬、希羅多德、科孚群島、米克諾斯、克里特島、桑托林島、羅德島，以及其他具有傳奇色彩的土耳其、以色列和埃及的古城港市。

(二)歐洲大西洋航線

歐洲大西洋航線，通常途經葡萄牙、法國、西班牙、愛爾蘭和英國等國。起點一般是西班牙南部海岸的馬拉加，繞行至葡萄牙的里斯本，繼續北行至法國的波爾多，最後結束於英國的倫敦。另一航線則起始於里斯本，結束於巴黎北部的港口城市勒哈弗爾。

(三)愛爾蘭、大不列顛和北海航線

某些航線環遊愛爾蘭，另一些則環繞大不列顛。傳統的航線起始於英格蘭，航至比利時、荷蘭阿姆斯特丹、德國漢堡、挪威西部峽灣、丹麥哥本哈根等港口城市。

(四)波羅的海航線

波羅的海郵輪航線，通常由德國漢堡或丹麥哥本哈根出發，航至瑞典斯德哥爾摩及芬蘭赫爾辛基後，於俄羅斯的聖彼得堡結束。另一偏南航行的路線，則可能

圖7-4　歐洲航線海域

途經波羅的海三小國——立陶宛、拉脫維亞和愛沙尼亞，最可能會在愛沙尼亞的塔林做短暫停留。

三、其他海域航線

雖然歐美已占盡郵輪市場主力，種種跡象顯示世上仍不乏有待開發之郵輪航線行程。某些行程或因交通不便、金融紊亂、住宿難覓或有治安不靖之顧慮，郵輪旅遊之特性適足以彌補上述缺陷，提供安全舒適之可靠氛圍。如今，人們爭相追逐具有特殊「異國風情」（exotic）口味的情況下，預測將來最具開發潛力之三大新的航線行程，計有南太平洋、亞太及非洲等海域（Mancini, 2000）。

(一)南太平洋航線

太平洋海域散落著成千上萬美麗如畫的熱帶島嶼，空中運輸受到機場建造之限制，唯有航遊始得有效地體驗島嶼風情。南太平洋郵輪航線多集中於每年11月到

圖7-5　南太平洋航線海域

次年4月間，主要經大溪地、斐濟、巴布紐幾內亞、新喀里多尼亞、瓦努阿圖、薩摩亞、東加和庫克群島等。此外，環繞紐西蘭和沿澳大利亞東海岸以及夏威夷等地，也屬逐漸加溫之熱門航線。

(二)亞洲航線

儘管少數亞洲航線郵輪在夏季運行，大部分航線則在10月到5月之間營運。此外，要概括分類所有經過亞洲港口航線特徵幾乎不可能，但仍有如下幾個一般性的模式存在。

◆東南亞

船隻在印度尼西亞、馬來西亞、菲律賓和新加坡的眾多島嶼中往來穿梭，形成幾條極為熱門的路線。第二條航線模式，則以泰國、越南和新加坡作為主要國家。

◆印度洋亞洲

印度的一些港口，經常有往來斯里蘭卡以及馬爾地夫的航線。

◆兩岸三地

中國大陸、香港和台灣的主要港口，則各自組成一些具有代表性的航線。

◆日本和韓國

日本和韓國由於各自地理因素影響，自然地組合成了一些特殊的航線。

(三)非洲航線

非洲郵輪航線，大致有如下四條主要航遊路線，通常從每年11月到次年3月，即南半球的夏季期間營運。

◆北非航線

此航線一般在每年5月到10月之間營運，包括突尼斯和摩洛哥等西北非國家，有些也包括加納利和馬德拉群島。

◆東非航線

由位於非洲東海岸的港口組成，如肯亞的蒙巴薩或坦尚尼亞的達累斯薩拉姆，也包括諸如尙幾巴爾島、馬達加斯加島、塞席爾、科摩羅、留尼旺和摩里西斯等印度洋島嶼在內。

圖7-6　非洲航線海域

◆東非航線

此航線是由第二航線變化而來，亦即郵輪延續其東非航線航程，往南一直到達南非（反之亦然）。

◆西非航線

航線經過非洲西海岸各大港市。

四、內河航線（River Cruising）

傳統眾多深受歡迎的內河船和駁船巡遊的航線中，最為知名有歐洲的萊茵河和多瑙河，美洲的密西西比河、亞馬遜河，北非洲的尼羅河及中國的長江三峽等，茲擇要條列如下：

(一)北美洲

1.美國：以航行於美中密西西比州、俄亥俄州及密蘇里州等三州之密西西比河（Mississippi）流域郵輪為主。

2.加拿大：以航行於加東渥太華（Ottawa）附近之聖羅倫斯河（St. Lawrence）流域郵輪為主。

航行於加拿大聖羅倫斯河的河輪（李銘輝攝）

(二)南美洲

以航行於巴西的瑪瑙斯（Manaus）以及祕魯的基多（Quito）兩港口為主要集散地之亞馬遜河（Amazon）流域郵輪為主。

(三)非洲

以航行於路克索（Luxor）、亞斯旺（Aswan）及納瑟湖（Lake Nasser）之埃及尼羅河（Nile）流域郵輪為主。

(四)歐洲

以航行於中西歐之萊茵河、多瑙河、塞納河以及東歐俄羅斯之伏爾加河流域郵輪為主。

(五)亞洲

以航行於重慶、三峽（瞿塘峽、巫峽及西陵峽）、武漢及上海間之長江流域郵輪為主。

五、換季航線〔Reposition Cruising〕

換季航線專指從某一地區的旅遊旺季末尾，開始將郵輪移到另一個旅遊旺季開始的海域繼續營運，以免造成閒置之損失。以下是在每年9月到11月最常見到的換季航線，到了每年的3月到5月這些航線就顛倒過來進行換季。

(一)歐洲─美洲換季航線

從歐洲橫跨大西洋到達百慕達群島、巴哈馬群島、加勒比海、巴拿馬運河，甚至到達南美洲。

航行於埃及尼羅河上的河輪（李銘輝攝）

(二)歐洲—亞洲換季航線

從地中海經由蘇伊士運河，到達非洲東海岸及附近島嶼或到達亞洲。

(三)阿拉斯加南下換季航線

從阿拉斯加沿美國西海岸順流而下到達墨西哥，巴拿馬運河或者加勒比海。有時則從阿拉斯加橫跨太平洋到達夏威夷，然後到達亞洲或南太平洋。

第四節　全球熱門航線

不管是地區性的環遊或是橫越洲洋的壯遊，世界如此之大，郵輪航線當然也有千百種的排列組合。以下介紹十條全球最受歡迎、高搭乘率的航線。

一、阿拉斯加

阿拉斯加一直是最受喜愛的郵輪行程。冰河及國家公園美景，冰河灣航線與北美串成一線，從溫哥華出發，途經世界鮭魚之都凱奇坎、朱諾、史凱威到冰河國家公園，再到達安克拉治。此外，也有由溫哥華或西雅圖來回的內灣航線行程。

史凱威的城市旅遊巴士（李銘輝攝）

　　阿拉斯加冰川5～10月是旺季，此時正好是加勒比海的淡季。7天航程有兩條線路：一條是溫哥華或者西雅圖來回，另一條是溫哥華和安克拉治之間的單程線。它的賣點是冰川和炎夏的清涼空氣。阿拉斯加有全球最壯麗密集的冰川，要看最壯美的冰川，必須經過冰河灣（Glacier Bay）。這裡每天進入的船隻數量有嚴格規定。因此，要看清航程。大多數郵輪會經過凱奇坎、錫特卡、朱諾和史凱威這幾個小鎮。

二、西歐、英國列島

　　西歐經典郵輪行程多自英國倫敦登船，到法國巴黎，途經西班牙、葡萄牙、百慕達，最後橫越大西洋，停靠美國的佛羅里達州；英國列島航線則集中於倫敦上下船，行經愛爾蘭、蘇格蘭，在回到倫敦前停留於法國巴黎，同時滿足英倫與法式浪漫。

三、波羅的海

　　波羅的海航線主要以北歐多國與俄羅斯為航行重點，以倫敦與哥本哈根為主

英國倫敦市區的觀光巴士（李銘輝攝）

挪威卑爾根（Bergen）港口的觀光巴士（李銘輝攝）

要出發港。航行於波羅的海的郵輪，途經挪威、丹麥、立陶宛、俄羅斯、德國、芬蘭、瑞典、荷蘭等國家，還能在俄羅斯的聖彼得堡多做停留，深度走訪宮殿與博物館。

波羅的海也是郵輪光顧的海域。可以看到北歐國家以及俄羅斯名城。最吸引人的是極地之旅。它會開到歐洲大陸最北部的北角（North Cape），既有北國冰川和世界第一峽灣蓋倫格（Geiranger Fjord），還有別緻的城市和小鎮。繼續往北就進入北極圈，最刺激的航程可以到達冰川邊緣，有時候還要動用探險船。時間需要兩週，一半時間在北極圈內享受子夜陽光。但每年只有一個月左右能走這條航線。

四、東北亞

航線以日本為主，北海道、鹿兒島、沖繩、橫濱、神戶、福岡是最受歡迎的航點，部分航線並串接至南韓的釜山或濟州島。今年以台灣（基隆、花蓮、高雄）為中繼站或甚至起始站到日本的航線，也大大地增加，近來也是台灣旅客熱愛的航線。

五、環遊世界

環球航線至少需要100天，一般都在冬季開始，航程固定，通常從倫敦和紐約出發，經過巴拿馬運河進入南美進入太平洋，經日本、中國、泰國、新加坡、澳洲，再經過印度、中東和地中海回到歐美。例如自美國洛杉磯出發，行經巴拿馬、祕魯等南美地區後，從太平洋接南太平洋抵達澳紐，行遍東南亞，途經中東到地中海，後橫越大西洋到美國佛羅里達州的羅德岱堡，經加勒比海和墨西哥回到加州洛杉磯，完成環遊世界。

如果有足夠時間和金錢，可以考慮乘坐郵輪環遊世界。

六、加勒比海

充滿陽光沙灘的加勒比海郵輪之旅，從4天起的短期行程至20天的長期旅遊都有。航線多由美國佛羅里達州的羅德岱堡港啓程，航行於大西洋接加勒比海，一路上經過熱情原始的巴哈馬群島、阿魯巴、聖馬丁、美屬維京群島等熱帶國家。

加勒比海：陽光海灘和超巨輪

加勒比海是郵輪天堂，也是遊客最多的航線。它的賣點是陽光、海灘和免稅購物。這裡有七千多個島，很多大型郵輪公司在這裡有私家島。加勒比海航線分東、西、南三條線，每條線都是7天，基本上都是邁阿密或羅德岱堡來回。這裡雲集了世界上大多數超巨輪。它們大多數屬於歐美公司，而巴拿馬運河通不過77,000噸以上的大船，所以超巨輪只好在大西洋內遊弋或聚集在加勒比海。

七、南美洲、南極

南美洲郵輪有合恩角與麥哲倫海峽、巴西、亞馬遜河、安地斯山等航線。行程多由從洛杉磯啓航，經墨西哥、尼加拉瓜、祕魯、智利、阿根廷、烏拉圭等國，沉浸在南美的熱情風光。部分延伸到南極航線，從火地島改登上破冰船，駛向一望無際白色大地。

八、地中海

　　豐厚的文化資產和歷史建築是地中海航程迷人之處，行程最少需一個星期，一般分為東、西兩段，分別以威尼斯和巴塞隆納為主要起始港，也有環地中海的全覽，遊玩西班牙、法國、義大利、希臘、土耳其，一次飽覽知名歐洲景點與地中海風情。

　　地中海名城巡禮——西線走西、葡、法、義等國，東線是希臘群島和土耳其海岸。西線吸引遊客的是名城，如尼斯、巴基隆納等，東線看希臘群島。每年7、8月，地中海熱鬧非凡。

九、東南亞

　　此航區多以新加坡作為出發點，航線除了遊覽東南亞（泰國、越南、印尼、馬來西亞）外，也有不少以澳洲伯斯作為終站的行程。另外，還有多條航線橫越亞非，由新加坡往泰國、緬甸、斯里蘭卡、阿拉伯聯合大公國等地，最後到達南非開普敦。

十、澳洲、紐西蘭

　　澳紐航線航行於雪梨與奧克蘭之間。自雪梨出發後航行於塔斯曼海，行經墨爾本、哈伯特後，抵達紐西蘭，遍行於但尼丁、阿卡羅阿，再接南太平洋抵達紐西蘭北島奧克蘭。此外，也有單純環遊澳洲或紐西蘭的航程，旅客可自由選擇。

郵輪航線如何規劃設計？

在台國際郵輪公司現身說法

　　以公主郵輪的觀點來看，規劃行程有五個重要因素：首先就是客戶需求，而港口的特色則是優先考量，因為旅客會因港口而購買郵輪產品；此外就是客戶滿意度，必須關心旅客在每個港口的感受，其他如效益與成本、區域中的每個港口有最好的連貫性、海上和其他作業的需求，包括安全和可靠的停泊港，必須視安全、安檢、基礎設施與服務為最好的實踐工作。因此建議政府單位和港口要有更緊密的合作，針對郵輪產業有特別政策及靈活的操作手法。

　　嘉年華郵輪表示，航線規劃像一門藝術，市場的強度、顧客滿意度、獲利率是最終決定航線規劃的三個關鍵因素，當他們在規劃航線時，會與團隊達成共識，並由船長提供意見，確保安全性，也會親自視察，以成熟方法計算、布署獲利率，優化航線規劃，亞洲是新興市場，原則上希望能航行更多國家，讓乘客獲得不同的體驗。

　　麗星郵輪建議，規劃航程為短程、多港停靠、選擇時間上最具效益者及熱門景點。台灣郵輪產業除了可開發由台灣港口出發的產品，也有潛力開發從香港、東南亞、北亞出發的Fly Cruise產品，觀光局可和郵輪操作業者策略聯盟發展推廣整合性的郵輪產品。此外，港口設施要升級，搭配吸引人的港口費用和獎勵計畫。

Chapter 8

郵輪遊程規劃與操作

- ⚓ 郵輪航程的規劃
- ⚓ 郵輪接駁遊程規劃
- ⚓ 郵輪目的地旅遊規劃與管理
- ⚓ 郵輪陸上遊程操作實務
- ⚓ 附錄　MSC郵輪2014夏季之陸上行程

　　郵輪遊程與陸上遊程規劃最大的不同，首先在於郵輪航程的定位，次爲行程前後的遊程銜接、船上遊程設計、上下船碼頭之旅遊體驗以及岸上旅遊的規劃；如何串聯每一階段的遊程，讓遊客充分體驗郵輪旅遊「一程多站」的附加價值，實爲郵輪旅遊實務操作的重點。

第一節　郵輪航程的規劃

　　郵輪航程的規劃，首要在於訂定郵輪的航向、使用港口、確立行程（itinerary）的基本定位。

一、航程考量

(一)傳統航程

可分爲兩種形式：

1. 環型航程或封口式航程（round-trip或circle itinerary或closed-jaw itinerary）。即起迄在同一港口；多在擁有眾多郵輪目的地（港）市場，如加勒比海、地中海。
2. 線型航程或開口式航程（one-way itinerary或open-jaw itinerary）。直線航程則考量物流與遊客聚集之操作容易性；以阿拉斯加而言，如果採環型遊程，曠日費時，不利人、貨補給，沿線亦無客源市場；採線型航程則可以方便操作兩種產品：安哥拉治—溫哥華，溫哥華—安哥拉治，各在兩個城市同時送客與迎客，並進行補給與清理工作。

(二)特別航程

　　某些郵輪操作者會規劃郵輪爲循環性（cyclical），在一段時間內持續重複一個行程。雙循環的（bi-cyclical），在一段時間內持續的重複兩種行程。郵輪公司規劃遊程時希望達成其獨特優勢。可能規劃之型態包含環遊世界的行程、獨特的郵輪行程、短程的放鬆或是嘗試行程、沒有目的地的行程（將郵輪視爲是目的地）、飛航加郵輪行程（Air-Cruise），選擇具異國情調且較少到達的港口。

地中海行程屬於環型或封口式航程

環遊世界120天需花費船上費用100萬以上

(三)航行期間

為配合顧客方便性以及符合顧客期待，許多郵輪的航行期間是7天、10天或是14天。

(四)進出港時間

郵輪行程通常規劃早晨到達港口，而在午後或是傍晚離港。

二、港口條件

一般郵輪公司如果是7天行程通常包含四到五個停靠港口，如果是14天行程則約包含八到十個停靠港口，在選擇停靠港時通常考慮以下的條件：

1.港口服務：遊程可能同時考量港口的服務，如加油、補給（包含食物、飲料、飲用水）、清除（包含已壓縮的垃圾和回收物）或專家協助。
2.港口成本：郵輪公司選擇停靠港口時，為使利潤提高，須細心比較港口成本。
3.港口設施：到達港口以及出發港口的選擇必須考量設施、安全以及碼頭設備。
4.港市吸引力：根據Gibson（2012）所指，優良郵輪港市須具備條件詳述於本書第七章。

港口服務包含加油及食物等各項補給的服務（李銘輝攝）

第二節 郵輪接駁遊程規劃（pre or post cruise package）

　　上船前，郵輪遊客至少有一天是前往郵輪碼頭準備登船，而在該城市順便休閒旅遊；反之，在下船後、繼續下段行程前，也可能停留在該港市。上船前後停留時間依個人（個別團體）需求而有所不同。通常這種接駁行程，除了自行安排外，郵輪公司以及旅行社也會代爲規劃。

一、郵輪公司規劃

　　一般郵輪公司會協助代訂飛機／船票、郵輪碼頭陸地接送，以及旅館等（如需過夜），亦即爲空海套裝行程（air/sea package）。遊客若購買郵輪公司的接駁行程，一旦因爲郵輪海上行程延誤或郵輪的因素，而無法銜接下段行程，郵輪公司會負責解決問題。在歐美接駁行程的操作大致如下：

郵輪公司有規劃機場接送或回程接送

1.在郵輪公司之官網上設置套裝行程介面，方便遊客操作。

2.套裝內容也可能涵蓋機場—碼頭或飯店—碼頭的接駁。

3.安排接機人員在機場迎送遊客，協助解決即時問題（Mancini, 2004: 88）。

二、旅行社規劃

遊客亦可透過旅行社安排與規劃整個接駁行程，通常有兩種形式：

一種爲個人自由行（Foreign Independent Tour Package, FIT Package），另一種爲團體套裝行程（Group Package Tour, GPT），兩者之間最大的不同是有無領隊隨團服務。團體套裝行程通常有領隊全程服務，遊客無須操心接駁的問題，如有問題由旅行社負責。至於個人自主則由旅行社協助代訂交通或住宿，遊客須自行完成接駁行程，如可歸屬旅行社的問題，才能訴求旅行社負責。

以歐美國際郵輪的操作情形，由旅行業代爲操作行程接駁的情形還是很普遍，據CLIA（2015）調查發現，北美郵輪遊客偏愛旅行業代辦購買郵輪行程，約占七成業務，其次才是郵輪公司。而於我國，目前在北亞洲區內的郵輪旅遊多半由國內旅行社以團體套裝行程或個人自由行方式操作。

誰該負責？

Q：萬一抵達的飛機誤點／取消，沒趕上登船，怎麼辦？

A：不管是否爲郵輪公司所代訂的班機，遊客都需再購機票飛到下一個停泊港會合，郵輪公司則盡道義責任與航空公司協調最適方案。

因此，郵輪遊客最好購買旅遊保險，理賠含：

1.行程延誤、取消、滯留。

2.行李遺失、被竊。

3.醫療險（船上及國外就醫所費不貲）。

台灣旅行社郵輪團體套裝產品

歌詩達郵輪～【上海／箱根／靜岡／京都／宮崎】「維多利亞號」9日

Day 1　桃園國際機場—上海浦東機場—歌詩達維多利亞號【郵輪17:00開航】
Day 2　海上巡遊Cruising
Day 3　海上巡遊Cruising
Day 4　橫濱港→箱根→橫濱港【郵輪08:00抵達；23:00開航】
　　　　本次行程包含午餐，返港之前，遊客將享受自由購物的時光。
　　　　【注意事項】
　　　　1.此岸上觀光行程為歌詩達郵輪統一安排。歌詩達郵輪將依當地實際狀況稍作調整，造成不便敬請見諒並感謝您的知悉。
　　　　2.船隻停靠碼頭，上下岸時請注意個人安全；遊船行程安排及時間配置，為讓貴賓都能得到最佳服務品質，如因天候或其他不可抗拒之因素調整，依碼頭現場公告為主，敬請見諒。
　　　　3.本行程因路程較長，請穿著舒適運動鞋。此次旅程不建議行動不便的遊客參加。
Day 5　靜岡清水港【郵輪08:00抵達；15:00開航】
Day 6　神戶港→京都→神戶港【郵輪09:00抵達；18:00開航】
　　　　◆清水寺也是日本最有名的寺院之一。始建於778年，屬於日本最古老的佛教宗派法相宗。1994年被列入世界文化遺產。清水寺最出名的是其木製臺階，長達13公尺從山下一直通向大廳。從觀景台（清水寺的舞臺）可以看到京都的美景。春天可以放眼粉紅色的櫻花，秋季可以看到京都的楓樹美景。這舞臺結構建築沒有使用釘子，體現出對觀音菩薩的崇敬。寺內供奉著千手觀音及其他觀音像。
　　　　接下來您將前往當地著名的◆奧特萊斯購物城。它與連接本州島和四國的世界第一懸索橋「明石海峽大橋」（全長1,991公尺）咫尺相望，是神戶正牌的奧特萊斯購物城。擁有能近距離感受海洋的開放氛圍，集合了約130家店鋪，能同時滿足您的購物和飲食需求。
Day 7　宮崎油津港【郵輪11:00抵達；20:00開航】
Day 8　海上巡遊Cruising
Day 9　上海【郵輪09:00抵達】→市區觀光→浦東機場—桃園

資料來源：http://www.liontravel.com/webpd/webpdsh00.aspx?sKind=1&sProd=COSTAJP9

2015南極奇幻生態之旅15天

Day 1　台北／杜拜／布宜諾斯艾利斯

Day 2　布宜諾斯艾利斯Buenos Aires

Day 3　布宜諾斯艾利斯／烏斯懷亞Ushuaia

Day 4　烏斯懷亞（火地島國家公園）──郵輪碼頭（冰級船～海鑽石號）

Day 5　合恩角巡航Cape Horn

Day 6　德瑞克海峽Drake Passage

Day 7　南極生態巡航Antarctic

在南極半島上，有著許多國家的科學研究站，我們將有機會看到科學家在此生活的情形，以及在高聳的冰層旁，成千上萬的企鵝群，形成難得特殊的景象。

南極區氣候多變，各點航線、行程及登岸時間，基於專業安全考量，皆以該航次船長及探險隊長實際公布為主，若有不便敬請見諒。

Day 8　南極生態巡航Antarctic

所有登陸的行程，均需由船上專業的探險隊員分組進行，並遵守隊長解說及注意事項，搭乘小艇登岸有時部分需涉水上岸（分為濕登陸&乾登陸），船公司也將會提前準備防水長筒膠鞋。

南極氣候變化莫測，需預防突如其來的氣溫驟降。一切登岸活動，均取決於當時氣候條件，登岸地點及時間，均需以船公司安排為主，並無法保證哪些地點一定會停靠。登岸觀察企鵝生態時，亦請遵從導遊注意事項，照相機亦以單眼高像素畫質為佳，但需注意保暖及防水。

Day 9　南極生態巡航Antarctic

Day 10　南極生態巡航Antarctic

Day 11　德瑞克海峽Drake Passage

Day 12　德瑞克海峽Drake Passage

Day 13　烏斯懷亞Ushuaia／布宜諾斯艾利斯（探戈樂舞Dinner Show）

Day 14　布宜諾斯艾利斯（市老虎三角洲遊船）／杜拜

Day 15　杜拜──台北

◎南極驅冰船上可另自費參加的活動項目

　　1.Camping極地露營，每位美金250元。

　　2.Mountaineering攀登冰山，每位美金595元。

　　3.Kayaking冰區泛舟，每位美金950元。

　　4.套裝：極地露營＋冰區泛舟，每位美金約1,050元。

資料來源：http://www.artisan.com.tw/TripIntroduction.aspx?TripNo=T20141201000005&Date=2015/12/08&type=EK

第三節   郵輪目的地旅遊規劃與管理

以郵輪旅遊目的地來看，廣泛而言不單是指一個地方而已，如碼頭、港市或陸上景點等，郵輪本身也是一個旅遊目的地。

一、郵輪船舶旅遊規劃

郵輪產業近年來最顯著的改變是船舶變得更大、設施變得更多，所以船舶本身也是吸引遊客的目的地。在郵輪觀光系統中，船舶的角色介於產生地區（generating region）以及最終的旅遊目的地。亦即，在郵輪上變成是一個安全以及熟悉的區域，可以選擇是否下船，郵輪對於遊客而言也是一個旅遊地點，因此，目前某些郵輪公司也開始嘗試銷售沒有目的地的郵輪行程。大型郵輪在實質上已經是自成一格的渡假村，幾乎隨時滿足所有類型遊客的需求。對於此類郵輪而言，目的地的旅遊反而是與船上活動形成互相競爭。而對於較小型的豪華郵輪而言，郵輪公司較會規劃一些屬於大型郵輪無法觸及的獨特目的地。

二、郵輪港市旅遊規劃

如第一章所述，郵輪港口主要區分為「郵輪母港」和「停泊港」（McCalla, 1998; Marti, 1990; Maj, 2001）。郵輪母港除了須提供包括旅客上下船、燃料、食物等備品之補給，並提供郵輪足夠的停泊位及設備電力之連結等服務外；外部則應能提供旅客完整的空陸運輸系統，使旅客得以快速上下郵輪並進行陸上觀光遊程。以旅遊運輸功能而言，母港港口設計著重於行李交寄、辦理登船手續及乘客登船和離船的空間和效率，需要設施完善的航站大樓；同時也要具備旅遊吸引力，因為乘客在郵輪旅程開始前或結束後在母港城市停留較長時間，與停靠港一樣，母港必須提供滿足觀光目的的元素。

停靠港主要為觀光目的，首要為便利乘客快速登船與離船，並且滿足遊客岸上旅遊的需求。一個旅客滿意的郵輪停靠港市，通常必須具備引人興趣、文化刺激（有別於日常的文化型態）、安全無虞、友善、易達性以及使用友善性等特性

（Gibson, 2012）。靠泊港可刺激許多消費且提升在地所得，而成功的靠泊港可以讓旅客流連忘返而增加滿意度，因此港市與郵輪公司雙方均樂於共同發展郵輪旅遊，此種與當地政府共同開發模式在加勒比海常見。

例如皇家加勒比國際郵輪過去協助經營港口，有許多成功案例。例如皇家加勒比國際郵輪協助牙買加小島Falmouth經營具文化特色的攤位，讓160個攤商投入，同時安排推出音樂表演活動，Falmouth因此獲選為2011年度最佳港口。而皇家加勒比國際郵輪在宏都拉斯Roatan島則協助當地計程車司機組成有紀律團隊，穿制服戴名牌且不削價競爭，也提供觀光列車，因此成為其港口特色。

至於港市周邊配套，所謂具觀光價值的旅遊目的地即結合購物、沙灘、水上活動、生態旅遊、歷史保存、國際會議等周邊配套，且觀光景區也將成為旅客再次造訪港口的主因（趙元鴻，2005），如加拿大溫哥華港之航站大廈與周邊會展設施以及溫哥華市之完善基礎設施使其成為成功的郵輪母港。

總之，郵輪旅遊是一連串多元文化城市的經驗匯集，而港口則是建立旅客和旅行之間的介面，旅客不只是在港口消費，更將擴散到城市。因此，郵輪產業所帶來的效益，除了港口收費等直接經濟效益外，亦包括物料及相關支援服務等的開支、乘客和船員的消費，及相關行業（像是周邊餐飲業、船務保險業等），對郵輪業者、當地業者以及遊客滿意則是三贏的產業，值得好好規劃增加吸引力。

加拿大溫哥華港為航站大廈與周邊會展設施合一的成功郵輪母港（李銘輝攝）

三、郵輪岸上旅遊規劃

對於郵輪公司，岸上旅遊可以增加收益，也可增加郵輪假期完整性，進而提升遊客滿意度。而對於許多乘客而言，陸上旅遊可以延續郵輪上假期，在沒有負擔之下接觸體驗不同文化與活動，也是北美遊客參與郵輪旅遊的首要影響因素（CLIA, 2015），故岸上旅遊的重要性不言可喻，以下為規劃與管理的重點。

(一)護照查驗

在規劃細節中，最重要的是跨國邊界以及護照查驗，告知遊客在港口通過移民管制站查驗以及文件檢查的要求與程序，並協助通關。通常簽證問題可經由船公司擔保解決；如果是郵輪常常到達的港口，則船上人員與港口官方、代理以及承包商等有相當之熟悉度，則登陸、入關以及離境程序會較為順暢。

(二)岸上安全衛生

乘客以及船員的健康狀況同樣是重要的注意事項，在某些國家、地區，觀光客較易感染細菌（或因食物保存條件不佳，或當地水汙染）、蚊蟲叮咬等相關疾病，這些情況可以透過某些防護措施達到免疫，但是仍然需要告知船員以及乘客相關可能的風險，一般郵輪公司會事先告知乘客關於潛在風險，並且建議乘客先與其醫師取得相關資訊及建議。通常建議陸上飲水不安全，乘客最好購買瓶裝水並且避免食用冰塊。

跨國時的通關護照查驗與文件檢查是重要一環（李銘輝攝）

郵輪旅客簽證規定

★護照期限

以加勒比海航線為例，所有乘客必須準備半年以上有效期之護照，如果持用非美國護照，還須準備有效之簽證或綠卡。如果未準備護照及簽證，辦理登船手續的工作人員將拒絕旅客登船，所有費用將不退費。

★旅遊簽證

在整個航程中都需要有效的旅遊證件，旅客必須自行負責備齊所有必需之旅遊證件，並於登船時出示旅遊證件。旅客須自行向旅行社或政府機關查明每個停靠港必要的旅遊證件（例如簽證），任何旅客若沒有有效的旅遊證件，將會被拒登船，而船費亦不會發還。

★旅行證件

旅行證件（例如護照、綠卡、出生證明等）上的旅客姓名必須與船票及機票上之姓名完全相符。乘客於登船時可能被要求必須交出護照，而這些證件會在離船時於移民檢驗完成後發還。此外，於抵達碼頭後，旅客須將郵輪行李吊牌掛在要託運登船的大件行李上，並請於行李吊牌上書寫船艙號碼以及英文姓名。

(三)使用接駁港

當船舶因為吃水深度的原因而無法安全停靠在碼頭，則郵輪必須宣布此港口是一個小船接駁港（boat port）。在此情況下，郵輪在外港停泊，再由小艇接駁乘客到陸上。如果是以此種方式上岸，一般而言，都會減少乘客在陸上遊覽的時間，因為必須扣除郵輪到陸上的接駁時間，以及郵輪公司人員處理乘客管理程序，並安排一個陸上的控制地點。

(四)僱用岸上代理

郵輪公司通常會僱用港口的代理，以代表船公司處理一些相關的陸上事務，例如陸上觀光、入關程序、技術支援以及專業服務等等。此外熟悉港口也有助於給予乘客陸上行程的建議。在某些港口，抵達的地點與市中心或重要景點還有相當距離，此時就需要簽約接駁巴士或是專車載運旅客至觀光地點，然後再由乘客自行決

郵輪受吃水深度影響無法靠岸時，經常用小船接駁運送旅客上岸參觀（李銘輝攝）

南澳的維多利亞港岸上行程會安排馬車遊港（李銘輝攝）

定走路或是其他私人轉換方式。一般而言，陸上的觀光公車會在船的附近或是乘客抵達點。

(五)岸上行程

通常船公司會有制式的郵輪陸地套裝行程，可提供旅客作為行程規劃參考；但如果遊客自行規劃行程，則必須瞭解船公司的上、下船時間規定。若表定靠港時間為上午七點到傍晚五點，實際上可以下船停留的時間必須前後各扣兩個小時。亦即，可以在陸地活動的時間則是在早上九點到下午三點。另外亦有專業旅行社根據船公司的上下船時間，規劃屬於自家旅行社的特色行程。

 ## 第四節　郵輪陸上遊程操作實務

由於郵輪岸上行程，必須配合郵輪本身特性以及抵達與離開港口時間，在實務操作上不同於一般之陸上遊程，而其銷售管道也因郵輪公司的掌控而有所不同。

一、郵輪陸上旅遊特性

郵輪陸上旅遊的好壞主要仍取決於乘客主觀感覺以及郵輪公司的安排。郵輪靠泊港或是旅遊目的地的選擇，具備許多元素，最重要的是郵輪公司要辨識出哪個

面向能夠吸引遊客,同時也為自己增加獲利。因此乘客的人口統計變數就有其重要性,旅遊要視旅客種類而定,例如家族型,較年長乘客或是活潑的夫妻、單身者,這些都各有其市場。

郵輪公司規劃陸上旅遊產品時,必須要能將旅遊目的地意象以及內容與郵輪品牌相連結。至於遊程則須與船舶的時間表配合,此外關於與旅遊有關之疏運也必

翡翠公主號(Emerald Princess)2015年亞得里亞海部分行程

★抵達巴塞隆納港口之後的陸上行程

【抵達時間】07:00

【啟航時間】19:00

【陸上景點】蒙朱伊克山、哥倫布紀念柱、貝爾港

★抵達馬賽港口之後的陸上行程

【抵達時間】07:00

【啟航時間】17:00

【陸上景點】戴高樂廣場、米拉波林蔭大道、馬賽聖母教堂

★抵達利佛諾Livorno港口之後的陸上行程

【抵達時間】07:00

【啟航時間】19:00

【陸上景點】聖母百花大教堂、領主廣場、傭兵迴廊、維奇歐宮、老橋

★抵達奇維塔韋基亞Civitavecchia港口之後的陸上行程

【抵達時間】07:00

【啟航時間】19:00

【陸上景點】君士坦丁凱旋門、萬神殿、許願池、西班牙廣場

★抵達蒙特內哥羅Montenegro港口之後的陸上行程

【抵達時間】07:00

【啟航時間】18:00

【陸上景點】科特古城、海門、兵器廣場

資料來源:http://www.artisan.com.tw/TripIntroduction.aspx?TripNo=T20140822000008&Date=2015/05/07&type=EK

須能與港口及船方、乘客配合。同時,如同前述,旅遊設計者還要考量確保健康安全與防護。

　　另外,還要考慮未參加郵輪公司行程的遊客,或提供港口到市區的接駁車,或旅遊資訊,讓遊客自行搭乘計程車、巴士、火車等交通工具到處看看,這些動作都可以讓遊客感受到郵輪岸上旅遊的特色,而增加對郵輪公司的滿意度。

二、郵輪陸上遊程設計

　　在陸上旅遊程設計上需要注意的重點包括:

(一)郵輪公司、代理商、泊靠港口的旅遊操作者之間的溝通品質

　　港口代理商如同中介者,不過有些郵輪公司與旅遊操作者之間是可以直接持續溝通的。一開始郵輪公司制定航線時,就會考慮物流因素,例如燃料補給以及旅遊時間。旅遊操作者再與陸上旅遊部門聯繫並規劃陸上旅遊計畫。

(二)計畫內容必須考慮各項細節

　　遊客的數目以及類型,以及陸上停留時間、交通便利性等。例如要搭乘巴士或小船、火車、直升機或輕航機。此外,訓練有素的導遊也是重要的。在許多港口會因為郵輪假期而突然增加交通疏運需求,如果有多艘郵輪同時到達一港口,陸上觀光資源分配以及人潮擁擠會形成問題,因此郵輪公司通常不喜歡在航線上納入太過擁擠的地點以維護品質。

開羅市區旁的金字塔是郵輪陸上行程的重要景點(李銘輝攝)

(三)納入觀光經典行程

　　許多旅遊小冊上傾向包含半天或是一整天的觀光經典行程，例如很難想像如果船停在塞得港（Port Said）或亞歷山大港（Alexandria），到了開羅卻不去看金字塔。至於派對旅遊，例如音樂、舞蹈、美食，通常受到年輕人喜愛。文化旅遊則是吸引學習或是探險目的的乘客，此外某些特殊主題，例如在紐西蘭探訪葡萄園，對於烹飪美食主題的乘客就有吸引力，在義大利去歌劇院參訪對於愛樂者有吸引力。

　　到東地中海，就絕對不能錯過希臘聖托里尼島Oia Village的動人美景；而西地中海包括建築師高第（Antoni Gaudi）的家——巴塞隆納，以及卡布里島藍洞與龐貝古城等；美加地區則一定要造訪阿拉斯加首府——朱諾。

　　另外墨西哥行程也有難得一見的海盜船冒險之旅，中美洲的哥斯大黎加叢林健行、開曼島魟魚城，以及只有搭配郵輪陸上觀光才能抵達的英屬福克蘭群島觀賞國王企鵝，都是珍貴的陸上觀光選擇。此外，偏好運動的旅人，可以參加登山、自行車、健行或水上活動等陸上觀光行程，有些地區也有提供烹飪、看表演、品嚐米其林餐廳等體驗課程，旅客出發前可先自行上郵輪公司官網或詢問代辦旅行社，以便瞭解狀況先行預約。

　　城市觀光導覽是最容易認識當地的一種入門行程，但如果想自行探索，也不一定要參加陸上旅遊。自由行旅客可以選擇距離港口比較遠、交通不易抵達的陸上觀光景點，再留一些時間，安排在郵輪靠岸的附近區域，以步行的方式感受當地生活氛圍與脈動。如果希望與其他旅客分開，某些郵輪公司會為個人、夫妻或是小家庭提供小型車輛。

巴塞隆納的皇宮是西地中海郵輪停泊必定造訪之地（李銘輝攝）

觀賞墨西哥的鬥牛是當地一個必排的路上行程（李銘輝攝）

三、郵輪陸上行程銷售

　　一般訂購郵輪艙房時就可預訂郵輪陸上觀光行程，可向郵輪公司直接訂購或直接上網預訂。此外，在船上設有陸上觀光的諮詢櫃檯，工作人員會協助選擇和購買陸上觀光行程，以及解答各種問題。有些郵輪的陸上觀光行程選擇多元，甚至針對走路難易程度區分等級，以及標示是否有殘障設施。目前陸上觀光多為英語團，少有日文團，中文團有漸增趨勢。

　　一般郵輪陸上旅遊銷售管道如下：

1. 郵輪小冊：是乘客第一個接觸陸上觀光的管道，重點通常在於介紹景點及活動。有些郵輪小冊上建議乘客在某些停靠港下船，也指示如何在上船前先預訂，一般會強調越早訂購越好。當郵輪票券賣給乘客，連同票券會附上有關的陸上觀光小冊，此為離境前的陸上行程銷售驅動機制，這些參考資料會使用各國語言以確保與各國乘客溝通訊息。
2. 郵輪公司網站：顧客可以透過網站比較不同產品、訂購以及與郵輪公司溝通。
3. 船上每日活動報紙廣告。
4. 船上電視頻道。
5. 旅遊辦公室促銷。
6. 直接銷售。
7. 透過介紹港口解說者推廣。

　　根據航線以及停靠港，郵輪通常上午八點到達傍晚五點離開，因此可以銷售半天或是全天行程旅遊。許多乘客期望能夠透過最有效率的方式體驗停靠港口。而大部分郵輪公司保證，如果因其陸上旅遊而延誤航行，確保乘客可以在下一個港口上船。

　　另外，旅行社也會銷售全包式的團體套裝產品，通常包括了每個口岸的陸上旅遊行程，並有領隊隨團照顧，但也有將陸上行程分開銷售，以自費旅遊（optional tour）方式操作。以目前台灣的郵輪旅遊產品銷售方式來看，在亞洲短程郵輪旅遊團費，多半不含岸上旅遊，遊客須以自費方式參加，而越洋之郵輪團費則多為全包式之套裝旅遊，包含岸上旅遊。

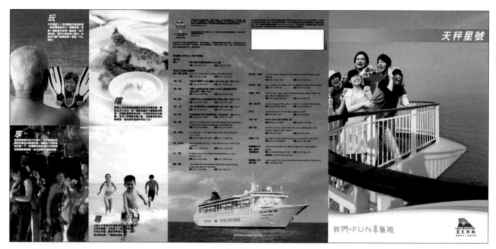

天秤星號DM正面

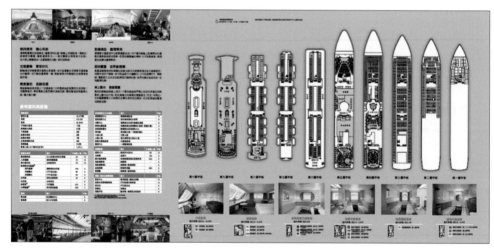

天秤星號DM反面

郵輪手冊

以國內山富旅行社為例，遊客可以選擇：

1. 郵輪自由行（FIT Package），個人旅遊最大的好處就是自由。自由選擇航行的目的地、自由決定開航日期，充分掌握預算及時間。身為嘉年華郵輪總代理，能提供多樣化產品取得最優惠船艙價格，為您快速訂位。
2. 郵輪團體旅遊（Group Package Tour），則是由該公司一手包辦所有郵輪團體旅遊行程，包括來回機票、船位、保險、岸上觀光等費用，您只要選擇日程及想去的航線，即可成行。

郵輪團體旅遊（不含岸上觀光）

藍寶石公主郵輪～悠遊沖繩4日

第1天　基隆港（藍寶石公主郵輪）

第2天　那霸・日本沖繩（郵輪今晚停泊於那霸港過夜）

　　　推薦行程：

　　　◎國際通

　　　　位於那霸市中心，是市中心最繁華的地帶，長達1.6公里的大街兩旁有各大百貨公司、美食餐廳、精品服飾、大型購物中心及各類娛樂場林立，最新流行資訊及商品也包羅萬象，保證讓您滿載而歸！國際通大道曾在二次世界大戰時受到毀滅性打擊，戰後卻以驚人的速度復興和發展，因此有「奇蹟大街」之稱，而從國際大街的中央處向南延伸的市場大街，有牧志公營市場。在有「那霸市民的廚房」之稱的市場裡，洋溢著熱情和活力。

　　　◎新都心購物城

　　　　沖繩最新開發的大型購物區，除了以免稅精品為主的DFS商場外，還有百元商店、電器行、百貨公司、電影院、藥妝店等等，以及跟東京同步流行的各式時尚精品，可滿足您各式各樣的購物需求（搭乘計程車車程均約10分鐘～15分鐘）。

第3天　那霸・日本沖繩（推薦～琉球風情之旅）

　　　以下為加購《琉球風情之旅》之行程內容。

　　　推薦行程：

　　　◎《琉球王朝古蹟》

　　　　這是最後統一沖繩的國王所建的都城。參觀【守禮門、首里城（外城）】，此景點是最能代表沖繩的地方，如沒到過這可以說是沒來過沖繩。此為16世紀時

琉球王朝最具代表性的中式建築物，古色古香的城牆及清幽的庭園造景，結合了中國傳統建築的基本風格與琉球獨特自然環境，守禮門是首里城的第2樓門、是琉球熱門景點之一。

◎龍潭池

為一龍頭造型的人工池，面積8,400平方公尺，建於1427年的龍潭池於琉球王朝時代曾款待冊封使節觀賞龍舟競賽，根據1427年豎立的《安國山樹華木之記碑》記載，其周圍種著從各國來的美麗花卉，池中游著各種魚兒，水面倒映著首里城的景象，是琉球第一勝地。懷機將挖掘龍潭的土堆在龍潭的西岸，建成了一座人工山「安國山」。

（岸上觀光加購行程為公主郵輪公司統一安排，景點或遊覽順序可能視實際狀況調整）

第4天　基隆（台灣）【郵輪11:00抵港】

資料來源：http://www.artisan.com.tw/TripIntroduction.aspx?TripNo=T20140717000001&Date=2015/04/27&type=X

郵輪團體旅遊（包含岸上觀光）

翡翠公主郵輪「黑海傳說　克里米亞祕境11天」

Day 1　台北／香港／杜哈

Day 2　雅典（布拉卡區）—比雷埃夫斯Piraeus—郵輪碼頭（翡翠公主號）

Day 3　【岸上景點】布拉卡區、憲法廣場
　　　　【啟航時間】20:00

Day 4　佛洛斯Volos、邁提歐拉Meteora（天空之城）
　　　　【抵達時間】08:00
　　　　【啟航時間】18:00
　　　　【門票安排】邁提歐拉

Day 5　愛琴海Aegean Sea、黑海Black Sea（海上巡遊）

Day 6　烏克蘭Ukraine、雅爾塔Yalta（Lavadia大皇宮、燕巢宮殿）
　　　　【抵達時間】08:00
　　　　【啟航時間】18:00
　　　　【門票安排】Lavadia大皇宮、燕巢宮殿

Day 7　烏克蘭Ukraine、奧德薩Odessa（波特肯石階&地下陵寢）

　　【抵達時間】07:00

　　【啟航時間】16:00

　　【岸上景點】波特肯石階、大歌劇院

　　【門票安排】地下陵寢

Day 8　保加利亞Bulgaria、內塞伯爾Nessebar（天然博物館～世界文化遺產）

　　【抵達時間】08:00

　　【啟航時間】18:00

　　【岸上景點】內塞伯爾古城

Day 9　伊斯坦堡Istanbul（藍色清真寺&聖索菲亞大教堂&地下蓄水宮殿）

　　【抵達時間】08:00

　　【岸上景點】藍色清真寺（蘇丹阿何密特清真寺）

　　【門票安排】聖索菲亞大教堂、古羅馬地下蓄水宮殿

Day 10　伊斯坦堡（托普卡匹皇宮&皇宮饗宴）／杜哈／曼谷

　　【岸上景點】傳統大市集

　　【門票安排】托普卡匹皇宮（含後宮）

Day 11　曼谷／台北

資料來源：http://www.artisan.com.tw/TripIntroduction.aspx?TripNo=T20150213000004&Date=2015/06/18&type=QR

郵輪自由行　特色岸上行程

嘉年華郵輪公司～2015加勒比海行程

★開曼海盜船之旅Cayman Pirate Encounter

所需時間：2小時　每人參考費用：39美元

您將在旅途中：

・被迎接至海盜船上，成為我們海盜的一員，並展開您的海盜之旅搭乘接駁船到海盜船。

・敬畏地觀賞由船員所展開的一次模擬攻擊，對您的船發射大砲，以至於無法行走，充滿了緊張的氣息和強盜式的防禦。

・觀看孩子擦洗甲板並宣誓海盜信條倫理。

・您與家人可以聽著海盜的故事，並同時享受為您準備的飲料、水果潘趣酒和水。

- 當搖晃停止，您可以從只可一人行走的木板上跳入，並游泳於美麗的加勒比海。
- 在搖晃結束後，在帶著古老的記憶回程前，請盡情享用開曼（Cayman）最好的蘭姆潘趣酒。
- 享受一個充滿歡樂及令人興奮的時刻。

★划著小艇遊大曼島海岸Grand Cayman Kayak Safari

所需時間：3小時　每人參考費用：75美元

這是一個千載難逢的機會，划著小艇去探掘寧靜美麗開曼島的沿海環境。

您將在輕鬆愉悅的旅途中：

- 邊欣賞著美景邊乘車前往小艇區，在那跟您的嚮導會合並聽一小段的簡報。
- 啟程於淺灘，至保護區，並探討僻靜的海岸線、水灣、鳥巢居區、海草、紅樹林區。
- 您的嚮導將解說這些美麗的景象及重視性對於脆弱的生態系統和周邊的珊瑚礁。
- 驅車經過開曼島的最具吸引力的住宅社區，在您的回程的陸上。

注意事項：划艇時間大約兩小時並在多處停留。兩人一艇並提供救生衣、防曬霜、太陽鏡，並戴上帽子。

★紅魚沙洲&蘭姆海灘Stingray Sandbar & Rum Point Beach Extravaganza

所需時間：4.5小時　每人參考費用：55美元

浮潛於世界最著名的紅魚沙洲和享受蘭姆海灘上的陽光。

您將在旅途中：

- 乘一小段車至Sundancer碼頭，登上艇並前往世界最著名的紅魚沙洲。
- 您的嚮導將發放浮潛用具和做安全簡報。
- 進入水深及腰的海水中，並與紅魚互動。享受大約1小時，在水中與友好紅魚玩樂。
- 之後回到艇上，朝蘭姆海灘出發。
- 享受美麗的沙灘，可打排球，或沉浸在水晶般清澈的海水。
- 享受蘭姆海灘獨特的冰茶和水，或當地的酒吧和餐館，這都是自費。
- 在海灘上享受大約1小時，之後啟程回到您的船。

資料來源：http://www.travel4u.com.tw/Cruises/Cruises_Offers.aspx

四、郵輪陸上行程前置作業

郵輪到達港口之前之前置作業包含：

(一)陸上旅遊部門簡要告知旅遊內容

許多乘客喜歡透過陸上旅遊團隊瞭解相關資訊，因此該團隊必須能深入瞭解各項細節。此外介紹港口的演講者也是重要的推手，協助推廣更多資訊並且也協助品質控制，從其個人觀點以及遊客觀點回饋更多資訊提供陸上旅遊經理參考。

另外也會給予遊客建議，例如需要穿適合走路的鞋，或是進入某些宗教建築時的適合衣著，或者是飲食上的要求等等。

(二)確認最後人數

大約在到達前一天，陸上旅遊經理會與旅遊操作人員確認最後人數，旅遊操作人員也會根據人數安排所需資源。旅遊操作人員可以建議郵輪是否有多餘的彈性人數允許最後銷售。如果是人數接近底線，陸上旅遊經理進行成本收益分析後，可以決定是否續辦，如果取消就必須賠償旅遊操作人員。有時候陸上旅遊即使沒有達到最低人數也會開辦，而為了避免損失會做最後促銷。

(三)陸上旅遊票券

在陸上或是船上銷售都會產生票券或是收據作為購買證明，有時候票券會記名，以作為萬一遺失時的保護。

五、郵輪陸上行程港口作業

當船抵達港口時，郵輪必須注意以下事項：

(一)依照港口官方要求完成必要程序，然後依照指示靠港

通常陸上旅遊主管會按照慣例第一批下船與旅遊操作人員會合確認當日行程，上岸程序需要細心規劃以確保乘客能在正確的時間抵達正確的集合點。

(二)接駁巴士

對於在陸上想自由行動的旅客，郵輪公司在前一天的每日活動日報中會告知。各家郵輪公司規定不一，某些船公司提供的接駁巴士需付費，大部分接駁到市中心、車站，不過有些只接駁到當地購物中心、物產中心等地。

(三)乘客集合點

乘客通常被要求在靠近登陸地點附近的集合點，取得一張有黏性的有色標籤作為分隊，船上人員會協調指引乘客到旅遊點，許多郵輪公司會鼓勵船上服務人員參加旅遊作為護衛，同時也使旅遊中有船方代表，必要時可以出面協調，同時也可以回報旅遊品質及意見。

(四)清點人數

陸上觀光事務官必須負責返回的旅遊乘客並且登錄人數，旅遊操作人員以及陸上觀光經理確認參加旅遊人數，同時郵輪公司代轉陸上旅遊費用。郵輪通常早上八點前會到港口，下午約五、六點離開，一般郵輪通常於開船半小時前關艙，前後也要預留交通與上下船時間。若大船人數眾多，上下船可能需要排隊花費時間，實際遊覽時間有限，所以距離港口一至二小時車程的景點較為適宜。

郵輪的陸上旅遊會依團體大小與地點使用不同的交通工具接駁（李銘輝攝）

(五)旅客遲延處理

因為郵輪開船時間通常準時，旅客要是趕不回來，若是少數幾位客人，船公司會稍作等待、設法與客人聯繫，但若時間太久，擔心延誤到船程，郵輪會開船離開，但他們會把旅客的行李送到碼頭，告知旅客到下一個國家停靠港口會合，而若是人數多的團體旅客，移民官就會扣船，若還是等不到，郵輪會簽切結書離開，趕不上的旅客同樣需自行到下個國家停靠港口會合。

一般而言，購買船公司的陸上觀光行程是最保險的，因為行程中有船上工作人員隨行掌控狀況，搭配的旅行社也瞭解開船的時間，務必達成，讓旅客有所保障。

六、其他責任

除了銷售旅遊之外，陸上觀光辦公室也是旅遊資訊中心以及旅遊代理，而作為旅遊資訊中心必須常常更新旅遊港口訊息。大多陸上觀光辦公室有基本資料檔案以便回答遊客問題，但也須仰賴所有船上人員開發新知。而作為旅行社的功能，員工可能被要求安排飯店或是接下來的旅遊安排，例如訂機票、火車票或是計程車、船等。這些業務也會產生利潤，有些郵輪公司經營獨立的陸上旅行社，可以處理旅客需要。

此外，參加陸上觀光，除非是在台灣報名旅行社團體行程，可能會有中文導遊或領隊翻譯，否則通常無法配合語言需求。而且陸上觀光行程結束後，須支付當地導遊及司機小費，每位乘客大約2～4美金（或歐元）。特別注意的是，陸上觀光活動一經訂購不予退款。如參加人數少於要求人數，行程會被取消，並退回已繳款項，但不會作任何賠償，因此購買前需要多留意。

附錄　MSC郵輪2014夏季之陸上行程

Port	Code	Shore Excursions	Pre purchase	Book on-line		€ uro	Usd
-- 2014 MSC CAMPAIGN IN THE MEDITERRANEAN AND NORTH EUROPE CAMPAIGN — SELLING RATES PER PERSON STARTING FROM * / children reduction applied to any child from 2 yrs up to 13,99 yrs o							
Agadir	AGA01	Taroudant	YES	YES	Ad	50	66
					Ch	35	46
	AGA02	City tour	YES	YES	Ad	45	59
					Ch	32	41
Ajaccio	AJA01	City Tour	YES	YES	Ad	43	56
					Ch	30	39
	AJA04	Tortoise Protection Centre	YES limited	YES limited	Ad	54	71
					Ch	38	50
	AJA05	Sightseeing tour around Vizzavona Forest	YES limited	YES limited	Ad	56	36
					Ch	39	25
	AJA06	A walk through history & Napoleon heritage	YES	YES	Ad	31	41
					Ch	22	29

　　上表是2014年MSC公司的地中海航線路上旅遊行程價格。其中孩童優惠價格是適用於2歲至14歲以下。例如Agadir港口。岸上觀光包含AGA01 Taroudant以及代號AGA02市區觀光。前者每人成人66美元，孩童46美元；後者每人成人59美元，孩童41美元。

　　此外在價格表上亦標示是否必須事前購買（pre-purchase）或是可以線上訂購（book on-line）。

　　至於其岸上觀光之說明如下：

AGADIR (Morocco)

AGA01 – TAROUDANT

Duration: approx. 5 hours

Leave the port and enjoy a 1.5-hour coach drive across the Sous Valley, lined with citrus plantation, to reach the pink city of Taroudant. Often referred as the "Grandmother of Marrakech" as it looks like a smaller Marrakech with its ramparts, Taroudant was briefly used as a capital by the Saadians. Today almost the entire city is located inside its pink earthen walls; a photo stop is scheduled for picture-taking. Next you will enjoy a shopping stop at its colourful souk with some free time at "Place Assarag"-the favourite meeting place for the inhabitants of the city. Enjoy a stop for a refreshing drink before returning to Agadir and to your cruise ship.

AGA02 – MELTING POT OF OLD AND NEW: AGADIR CITY

Duration: approx. 4 hours

Only a short distance from the shifting sands of the Sahara Desert and the imposing Anti-Atlas mountains lies the Moroccan port of Agadir, a city of many contrasts. A chance to soak up the unique old-world atmosphere of the amazing Kasbah, a former stronghold situated at approx. 236 m above mean sea level, begins your tour. On account of two earthquakes-one that shook the city in 1731 and the other in 1960-the Kasbah is not only one of Agadir's few surviving historical buildings, but also forms a winning counterpoint to the port's predominantly modern architecture. As the heart of Agadir's social life, the bustling city centre is both a vibrant hub of restaurants, shops, bars and cafés as well as home to key sights such as the central post office, the new city hall and the court of law. To round off your exploration of Agadir, you can also look forward to an authentic taste of Berber life in the shape of the "Fantasia" folklore show, along with some delicious mint tea and Moroccan pastries. You will then begin to head back to your ship with fresh memories of special moments shared.

　　代號AGA01的行程是Taroudant，估計約五個小時。塔魯丹特是非洲北部國家摩洛哥的城市，由蘇斯—馬塞—德拉大區負責管轄，位於馬拉喀什西南223公里和阿加迪爾以東85公里，出產橄欖油、木盒、銀器和地毯。搭乘公車1.5小時越過Sous Valley。經過柑橘農場，到達號稱粉紅城市的Taroudant。此城市是Saadians的首府。全城以粉紅色土製牆面著稱，會去最佳取景點。之後可以享受購物商店購物樂趣以及在Place Assarag觀光。在上船之前停留享用飲料。

　　代號AGA02的行程是Agadir市區觀光，估計約四小時。阿加迪爾是位於摩洛哥西南、大西洋沿海的城市。2004年，有人口578,596人。阿加迪爾以沙灘、海鮮和冬季溫暖而聞名，也因此成為北歐人冬季避寒的勝地。

★ NOTE

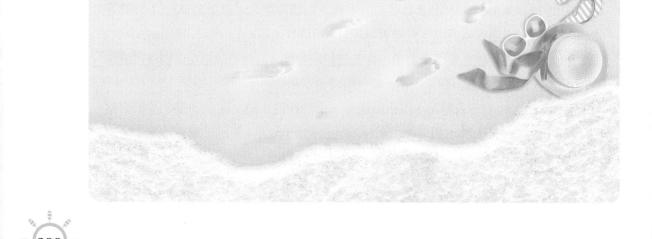

Chapter 9

郵輪產品銷售

第一節　郵輪市場定位

一、郵輪利基

　　郵輪之所以蔚爲旅遊業之新風潮，是因爲滿足消費動機，而目前郵輪之行程設計可能只滿足諸多動機中的一小部分；亦即這些郵輪的目標市場目前定位於少數客層，此即稱爲利基行銷（niche marketing）。現今郵輪產業大致針對五個利基區隔市場，說明如下：

(一)家族

　　家族的旅遊之樣態多元，可能是祖孫三代、組合的家族、單親加上小孩、姑姪等等各種組合。爲何郵輪可以吸引家族旅行？原因如下：

　　1.郵輪對於三人或是三人以上同時搭乘而言是極爲超值的。
　　2.相較於陸上家族同車的旅遊型態，郵輪可以降低壓力以及簡化在家族旅遊中的許多處理流程。
　　3.郵輪所提供的設施與活動可以滿足各種年齡層的旅客。
　　4.青少年或孩童在郵輪上可以遊玩，也可以有學習的機會。

(二)文化探索

　　此一利基市場在於吸引某些客層，這些人將郵輪旅遊視爲學習歷史、人文與文化並豐富生命的途徑。對於此一客層而言，郵輪必須類似「會移動的《國家地理雜誌》」。而且對於文化探索有興趣的乘客通常會花費時間在於特殊港口，或是某些特殊的歷史景點。他們希望郵輪上可以提供教育性質的演講或是課程，也較爲偏好較小型的探險船。如果是在傳統的郵輪上，他們也會將郵輪作爲探索的工具，利用每次岸上行程滿足其探索需求。

(三)探險

　　這些旅行者具有學習者的某些特質。但是最大的差異是他們希望在旅程中有

刺激與探險。他們希望郵輪上有許多選擇，也通常會精力旺盛的參與活動。喜歡較為奇特或是異國風情的行程、較小的船。期望其行程或是活動設計中有些是量身訂製的。

(四)浪漫派

此一客層涵蓋渡蜜月或是結婚週年慶的夫妻。他們喜歡熱帶郵輪（例如大溪地），或是文化的行程（例如義大利或是希臘）。希望最簡單的運送流程以及最小的壓力。頂級呵護服務以及SPA是他們最喜歡的。

(五)頂級客層

這些旅客希望所有服務都是頂級，喜歡最昂貴的郵輪。期待精緻不落俗套的環境，希望行程是包含罕為人知的特色港口，好的郵輪是他們旅遊經驗中重要的一環。

二、郵輪價格

郵輪旅遊產品的價格會比一般旅遊產品昂貴，主要是因為郵輪旅遊是所有旅遊產品當中，始終堅持全部套裝內含（total inclusive package）的少數產品之一。舉凡來回接駁機票（air/sea package, flight/cruise package）、全程往返接送、海陸客房住宿、全日不停供餐、船上帶動活動、演藝娛樂節目，甚或連港口稅捐（等同機場稅）等，均全數包含於套裝費用之內。因此其價格比一般旅遊產品略有偏高，當然也就不足為奇。

郵輪小冊中會列出所有航程的價格，也會指出包含在內或是未包含之費用。此類價格是指雙人占床基準（basis two, double occupancy），也就是指每人價格，以兩人一房作為價格基準。價格之高低取決於客房所在位置，亦即在船上的哪一個類別（category）。一般而言，價格如下：

1. 客房位於甲板越高層，價格越高。
2. 外側客房一般而言比內側客房貴，通常會將外側客房稱為海景客房（ocean-view stateroom）。
3. 空間較大的客房比空間較小的貴。
4. 有陽台的客房比沒有陽台的客房貴。

5.外側客房視野有阻礙的（例如被救生艇擋住），會比視野開闊的便宜。

在許多郵輪上，在同一層甲板上可能有三到四類客房，較小的外側客房是一種價格，較大外側客房是一種價格，內側客房一種價格，而套房又是另一種價格。此外，許多其他因素也會影響價格：

1.六到九個月之前或是甚至更早訂位，通常可以享受折扣。此外，早訂的好處是有許多的樓層與客房可以提供選擇。
2.最後一分鐘下訂，也會有低價。
3.為了鼓勵及早訂位或是刺激銷售，郵輪公司通常會提供促銷價格，例如第二位五折等。
4.較舊的郵輪會相對上比較便宜。
5.如果有第三位或是第四位乘客去分擔客房，則其價格會比第一位與第二位便宜。反之，單人乘客則會比較貴。例如第一位與第二位是每人1,000美元，第三位則是500美元，而單人則可能支付1,500美元。少數郵輪專為單人旅客設計較小客房，此種客房約需1,000美元。
6.季節性也會影響郵輪價格。
7.其他還包括再次惠顧的乘客，以及團體旅客（有些郵輪認為五人即為團體，有些則是至少要二十人才算團體）。

正因為有許多因素會影響郵輪價格，因此在郵輪小冊上的價格只能視之為「建議零售價」，僅供參考罷了。

第二節　郵輪銷售程序與行銷方式

一、郵輪銷售與旅行業

瞭解市場目標顧客是銷售的第一步驟，但是對於旅行社而言，還需要熟悉銷售技巧。現代許多消費者拒絕舊式的強式銷售方式，而是希望銷售人員（sales consultant或sales agent）能夠敏銳感受他們的需要，並建立持續的商業關係。因此，國際郵輪協會（CLIA）開設許多銷售人員的在職訓練課程，有定期與不定期

的訓練課程，以及各種證照的訓練課程，以強化旅行業的銷售技能，成為北美許多旅行同業進修與資訊交流平台（至2015年初北美會員約有13,500家旅行社與50,000名旅遊業代理人）。

90年代以後，航空業削減機票銷售退傭，郵輪銷售遂成為旅行業獲利管道。以北美而言，郵輪銷售約有80～85%是仰賴旅行社（Dickinson & Vladimir, 2008）（**表9-1**）。北美郵輪業在80年代多以兼營之方式為主，直至90年代後由於獲利逐步穩定，專營郵輪業務旅行社之家數，遂於十年之內達到30%的成長率（**表9-2**）。行銷雙方合作關係，概由國際郵輪協會負責居中協調行銷整合（李力、章蓓蓓，2003）。

而在台灣，過去郵輪業者銷售產品都是採取和旅行社合作模式，如大登旅行社代理麗星郵輪或MSC郵輪；近年則興起包船營運模式，如2014年山富包皇家加勒比水手號，或海外台商旅行社包公主郵輪航次，再藉由銷售聯盟，俗稱PAK，共同銷售。

表9-1　美加地區旅行社銷售旅遊產品比例

旅遊產品	透過旅行社銷售之百分比
郵輪	80～85%
國內機票	60%
國際機票	90%
美國鐵路公司	40%
旅遊	50～60%
飯店	12%
租車	55～60%
景點	小於1%

資料來源：Dickinson & Vladimir (2008).

表9-2　CLIA代理會員

	1995年		2005年	
	家數	%	家數	%
經營全系列業務	15,051	68%	5,627	34%
專營郵輪業務辦公室	4,289	19%	3,476	16%
總部	2,860	13%	7,447	50%
專營郵輪業務總數	7,149	32%	10,992	66%
郵輪業務據點總數	22,200	100%	16,544	100%

資料來源：CLIA Agency會員名冊。

PAK源自日本旅行社針對聯合推廣Package Tour的組合而命名。在台灣PAK的形成，原本是航空公司開發新的航線或在淡季中增加航空公司的載客量，因此結合各家代理旅行社成立PAK。由於旅遊需求有淡旺季的明顯差異，旅行社也常常需要依據顧客的需求開發新的旅遊產品。PAK可達成分散風險，降低團費以提高營運量，並維持旅遊產品品質的目標。有時會因每家旅行社的出團人數都未達標準，故各家旅行社也加入PAK組織，並由PAK中心統一出團，來降低成本，以達到利益最大化。旅行業者可藉由加入PAK聯盟，以資源共享的方式，達成營運目標（沈進成等，2006）。目前台灣國際郵輪銷售PAK整理如**表9-3**。

表9-3　台灣國際郵輪銷售PAK彙整表

郵輪集團	郵輪公司／郵輪	時間	台灣出發港	目的地	PAK
麗星郵輪集團	麗星郵輪 天秤星號	1996～2015	基隆港 高雄港	·沖繩4天3夜 ·石垣島4天3夜	良友、上順、新進、永業、大登、捷利
嘉年華郵輪集團	歌詩達郵輪公司 維多利亞號	2014～2015	基隆港	香港、三亞、下龍灣、硯港6天5夜	東南、山富、鳳凰、雄獅、百威、五福
	歌詩達郵輪公司 大西洋號	2013～2015	基隆港	釜山、鹿兒島、濟州6天5夜	東南、康福、鳳、雄獅、百威
	公主郵輪公司 太陽公主號	2013～2015	高雄港 基隆港	·三亞、下龍灣6天5夜 ·台灣離島6天5夜 ·日本3天2夜 ·香港3天2夜	海外台商旅行社
			花蓮港	日本京都、奄美大島、沖繩、石垣島9天8夜	行家、海外台商、龍貓
	公主郵輪公司 藍寶石公主號	2014～2015	基隆港	鹿兒島、長崎、沖繩6天5夜	東南、百威、雄獅、康福、鳳凰、巨匠
皇家加勒比郵輪集團	皇家加勒比郵輪 海洋航行者號	2012～2015	基隆港	·長崎、別府、神戶8天7夜 ·福岡、長崎6天5夜 ·長崎、熊本6天5夜 ·熊本、宮崎6天5夜 ·沖繩3天2夜	東南、山富、鳳凰、雄獅、百威、五福
	皇家加勒比郵輪 海洋水手號	2013～2015	高雄港 基隆港 花蓮港	香港4天3夜	

不管是PAK，或個別旅行社，最終都需要銷售人員面對消費者，所以旅行社銷售人員的郵輪銷售知能至爲重要。

二、郵輪銷售程序

因爲郵輪假期可以喚起愉悅以及放鬆的情緒，因此在郵輪的銷售程序上必須融合這些感受。但是郵輪假期的體驗並非上船才算開始，而是從顧客聽到正向口碑或是看到宣傳品，讀到相關文章時，便已經在消費者心中發酵萌芽了。以下由郵輪銷售人員觀點，說明郵輪銷售程序。

(一)開啓銷售程序

大部分人是在六秒之內決定是否喜歡一個人。所以銷售人員只有非常短暫的時間去達成兩件事：創造喜歡的印象以及讓顧客感覺自在。

郵輪的購買其實是比機票更爲複雜。假設現在顧客去找當地旅行社，此時如果你身爲旅行社人員可以做些什麼？

1.站起來歡迎。

2.建立眼神接觸。

3.微笑，表達有機會願意協助。

4.互報姓名，讓對方覺得安全。

5.握手。

6.邀請顧客坐下，如果可以讓顧客坐在你的桌邊。

7.如果是電話銷售，則是更大的挑戰。因爲無法看到對方，必須透過聲音傳達：

(1)利用四部分問候。專家研究最有效的是「早安」、「公司名稱」、「個人姓名」、「我可以如何幫助您？」四部分的問候。另外有些郵輪專家認爲客製化，例如我可以幫您什麼？我如何幫助您的郵輪假期？但是這些均爲開放式問題，所以必須再持續對話。

(2)說話時微笑，因爲透過電話可以感受。

(3)溝通中散發的能量與熱情。

(二)瞭解顧客需求

必須提出問題進而發現顧客的需要。一般旅行社銷售人員必須處理三種情況：

1. 顧客對於需要的假期型態非常模糊：此時必須要進一步詢問然後定位，例如他是探索者，豪華型渡假客？此結論將可以協助配合顧客需要進行銷售過程。
2. 顧客對於假期有粗略的想法：可能對於郵輪有興趣，但是不知道什麼航線以及船型是適合的。或是他們雖然選定目的地（例如遠東），但是不知道郵輪可能是最好的交通方式。
3. 顧客已經確切瞭解他們所需：只想要瞭解產品並得到好的價格。通常已經有特定的郵輪喜好，這類旅客是因為需要旅行社協助。但是仍可以進一步探詢，可能會發現有更適合之產品或是隱藏需求。

(三)詳細詢問

封閉式問題或是開放式問題可以協助你決定顧客需求，茲舉例如下：

◆封閉式問題

封閉式問題的答案簡明，例如：

1. 誰要參加這次旅行？
2. 何時要去旅行？停留多久？
3. 要去哪裡？
4. 多少預算？

◆開放式問題

如果是開放式問題，則有以下方式：

1. 在心中如何想像這次郵輪之旅？
2. 形容你的典型假期。
3. 曾經經歷的最好與最糟的旅行？為什麼？
4. 曾經參加跟團旅遊？住過各種活動包含在內的渡假村嗎？喜歡嗎？
5. 假期時喜歡做什麼？停留在哪裡？希望每次假期型態都類似或是完全不同。

6.曾經搭乘郵輪嗎？其中什麼是最喜歡的？爲什麼？最不喜歡的是什麼？爲什麼？

◆生活型態問題

或者是可以問關於生活型態之問題：

1.住哪裡？（此爲個人生活型態重要訊號）
2.工作型態？
3.開什麼車？
4.最喜歡吃飯的地方，爲什麼？
5.喜歡的飯店型態？因爲郵輪是一個漂浮的飯店，透過這個問題可以瞭解應推薦什麼航線以及郵輪。
6.渡假時是否喜歡開車？如果答案是肯定的，可能此顧客喜歡獨立旅行，或是他是預算有限的旅人。

從這些問題的答案中找出蛛絲馬跡，例如年輕女性、住在鎮上時髦的區域、從事法律工作、開BMW車、喜歡吃美食、喜歡麗思卡爾頓（Ritz-Carlton）飯店、討厭在假期時開車，則可能就是適合豪華郵輪類型。

(四)推薦郵輪假期

詢問許多問題之後，也得到許多訊號，可試圖將顧客定位，並推薦適合之郵輪。說明此郵輪之特色以及優點，再試著去描繪勾勒出該郵輪的形式，可以讓顧客想像郵輪假期。要切記銷售的不是商品，而是銷售郵輪假期的價值，並且讓客人對郵輪有好印象。

許多銷售人員落入陷阱，會描述產品的特色但是沒有描述其優勢。在銷售過程中，強調優勢才能對銷售產生影響，其差異如**表9-4**。

表9-4　銷售過程說明特色與強調優勢之差異

特色（features）	優勢（benefits）
1.回答What的問題。 2.只是反映事實。 3.有時候有「你」在語句中，有時候沒有。 4.通常是客觀的，不是指個人的。	1.回答So What的問題。 2.顯示出收益。 3.幾乎都有「你」在語句中。 4.針對個人的。

例如一艘郵輪航行速度「快速」（此為其特色），但是郵輪速度快的真正優勢是在於可以提供在港口旅遊更長的時間（此為其優勢），或者因此可以減少旅程中的純航海日（at-sea days）（此為其優勢）。如果艙房有陽台，此為特色，其優勢是旅程中可以有私人享受的空間。

三、郵輪行銷推廣方式

郵輪的推廣主要可以透過以下方式：

(一)郵輪小冊

◆郵輪小冊種類

最傳統的郵輪資訊是小冊。郵輪的小冊不只是單純訊息來源，也是有效的銷售利器，通常可以分為五大類：

1. 全包式的小冊：此種小冊包含所有的航程以及船舶，可能根據航線區域或是個別船隊區分，所以常常頁數較多。
2. 特定郵輪的小冊：只介紹某一艘郵輪的航線。
3. 特定地區的小冊：越來越常見特別針對某一地區，例如加勒比海、阿拉斯加、墨西哥、歐洲或是亞洲等。通常比較大的郵輪公司會發行此種小冊。
4. 季節性小冊：通常用來刺激某特定季節之銷售，特別指出某郵輪的冬季或是夏季行程。
5. 目標導向小冊：此種小冊高度專業，通常有特別推廣的銷售，例如特別針對某些組織成員的削價旅遊或是環球郵輪，也可能只是稍微客製化的小冊。

◆郵輪小冊內容

雖然會有部分差異，但是一般而言，小冊會有其標準化模式，一般包含三部分：

1. 呈現銷售為主軸，重點在於公司郵輪提供的優勢：通常也包括小冊的有效期限，表列出內容、促銷主題、照片或是整體地圖。
2. 郵輪航線：顯示出郵輪的航行路線，會顯示船的航行規劃，個別航程地圖，促銷以及訊息主題、照片、甲板規劃以及費用。有時候甲板規劃以及費用會

郵輪小冊

　　放在第三部分。如果郵輪公司有提供郵輪前或郵輪後的陸上旅遊選項，也會在此部分列出。

3.郵輪之相關資訊：例如航空費率描述、保險、支付政策、常見問題，以及其他一般資訊等。有人說顧客閱讀小冊是從前面讀到後面，但是旅行社讀小冊時卻是從後面看到前面。亦即，顧客一開始有興趣是所有與郵輪有關的，而旅行社卻都已經瞭解這些了，他們反而是在意背後的訊息以及政策。

(二)網路

　　透過網路也可以達成推廣功能，而且效果比紙本小冊更易即時更新，更易觸及，也更具有多重功能，例如連結船上實況影帶。但是，網路的缺點是無法即時解決顧客的疑問。

　　根據國際郵輪協會（CLIA, 2002）之研究，針對2,030位曾經購買郵輪旅遊產品的受訪者進行訪談，有關使用網路查詢亦或透過代理旅行業者查詢訂位之調查，結果顯示，雖然使用網路查詢的受訪者比例有所增長，然而67%受訪者最後仍然透過旅行業者購買郵輪產品，而非進行網上交易。

郵輪旅遊上網搜尋

以下是公認為客觀、公正的權威訊息來源：

1. 《貝里茲郵輪評鑑指南》（*Berlitz Complete Guide to Cruising & Cruise Ships*）（素有「郵輪聖經」之稱）。
2. *Condé Nast Traveler*旅遊月刊，http://www.cntraveler.com
3. 國際郵輪協會（Cruise Lines International Association, CLIA）http://www.cruising.org/

(三)克服購買阻礙

以下介紹銷售郵輪時共計十五種可能的阻礙，以及銷售人員應如何回應。

◆費用

許多對於郵輪不瞭解的，會認為郵輪是較昂貴的行程。根據CLIA比較典型的陸上假期與郵輪假期如**表9-5**，郵輪行程反而相對便宜。

1. 列出每日成本。
2. 比較類似的陸上假期。

表9-5　陸上假期與郵輪假期費用比較　　　　　　　　　　單位：美元

		陸上渡假套裝行程（7晚）	郵輪行程（8天7晚，三港口）
固定費用	基本價格	680（每天157）	1,475（每天210）
	航空	400	400
	轉機	86	包含在內
	餐食	620	包含在內
	小費	190	150
	稅捐	196	109
彈性費用	觀光	135	150
	娛樂	85	包含在內
	飲料	220	140
	總價	3,032	2,424
	每日平均	433	346

3.強調費用內含以及其價值。

4.推薦符合其預算的航線。

◆無聊

1.介紹郵輪上每日活動。

2.列出客人有興趣的活動。

3.列出其他顧客的推薦。

4.建議較活潑的郵輪。

5.描述郵輪上之人際相處特質。

◆怕船上多為年長者

1.建議選擇較年輕乘客的郵輪。

2.指出小冊上年輕人的照片。

3.解釋這現象是過去但是已經有改變。

4.列出其他年輕旅客的推薦。

◆太過正式

1.建議較不會過於正式的郵輪。

2.解釋會有休閒的用餐選擇。

3.看小冊中的穿著須知。

◆太過制式

郵輪為了上百或是上千旅客之進出,所以必須有系統的控制流程。但是除此之外郵輪上並非嚴格控管,仍然有許多自由與彈性。

1.建議較為彈性的郵輪,例如高規格郵輪、大帆船,或是探險、教育的郵輪。

2.指出郵輪上可以全部參加也可以全部不參加的特質(do-it-all or nothing-at-all)。

3.列出彈性特質,例如多重用餐選擇。

4.建議獨立的郵輪前或郵輪後套裝行程。

◆港口時間有限

郵輪通常只在一個港口不超過十二小時，因此對於該地有興趣的遊客可以考慮自費郵輪前的行程或是郵輪後行程，或是日後再次造訪。

1.選擇提供較長港口時間的郵輪。
2.建議岸上觀光有效率完成。
3.建議郵輪前或郵輪後套裝行程。

◆幽禁感

郵輪設計會盡量使公共空間擴大，使旅客感受較為舒適。

1.建議較高空間比率的郵輪。
2.建議有海洋景觀和陽台的客房。
3.推薦較大客房或套房。
4.強調郵輪真的很大而且是漂浮的渡假村。

◆強迫社交

在郵輪上有許多選擇方式，包含餐飲或是其他活動都可以選擇獨自享受而不需與其他人交際。

1.強調郵輪上可以全部參加也可以全部不參加的特質。
2.建議的郵輪是有許多用餐選擇的或開放座位的用餐方式。
3.推薦開放座位用餐的郵輪。
4.建議有陽台的客房。

◆具有海軍經驗不想再上船

1.強調軍艦上的不便。
2.強調不是軍艦，而是海上航行的渡假村。

◆郵輪上食物過多

坊間許多關於郵輪的笑話，例如5磅郵輪或是10磅郵輪（意指下郵輪時體重增加5到10磅），但是實際上郵輪趨勢是提供健康與低卡路里飲食。

1.強調健康的SPA以及用餐選擇。

2.運動機會及設施。

◆**船舶安全**

　　有些旅客害怕鐵達尼號的事故,但是現代郵輪而言因為安全要求與法規限制,已經大幅提升郵輪安全性。

　　1.解釋現代郵輪安全性。
　　2.強調現代郵輪注重安全。

◆**擔心恐怖主義**

　　911事件之後郵輪產業對於安全性的檢查規格提升,無論是乘客名單以及船員名單均須經過政府檢查機構審核,也必須掃描所有行李。

　　1.解釋郵輪公司如何防止。
　　2.指出已避開此類疑慮之港口及地區。
　　3.指出船舶是高度控制的環境,如果有不尋常之情況會立即處置。

◆**航程太遠**

　　1.強調是值得的。
　　2.選擇較近的登船港口或是較少飛航費用可抵達的點。
　　3.提醒只要上船,郵輪可以使假期時間最大化。

◆**怕暈船**

　　1.解釋船舶如何維持平衡。
　　2.建議與其藥師討論可使用藥物。
　　3.建議搭乘河輪,其搖晃較小。
　　4.建議在風浪較小的時段參加。

◆**對郵輪陌生**

　　1.給予更多資訊。
　　2.協助顧客想像在郵輪上的樣子。
　　3.描述在郵輪上的樣貌。
　　4.借給顧客郵輪影帶。

搭郵輪很容易暈船，是不是真的？

一、天候考慮

郵輪公司船隊通常會根據各地季節氣候的變化，分別在全球各個海域、最適季節營運操作，以避開顛簸難行的狀況。這也就是為什麼「阿拉斯加」郵輪，只能經營半年航運；而最多郵輪航線的加勒比海、地中海和墨西哥灣等海域，大都是比較風平浪靜的低緯度海面。

二、舒適考慮

如今，幾乎所有新型郵輪都會在它的船身水線下，加裝一套可以預防船舶顛簸的「平衡翼」（stabilizer）裝置，以備萬一船舶在航行途中遭遇強風巨浪時，避免引起搭載乘客或本身乘組員暈船不適。如果真的遇上天候巨變時，船方都會採取改變航向甚或暫時停航之措施。

三、醫療考慮

如果你是那種看到船就會暈，而你又非要坐郵輪的話。最壞的打算是，建議你多帶幾片暈船藥備用。萬一真的暈船，千萬不要逞英雄，一定要趕快找船醫診治。

(四)其他行銷策略

在零售產業中幾乎是最貴的產品會有最高的滿意度。在旅遊產品亦然。因此必須在顧客預算下提供最好的產品。事實上應該提供客人稍微超出其預算的產品，因為顧客通常對於預算非常保守，此即稱為向上銷售（upselling）。例如：

1.選擇海景客房而不選內艙。
2.選擇較高層的客房。
3.選擇有陽台的客房。
4.選擇套房取代標準客房。

此外還可以考慮交叉銷售（cross-selling），所謂交叉銷售，就是發現客戶的多種需求，並透過滿足其需求而實現銷售多種相關的服務或產品的營銷方式。亦即說服現有的顧客去購買另一種產品。

在郵輪產業的交叉銷售如下：

1.旅遊保險。
2.附帶套裝（例如在到達客房時的酒）。
3.郵輪行程前或郵輪行程後的套裝（旅遊或是住宿）。
4.為抵達郵輪的機票或是郵輪結束後離開的機票。
5.接待服務。

但是向上銷售或是交叉銷售不只是加強銷售可能性，也可以促進顧客的郵輪旅遊經驗。

第三節　訂位程序

郵輪的訂購如何進行？客房如何銷售？

1.最快銷售完畢的是套房，尤其是Veranda陽台艙房，其次是大的客房（有陽台的）。
2.接著是最便宜的房型，特別室內艙房。
3.船體中央艙房先售完，因為走的距離短且感覺較不晃。
4.每艘郵輪上的艙房會被賣出很多次，因為有人訂艙房然後取消，或是有人訂艙房但是後來升等到更好的等級。

一、訂位方法與程序

在訂位之前，旅行社先填具一張郵輪表格，上有各項資訊可以提升訂位效率。旅行社訂郵輪行程時有三項主要途徑：(1)電話；(2)全球分銷系統（Global Distribution System, GDS）或是稱為電腦訂位系統（Computer Reservation System, CRS）；(3)網路。而對於某些人而言，電話仍然是受歡迎的訂位方式，只要有小手冊以及訂位單，旅行社會給予所有資訊。

(一)提供訂位選擇

郵輪航線的訂位人員會確認所有要求，建議一些選項，並且討論訂位選擇。

通常會提供三種選擇：

1. 確認的類型、客房號碼以及價格：許多初次的郵輪旅行者會訝異可以做到如此，因為飯店一般是不會讓客人先選房號。在訂位負責人或是電腦系統確認可供應存貨之前，最好不要提供從小冊上給顧客確切的艙房選擇。

2. 保證可得到的範圍內最好等級（Run-Of-the-Ship, ROS Reservation）：郵輪公司確認日期以及價格，但是並未給予確切之客房號碼。但是保證此類型艙房或者是可能更高等級的。當此類別已經沒有空房（但是其他更高等級的還有），而且預期此類型可能被取消。如果沒有被取消，則顧客可以用相同價格得到更高等級種類的客房。這種保證型態對於某些顧客並非是好點子，因為如果他們希望或是需要特定地點或是房型時，例如行動不便者、年長者或是蜜月者，或是希望在特定地點或是需要特定床鋪安排的。

3. 保證升等：沒有指定特定客房，但是顧客被保證可以得到比所支付類別更高級的艙房。

單獨旅行遊客

在少數郵輪上，單獨旅行的遊客可以採保證分攤（guaranteed share）的訂位方式。雖然少數郵輪有提供單獨客房，但是大多數現代郵輪上的客房是設計為二人或三人或是更多人，而價格則是二人基礎。如果郵輪公司將這個客房賣給個人，郵輪公司會有損失，因為比不上賣給兩個乘客的收益。因此，多數郵輪公司會加上費用，可能從10%到100%。而為了避免這種補充費用，單身乘客可以被允許去登記保證分攤，由郵輪公司去找另一位單獨旅客（同性別）來共同分攤客房，每位乘客都支付雙人房基礎之費用。即使郵輪公司無法找到另一位單身乘客，乘客也不需要支付補充費用。

(二)訂位確認後的選擇

一旦乘客之訂位被確認，則旅行社有兩種選擇：

1. 取得保證金：無論保證金是否可歸還，保證金確保顧客的承諾。如果沒有讓顧客付保證金，則交易仍有可能會被取消。

2. 提供選擇權：此表示郵輪公司在沒有保證金之情況下持有訂位（通常約五天），選擇權通常是為了某些需要時間考量的顧客，旅行社會給予顧客一個

期限，而此期限會在郵輪公司截止日之前。即使顧客遲了一、兩天才回應，也不會失去訂單。如果顧客最後還是無法成行，則旅行社必須聯絡郵輪公司取消。如果顧客能成行，旅行社也需要通知郵輪公司。

(三)確定購買之後續處理

如果顧客很快決定購買郵輪假期，則後續處理如下：

1. 顧客以信用卡、現金或是支票支付保證金給旅行社，如果是以現金或是支票，則旅行社會存入款項再開出旅行社支票給郵輪公司。因為郵輪公司通常不收顧客個人支票。至於信用卡政策在各郵輪公司之間有差異，一般郵輪公司會在其小冊中說明其信用卡政策。
2. 當最後支付已經到期時，旅行社會通知顧客。最好是明確指出確切日期，例如6月6日星期一，而不是「出發前六週」。
3. 郵輪公司寄發訂位確認信以及發票給旅行社。
4. 顧客向旅行社付清款項，旅行社轉付給郵輪公司。
5. 郵輪公司寄送文件給旅行社，旅行社留存影本之後寄送給顧客端。如果是最後截止期限前的訂位，則文件是在碼頭直接交給顧客。抑或是郵輪公司轉交文件給顧客，而旅行社端則是以電郵寄送。
6. 顧客啟航！

二、各種銷售階段之後續行動

至此階段是否銷售已經結束了呢？如果是好的銷售人員，必須繼續創造忠誠顧客，而非一次性的顧客，因此必須繼續有後續行動保持關係。以下是四種後續行動：

1. 對於未完成的銷售的後續行動：如果顧客只是將郵輪列入選項，則在他們離開旅行社之前提醒他們郵輪旅遊可能有多好。在24小時或48小時內再去電得知其決定。如果沒有成功，也必須瞭解並釐清原因，同時也感謝顧客給予機會說明。因為永遠不知道何時可能會再上門。
2. 對於已完成的銷售的後續行動：寄出感謝卡以及旅途愉快祝福訊息。如果佣金已取得，可以為顧客安排船上服務，表達對他們的重視與感謝。

3.對於顧客已完成旅行的後續行動：寄發歡迎歸來的卡片，通常也可能附上滿意度調查，或是去電瞭解對於行程的意見。

4.對於顧客下一年度同一時間的後續行動：下一年度同一時間再去電聯絡討論是否再進行另一次郵輪旅遊。

第四節　郵輪優惠

近年來由於郵輪旅遊市場本身之激烈競爭，加上諸如不同季節、縮短航程、船舶星級、內外艙房以及接駁遠近等區隔價位因素之影響，郵輪旅遊產品價格也逐漸受到關注。例如一向以標榜「最適合初次搭乘者」之麗星郵輪船隊，即以遠低於一般旅遊產品之平價收費招攬旅客，因而聞名於整個亞太旅遊市場。此外，透過及早預約、不同季節、不同時段、人數多寡等議價手段，也可能得到額度不一的折扣與優惠。較常採用的方式有下列幾種：

一、預約折扣（Early Bird Discount）

郵輪公司鼓勵消費者及早訂位而釋出之優惠價格。通常越早預約艙位，則其折扣越大。亦有另一種說法，一般稱之為Best Fare、Book Early & Save Today，其意涵與Early Bird Discount無異。

郵輪通常會給提前訂位的遊客合理折扣，通常是七折。如果銷售良好，剩下船票則高價出售。如果滯銷，則折扣更低，甚至低於成本價。例如，加勒比海航線郵輪艙位過剩，可能會買到超乎想像的低價票。除了特別熱門的航線和郵輪之外，一般六折或者更低都是有可能的。

二、離峰折扣（Off Season Fare）

郵輪公司在淡旺季通常會有不同定價，而且其間的高低差異頗為顯著。例如每年7、8月是阿拉斯加航線旺季，避開此一時段則無論船票、機票均相對便宜許多。

三、候補折扣（Stand-By Fare）

通常在某航線開航前一個月內，如遇有旅客臨時取消訂位，船公司為減輕空位造成之損失，而以遠低於定價的折扣出售時稱之。

四、團體折扣（Group Fare）

郵輪公司除了給予代理銷售旅行社Agent Incentive優惠價之外，對於一般機關團體之訂位，亦有特別折扣優惠。

五、常客折扣（Repeater Club Fare）

此類折扣優惠類似航空公司之累積哩程優惠，郵輪公司對再度優惠之老顧客，也提供相對之折扣優惠價格，以為忠誠客戶之回報。

六、移航折扣（Repositioning Fare）

所有優惠折扣中，此類折扣應屬最便宜的一種。每當某一郵輪海域季節航線終了時，郵輪即會以「移航」（repositioning）到下一個海域季節航線，通常郵輪公司會以極低之售價賣出船位，以挹注空船航行之損失。

傳統郵輪旅遊產品通常予人價格高昂之固定形象，如今得以透過縮短航程、船舶星級、季節時段、團體折扣、候補、內外艙房以及接駁遠近等之價位區隔，亦或採取如麗星郵輪公司之平價化等行銷手段，郵輪旅遊產品價格之轉趨大眾化，其可能性確已隱然浮現。

附錄一　MSC訂位表格

訂位表格

此表格請連同訂金一起提供

船隻名稱：	航程編號：	出發日期：	艙房等級：

出入境所需的護照資料（請附上護照影本）

	乘客1	乘客2	乘客3
中文姓名			
英文姓名			
稱號（先生 / 太太 / 女士 / 小姐）			
出生日期 （西元DD-MM-YY）			
身分證字號			
出生地點			
國籍（需與護照相同）			
護照號碼			
護照發出日期及地點			
護照有效日期			
職業			

聲明：

持有有效護照、簽證、健康證明文件及購買旅遊保險為本人之責任。

預訂條款列明本人需自行購買適當的旅遊保險。該保障需包括當行程因意外而導致取消時所需的費用，在船上的醫療開支，行李或金錢遺失及個人責任聲明。

本人及此張訂位表格上被列名的乘客均已閱讀、明白及同意此表格內列明的所有條款及地中海郵輪公司航程參考指引所列明的訂位程序、行程更改及取消的細則。

用膳時間（晚餐登記）：	第一段 □	第二段 □		
人數：	2 □	4 □	6 □	8 □　　10 □

請注意：餐廳不設吸菸區

特別要求（例：生日慶祝、週年紀念、特定餐單、與朋友同坐）

上述需求將不會於訂位作業時確認，煩請您於登船時務必再與櫃檯聯絡。

MSC
CRUISES

45 /F, The Center, 99 Queen's Road
Central, Central, Hong Kong

Tel: 852-2230-6300 Fax: 852-2169-0466

附錄二　MSC郵輪個人出發付款及取消行程條款

Deposit and Final Payment訂金及餘款

Cruise Length 航程日數	Deposit Amount 訂金總額（每乘客計）	Payment Due Date 付款期限
All Voyages （所有航程）	$500 per person $500每位	91 days prior to sailing 出發前91日
All Voyages （所有航程）	Balance payment 餘下款項	90 days prior to sailing 出發前90日

Cancellations and Refunds取消及退款

Days Prior To Sailing 開船前日數	Cancellation Charge（Per Guest） 取消費用（每乘客計）
61日或以上	None 不收費
46～60日	50% of total fare 船費之50%
31～45日	80% of total fare 船費之80%
30日或以下	100% of total fare 船費全部

　　乘客於開船前或旅程途中作任何取消，MSC郵輪是不會退還已繳付船費。因此本公司強烈建議乘客於出發前自行購買旅遊保險。

　　乘客如有遺失船票或因未能提供有效健康證明及旅遊證件而被拒登船，MSC郵輪一概不會作出任何退款。並在有關情況下，本公司將無需承擔任何法律責任及賠償。

　　所有行程及價目會盡可能依照公告之安排，但偶爾會有變動的狀況，團體訂金款項及取消行程的細則或與本條款有所不同，詳情請向為閣下辦理有關行程的旅行社查詢。

附錄三　2015 MSC地中海郵輪船費說明

一、特別注意

　　MSC地中海郵輪行程，須先搭乘飛機前往歐洲港口登船，並非由台灣直接開船前往。

二、售價中包含之費用

　　1.若無特別強調「單訂艙房價」，則售價包含台北—歐洲來回機票費用。

　　2.當地機場至港口交通費用。

　　3.郵輪艙房費用。

　　4.船上免費餐廳（部分餐廳需付費）。

　　5.船上免費設施：游泳池、按摩池、健身房、緩跑徑、迷你高爾夫……，以及各式娛樂活動（部分設施需付費）。

　　6.若有安排於當地住宿一晚，則包括一晚住宿，含早餐費用。

　　7.新台幣每位700萬元履約保證保險、500萬元旅行業責任保險及20萬元意外醫療險。

三、售價不包含之費用

　　1.郵輪全程港口服務費每人NT$4,500元，機場稅及燃油附加費，每人約NT$12,100元（以航空公司公告為準）。

　　2.郵輪上小費每人每晚7塊歐元，共7歐元×7晚=49歐元，郵輪岸上觀光費用、船上任何個人性消費以及個人證照費用（護照NT$1,800元）。

　　3.歐洲醫療保險證明（進入申根國家需備有3萬歐元醫療保險證明）。

四、服務收費（Service Charge）

　　地中海郵輪（MSC Cruises）對旅客享受船上提供的服務適當收取「服務費」，並在旅客帳戶中記錄相關費用的支出。旅客需在航行結束時根據實際接受服務的天數支付服務費。收取服務費的目的是為了保證乘客享受到一貫的優質高標準的服務。費用為預先設定的固定額，不得擅自變更。

(一)地中海和北歐之旅

9天或以下：成人每人每天7歐元。

超過9天：成人每人每天6歐元，包括橫跨大西洋的秋季航遊；14歲以下兒童不收服務費；14～17歲的乘客將按上述費率的一半收取。

(二)加勒比和北美之旅

成人每人每日12美元，包括橫跨大西洋的春季航遊；18歲以下兒童每人每天6美元。

(三)南美之旅

成人每人每日9美元，包括橫跨大西洋的春季航遊；18歲以下兒童每人每天4.5美元。

(四)南非之旅

成人每人每天6歐元；18歲以下兒童的服務費將按上述費率一半收取。

(五)上網服務

無線網路站收費：12歐元／30分鐘；24歐元／60分鐘；38歐元／120分鐘；78歐元／250分鐘。

(六)網站收費

4歐元／首10分鐘，0.4歐元／其後每分鐘，24歐元／滿60分鐘。

郵輪 旅遊經營管理

NOTE

Chapter 10

郵輪旅遊健康與安全管理

⚓ 郵輪意外與風險評估

⚓ 郵輪環境健康與衛生

⚓ 緊急狀況處理

郵輪在海上航行形同孤立個體，若發生意外、病毒傳染，很容易造成傷亡，而且隨著船隻靠岸，也會在當地造成疫情蔓延。因此，郵輪健康與安全管理成了郵輪旅遊的最重要課題，亦為世界相關組織與旅遊管理者的努力目標。

第一節　郵輪意外與風險評估

一、郵輪意外事件

1912年鐵達尼號事件造成全球關注郵輪安全，也因此開始制定海上安全國際公約和現代船舶安全規則。1913年在倫敦舉行了第一屆國際海上生命安全會議，此後，郵輪的安全性能持續提高，現代豪華郵輪在精確導航、避免海上碰撞以及海上救生等設施的要求上，都有了嚴格的國際化規範標準。

例如，國際海事組織（International Maritime Organization, IMO）訂定了「國際海上生命安全公約」（International Convention for the Safety of Life at Sea, SOLAS），並在海事安全委員會（Maritime Safety Committee, MSC）中多次修訂相關安全規格與人員撤離規劃方法。

對於郵輪產業而言，安全的重要性優於一切，鐵達尼號的沉船事件引發國際關注，但是其後仍陸續有郵輪安全事件發生。**表10-1**是1992～2001年之間發生的重大郵輪安全事件，其中意外原因大致上可以分為碰撞、擱淺或是船上發生火災。

郵輪的空間容量從2009年至今遽增了20%以上，而根據2014年CLIA的研究，郵輪操作的意外事故（significant operational incident）發生率有顯著下降之趨勢，郵輪的空間容量與操作意外事故二者之間呈現負相關。在2009～2013年間最為顯著，其操作之意外事故件數，每年平均數已下降到20件以下（**表10-2**）。郵輪乘客因為操作意外事故傷亡人數與其他交通工具比較也相對較低。以2011年的統計為例，十億人次的乘客和船員，因為郵輪意外事故而傷亡比率僅及0.08，相對低於全球航空業的0.16及美國公路的7.6。從2009～2013年間，人員落水意外幾乎減半，從23人減到12人次。

表10-1 1992～2001年嚴重的郵輪事故

時間	船名	地點	意外	傷害	事故傷亡
1992	Royal Pacific	Malacca Strait	碰撞	破洞進水	3人死亡6人失蹤
1992	Nantucket	New England	擱淺	船身破	3人受傷
1993	Ocean Princess	Amazon	淹沒	水淹沒	無
1993	Noordam	Louisiana	碰撞	船身破損	無
1994	Achille Lauro	Indian Ocean	火災	引擎室	無
1994	Cebucity	Manilla Bay	與貨櫃船碰撞	沉沒	100人死亡
1994	QE 2	New York	裝修失誤	公共區域受損	無
1995	Royal Majesty	Massachusetts	擱淺	船身破損	無
1996	Legend of the Seas	Dominican Republic	擱淺	船身破損	無
1998	Monarch of the Seas	Caribbean	船身破洞	船身破損	無
1999	Norwegian Sky	Tadoussac	擱淺	船身破損	無
2000	Carnival Victory	Monfalcone	火災	電線及某些艙房受損	無
2000	Grandeur of the Seas	Curacao	電力受損	失去電力	無
2000	Carnival Destiny	Monfalcone	火災	電線及某些艙房受損	無
2001	Nordic Empress	Bermuda	火災	引擎室	無
2001	Mistral	Nevis	擱淺	船身破損	無
2012	Costa Concordia	Giglio	碰撞礁石	破洞進水	32人死亡

資料來源：修改自Lois, Wang, Wall, and Ruxton (2004).

表10-2 2009～2013年顯著的操作意外事件統計

項目	操作意外	死亡			受傷
		乘客	船員	總數	
五年合計	102	31	19	50	215
年平均	20.4	6.2	3.8	10.0	43.0
	總數	年平均			
火災	16	3.2			
機械	37	7.4			
擱淺	14	2.8			
暴風雨巨浪	11	2.2			
碰撞／互撞	10	2.0			
其他	14	2.8			
總數／平均	102	20.4			

郵輪應有防護乘客落水失蹤的設施（李銘輝攝）

所謂之操作意外包含以下：

1.火災。

2.機械故障，例如引擎失效。

3.擱淺。

4.乘客在船上失蹤未尋回。

5.暴風雨造成巨浪損害。

6.碰撞／互撞。

7.沉沒。

二、火災與處置

　　郵輪針對預防火災規劃船上有停泊甲板防火區（covered mooring decks）。停泊甲板防火區是指在開放甲板上的停泊站，位於客房、服務以及其他空間的下方。郵輪會提供固定的火災防備以及警示系統與火災防止系統。考量停泊甲板（mooring deck）的一般規劃以及火災風險還有栓船繩（mooring lines）的位置。

　　火災防止系統必須有音效以及視覺的警示，此系統無論設計為自動或是手動，都必須有清楚標註以及放置於適當位置。郵輪上通常會有一定程序測試火災防

郵輪應在適當地方設置消火箱與救生圈（李銘輝攝）

栓船繩是郵輪停泊甲板必備之裝備（李銘輝攝）

止以及警示系統之功能，並且訓練相關船上人員操作此系統。

各大豪華郵輪都注重安全設備以及救生設施的配置，甚至超越法規之規範。以皇家加勒比公司的海洋綠洲號為例，在防火、穩定、生存能力和操縱性以及疏散撤離和救生系統方面，均已超越現有法規的要求。海洋綠洲號甚至採用720個防水隔間。

海洋綠洲號上設有11個集合站，其中10個在船舶內部。所有的救生衣都位於集合站。緊急情況發生時，幾千名乘客和船員需要從大船撤離，快速安全地到達集合地。集合過程中還會用到電視廣播，所有集合站還配有可靠的技術去統計旅客人數，數碼監測系統用於加強撤離監控。

此外，為符合「國際海上生命安全公約」（SOLAS）規定，以及提升在船上火災時的安全層級，郵輪要求必須在所有乘客以及船員的艙房設置發出聲響的警報器。郵輪為防治火災，會結合防火設計、火災偵測以及熄滅系統（包含偵煙器以及警報器、灑水系統以及火災用水道）、合格之救火團隊，以及緊急狀況下的船上操作反應程序。

在發生火災時，國際郵輪協會所屬郵輪之處理程序如下：

1.迅速指派一名或是數名工作人員去偵煙器啟動地點查看。

2.迅速由船上安全中心打電話給受影響的乘客艙房或是船員艙房。

3.如果同時啟動了同一空間或數個空間的數個偵煙器，即使尚未確認煙霧源頭，也會迅速啟動救災團隊。

郵輪天花板到處可見偵煙器、灑水器、警報器及監測系統（李銘輝攝）

　　此外，郵輪也會對於啟動警報器時應如何反應，給予乘客指示。這些指示可能是放在房間內印製的，或是以影片呈現的安全資訊。這些指示需要包含警報的意義以及應做的反應。國際海上生命安全公約（SOLAS）並且要求郵輪必須定期對於船員施以訓練。

　　郵輪之設計、建造以及營運都受到國際標準之規範，以期達到最高乘客安全標準。這些標準已經被廣泛使用，美國海岸保衛組織也會檢查船舶設計以及在建造時訪查船舶，以確保符合國際及美國標準。

三、郵輪風險評估

　　關於郵輪上之風險評估，Lois、Wang、Wall和Ruxton（2004）指出，一般郵輪都具有兩類設施，即飯店設施以及船舶設施（**表10-3**）。飯店設施大致包含乘客設施、船員設施、任務相關設施、娛樂設施以及服務設施；至於船舶設施則包含舒適系統（comfort system）、機械、儲水／儲油池以及安全設施。

　　因為郵輪之性質特殊，涵蓋的設備包含船上設備以及飯店設施，再加上郵輪停靠許多靠泊港口讓旅客上岸，因此郵輪之潛在風險就包含人力、船舶本身、岸上以及環境影響等四部分，分述如**表10-4**。

表10-3　船上設施分類

飯店設施		船舶設施	
乘客設施	客房或是艙房、階梯、門廊、公共區域、室外公共區域	舒適系統	空調、儲水及燃料
船員設施	船員艙房、船員食堂以及酒吧、船員一般區域、船員樓梯及走廊	機械	引擎室、掌舵
任務相關設施	特殊景點、小艇	儲水／儲油池	燃料以及油、水、汙水處理
娛樂設施	賭場、游泳池按摩浴池、遊戲區、夜店、岸上觀光辦公室	安全設施	救生衣、救生船、灑水器、警報器、警示燈
服務設施	乘客服務、飯店服務區、餐飲提供		
其他	商店、美容沙龍、醫藥中心、攝影中心、網路		

資料來源：Lois et al. (2004).

表10-4　郵輪之潛在風險

類別	可能風險
人力	1.船員因為機械而受傷。 2.船員在岸上或是船上受傷。 3.人從船上落水。 4.醫療危機。 5.乘客上船或下船時受傷。 6.乘客暴力行為。 7.行進中失足。
船舶本身	1.廚房火災。 2.船上火災或爆炸。 3.因為人為失誤而碰撞或擱淺。 4.因為機器或是航運失誤而碰撞或擱淺。 5.引擎室或是機械室失火。 6.因為他船失誤而碰撞。 7.因為擱淺而造成漏水或是沉沒。
岸上	1.碼頭失火。 2.碼頭爆炸。 3.碼頭結構受損。
環境影響	1.噪音。 2.船舶意外造成油汙汙染。 3.排油造成油汙汙染。

郵輪的兩側甲板上方都會懸掛顏色顯著的救生船（李銘輝攝）

郵輪運輸與一般船運不同，因為船上的設計及結構必須滿足乘客的食宿休閒需要，因此國際海事組織（IMO）要求船公司採用正式安全評估（Formal Safety Assessment, FSA）。FSA是風險分析的一種結構與系統性方法，此方法著重於創造技術、操作及人員因素之間的平衡，也同時兼顧航海安全、環境維護以及成本考量。海運產業開始採用FSA其實也代表產業基本文化的改變，亦即從過去反應式的、片段的處理方法，轉變為主動的、整合性的，並且是建立於風險評估的基準（Maritime & Coastguard Agency, 1996）。

根據FSA建議，在風險分析中有五個步驟：

1.指出風險（根據潛在或是相關意外可能發生之原因以及結果）。
2.風險衡量（評估風險因素）。
3.提出控制風險的選項。
4.成本利益衡量（計算每一個風險控制選項的成本效益）。
5.針對決策提出建議。

在分析風險時，依據嚴重程度可以分為以下五種情況，從可能忽略之風險到會形成災難之風險。其定義如**表10-5**所述。

表10-5 風險嚴重性分析

量表指標	可能結果	應用
1	可忽略的	不需要及時援助，不影響航程，沒有造成環境影響，對船舶沒有傷害。
2	微小	需要一點協助，有一些外觀損害，沒有造成環境影響，偶爾造成船舶遲延。
3	顯著	需要多一些處置，船舶傷害，有時船舶失蹤，有時有環境影響。
4	危急的	嚴重傷害，嚴重的損害船舶，嚴重的環境影響，取消航程。
5	災難的	失去生命，失去船舶，極度環境傷害，取消航程。

資料來源：Lois, Wang, Wall, and Ruxton (2004).

　　運用此方法，可以建構出矩陣，進而數量化分析風險。風險分析可以利用五點尺度分辨其頻率：1=微乎其微；2=偶爾；3=可能；4=很可能發生；5=常常。

第二節　郵輪環境健康與衛生

　　許多人認為郵輪旅遊是如夢似幻的休閒旅遊，然而實際上若與一般陸上旅遊相比，仍有許多差異之處，並且潛在不同類別的危險。在觀光休閒產業中存在許多挑戰議題，例如關於遊客的健康與醫療問題。

　　美國公共健康服務的船舶衛生計畫（Vessel Sanitation Program, VSP）由疾病防治中心（CDC）執行，負責郵輪上的安全與衛生。此組織提供資訊以及訓練，並提出船員以及遊客面臨的潛在風險。郵輪產業也承諾提供安全健康的環境，郵輪產業自發性的與美國的疾病防治中心（CDC）合作，對於所有到訪美國港口的旅客監督其健康以及衛生狀況。

　　疾病防治中心自1970年代開始與郵輪產業合作，建立一項船舶衛生計畫（VSP），此計畫協助郵輪產業執行衛生政策，也降低腸胃疾病以及傳染疾病等風險。郵輪與疾病防治中心合作密切，疾病防治中心甚至從新船建造時就會提供相關的規範以及計畫，同時執行到岸檢查。郵輪也和疾病防治中心合作包含一般檢查、船員訓練以及乘客教育。

一、例行性檢查（Routine Inspections）

　　每艘郵輪只要是有國外航線、承載13人以上乘客並且停靠美國港口，就必須

受到無預警的、每年兩次的檢查,而且必要時還要由VSP的官員複檢。至於所有檢查費用是根據船舶噸位,由船東支付。郵輪必須要符合VSP所制定的船舶衛生計畫執行規範,計分方式是滿分100分的計分標準。郵輪必須要達到86分以上才算通過檢查。如果檢查未通過,就必須再經過複檢,時間大約是30~45天之後。檢查之執行則是由VSP轄下的環境衛生官員(Environmental Health Officers, EHO)執行,並且只有在美國港口執行檢查。依據郵輪的大小,檢查可能有一至四名官員,一般大致上是兩位官員執行檢查,檢查時間約需五到八小時,取決於船舶大小以及複雜程度。其檢查重點如下:

1. 船上用水供應:檢查船上用水如何儲存、分配、保護以及消毒殺菌。
2. 船上SPA以及泳池:確保正確的過濾以及消毒。如果是海水游泳池,規定必須是郵輪航行離開陸地超過12公里以上才可取水,在到港之前排放池水,在港口內必須是維持淨空狀態,水質也必須符合規定標準。再循環泳池必須符合衛生規定,也必須監測水質。
3. 漩渦池的水必須被過濾,濾水器每六個月固定更換。必須每天換水,必須顯示泳池的安全警示以及深度標示,溫度控制必須避免水溫超過攝氏40度。
4. 船上食物:檢查如何儲存以及備餐、供應。飲用水必須要符合世界衛生組織(WHO)之標準,必須至少每三十天抽樣檢查並且提供微生物報告以確認符合標準,並且必須保留最近十二個月的紀錄備查。
5. 食物以及用水的可能汙染:確定是否需要介入保護程序。
6. 員工個人衛生:確保員工正確維護衛生。

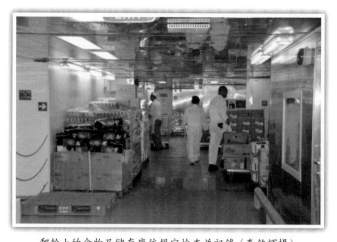

郵輪上的食物及儲存應依規定檢查並記錄(李銘輝攝)

7.船上一般清潔條件：確保清潔以及沒有昆蟲或是齧齒目動物。

8.船上一般環境以及公共健康實務訓練計畫：確保類似訓練的範圍以及效率。

　　檢查之分數以及報告均會公布於VSP之網站，此外，檢查結果也會在每月國際郵輪衛生檢驗摘要中發布，此報告通稱為綠單（green sheet），分送給全球超過3,000個旅遊相關服務單位。一般而言，分數越低則表示衛生條件水準越低。此計畫開始執行之後廣收效益，即使是全球國際郵輪數以及乘客大幅增加，船上爆發的疾病個案大幅減少。

　　然而，因為郵輪產業目前急速擴張且航線遍及全球，可能面對舊型疾病的新形態抑或是新種疾病。因此，為確保公共安全，郵輪被要求維持標準傳染病意外報告，其中包含總乘客人數以及總船員人數等訊息，以及其中患有腸胃疾病的每日人數。

　　此外，美國港口安全相關單位將諾羅病毒（指一種引起非細菌性急性腸胃炎的病毒）視為郵輪產業之重點管理。如果腸胃疾病人數增加，則郵輪會採取多重方式預防在乘客之間傳染，郵輪公司會視為最高等級優先處理，並且會啟動船上通報系統，也會通知疾病管制局。

諾羅病毒Q & A

Q：什麼是諾羅病毒（Norovirus）？

A：諾羅病毒是一群病毒，以前稱為類諾瓦克病毒（Norwalk-like virus, NLVs），可感染人類而引起腸胃道的發炎。

Q：感染諾羅病毒的症狀有哪些？

A：諾羅病毒感染引起之症狀主要為噁心、嘔吐、腹瀉、腹絞痛，也可能合併發燒、倦怠、頭痛及肌肉痠痛。一般而言，小朋友的嘔吐症狀較明顯。症狀多會持續一至兩天，之後就會逐漸痊癒。

Q：諾羅病毒之感染途徑為何？

A：1.食入被諾羅病毒汙染的食物或飲水。

　2.接觸被諾羅病毒汙染的物體表面病人之排泄物、嘔吐物等，再接觸自己的嘴、鼻或眼睛黏膜傳染。

　3.諾羅病毒只須極少的病毒量便可傳播，因此若病患嘔吐時在場，嘔吐物

可能形成飛沫，若吸入飛沫也可受感染。

Q：諾羅病毒之潛伏期？

A：一般為24～48小時，有些在12小時內即出現症狀。

Q：諾羅病毒之好發年齡層為何？

A：所有的年齡層皆有可能遭受感染。

Q：諾羅病毒患者是否具有傳染力？

A：諾羅病毒的傳染力非常強，可藉由糞便或嘔吐物人傳人。有些人感染恢復之後二星期內，其糞便內仍有病毒，仍然具有感染力。

資料來源：http://www.cdc.gov.tw/professional/qa.aspx?treeid=49C0FEB0160CE28F&nowtreeid=139EA4527ECCC3ED

諾羅病毒

　　諾羅病毒一向被視為是郵輪病，俗稱為黑死病（Black Death）。2013年9月在一個為期12晚的斯堪地那維亞以及聖彼得堡的郵輪行程中，超過100名乘客染病。受感染之船艙被封鎖線圍住，郵輪服務人員必須戴口罩。病人的行李也必須標示以免行李員受感染。救護車在母港等待救援，778名乘客中有130人染病。此外，同一時間在皇后瑪麗二號（QM2）亦有8名乘客感染諾羅病毒。

　　2012年P&O郵輪Oriana號波羅的海10天行程中亦有400乘客染上諾羅病毒。

資料來源：http://www.cruiselawnews.com/2013/09/articles/norovirus/black-death-plague-ship-cruise-ship-sickness-back-in-the-news/

http://www.theguardian.com/society/2012/dec/13/christmas-cruise-plague-ship-norovirus-outbreak

二、郵輪公共健康維護

郵輪對於公共健康之維護政策如下：

(一)一般性的上船前的健康篩檢

所有的乘客必須通過上船前的健康篩檢，避免傳染病的散播。

(二)預防伊波拉病毒

如果乘客或是船員21天之內有去過美國疾管局認定的三級旅遊警示區，則不允許上船。或是21天之內有任何接觸或是照護伊波拉病毒可疑病患或是確診病患也不允許上船。

此外，郵輪會針對所有船上人員以及乘客要求填具以下問卷以瞭解並控制船上公共衛生。郵輪產業公共健康政策以及相關公共健康問卷範例如下：

公共健康問卷

＊所有18歲以上的人登船之前都要完成問卷。每位成人都需要填一份。
＊問卷之內容可以呈報公共健康機構。如果蓄意填寫錯誤或是遺漏必須受罰。

日期：＿＿＿＿＿＿＿＿　船名：＿＿＿＿＿＿＿＿　房間號碼：＿＿＿＿＿＿
港口：＿＿＿＿＿＿＿＿　姓名：＿＿＿＿＿＿＿＿

18歲以下同行孩童姓名

1. ＿＿＿＿＿＿＿＿＿
2. ＿＿＿＿＿＿＿＿＿
3. ＿＿＿＿＿＿＿＿＿

為維護船上乘客以及工作團隊之健康與安全，必須回答下列問題：

1. 過去三天，是否有腹瀉或是嘔吐症狀？
   是＊＿＿＿＿　否＿＿＿＿
2. 是否有發燒或是發燒合併咳嗽、流鼻涕或是喉嚨痛的症狀？
   是＊＿＿＿＿　否＿＿＿＿
   如果回答是，則必須由船上醫務人員免費檢查評估，除非是被懷疑是國際公共衛生疾病，否則是可以被允許旅行的。
3. 在過去21天，是否有去過賴比瑞亞、獅子山或是幾內亞等西非國家？
   是＊＿＿＿＿　否＿＿＿＿
4. 在過去21天，是否有實際接觸被懷疑是伊波拉病毒病人？或是暴露於伊波拉病毒危險中？
   是＊＿＿＿＿　否＿＿＿＿

我保證以上聲明屬實且正確，也瞭解任何不實會有嚴重公衛問題。

簽名：＿＿＿＿＿＿＿＿＿＿
日期：＿＿＿＿＿＿＿＿＿＿

此外，郵輪公司負有維護船上環境之義務，因此必須遵守以下原則：

1. 郵輪接受例行檢查，執行工作人員訓練以及維持與美國疾病防治局船舶安全計畫之聯繫，以提供安全健康之環境。

2.郵輪公司配合船舶安全計畫，協助確保郵輪符合嚴格的國際以及聯邦衛生標準。

3.預防腸胃疾病以及諾羅病毒，萬一爆發時，郵輪公司必須遵照疫情預防和反應計畫（Outbreak Prevention and Response Plans, OPRP），包含採取許多實務以防止其擴散以及威脅。

以2011年爲例，國際郵輪協會所屬會員船舶公司，大約有一千多萬旅客從美國港口上船，當年有10次通報疾管局，總共是1,099名乘客有腸胃疾病或諾羅病毒感染（根據疾管局資料）。也就是比例上是0.00156%。在2011年國際郵輪協會的郵輪VSP檢查平均分數爲97（最低爲86分）。

此外，國際郵輪協會所屬會員船舶公司會遵照美國急診醫師協會（The American College of Emergency Physicians, ACEP）的規範，處理乘客以及船上工作人員的緊急照護以及健康維護，ACEP是全球最大的急救醫護專業協會。

以台灣爲例，2011年4月中下旬起，某定期進出基隆港之郵輪，發生船員傳染病群聚疫情；至5月中旬，共計有水痘5例、德國麻疹2例及流行性腮腺炎1例病例。發病船員皆爲2011年3月底至4月初，新招募自東南亞地區者。經由發病者治療及隔離、加強清消及船工和旅客之健康監測、衛教等措施，至6月17日，並未再發現相關病例。回溯2010年6月及8月，香港及台灣也各發生過郵輪水痘群聚事件。類似郵輪員工之群聚疫情事件，正可提醒郵輪公司於招募船員時，應注意船員健康篩檢及適當疫苗接種計畫，並供衛生單位執行防檢疫工作時參考，以保障船員及旅客健康（王鎮灝等，2011）。

急救站與自動體外心臟電擊去顫器（AED）的設置關乎船上人員的健康（李銘輝攝）

郵輪產業對於安全與保安的義務

一般郵輪對於船上環境安全與保安評估要點如下：

1. 24小時要有保全人員維護環境安全。
2. 100%過濾乘客、船員以及行李。
3. 上船以及下船時都有乘客及船員的安全檢查哨。
4. 每一層艙房都有偵煙器及灑水器（一般國際郵輪協會會員郵輪平均都有4,000個偵煙器以及500個滅火器，16英里長的灑水管道，5,000個灑水頭）。
5. 設置有5組救火隊，並且有先進之救火訓練。

郵輪均必須符合國際法規以及船籍國家法規以及港口國家法規，以確保乘客之安全。國際郵輪極為重視其安全紀錄以及維持與各國相關機構之關係，例如美國聯邦調查局（Federal Bureau of Investigation, FBI）以及美國海岸保衛機構。

郵輪公司必須承諾維護遊客安全，因此在郵輪上嚴重的犯罪事件極為稀少，因為此一產業對於犯罪幾乎零容忍。郵輪公司必須向相關執法機構申報所有犯罪主張，所有類似事件包含美國公民在內只要是在海上無論在世界各地均必須向FBI通報，無論其註冊船籍為何。

當聲稱犯罪事件發生，郵輪安管人員會依照程序，保全犯罪現場以及保全證據，等待相關單位上船調查。如果推定犯罪是關於性別的，船上醫務人員受訓會做適當之檢查及蒐證。所有的主要北美郵輪公司都對於僱用船上員工背景作稽核，所有郵輪進入美國必須對海關及邊境巡防單位提供乘客及船員的證明。任何外國船員要上岸美國港口，港口會要求具有C1／D簽證，此簽證是必須經過背景調查才可核發。

其次，國際海上生命安全公約（SOLAS）要求所有乘客上船之前必須要清點人數，並且必須登記其特殊照護需求或是緊急時的協助，其中包含船上所有人的姓名、性別，成人、孩童或是嬰兒，以方便必要時協尋或是搜救。並且這些資料也必須向岸上單位提供。國際郵輪組織所屬郵輪還另外要求乘客的國籍登記。

關於犯罪以及失蹤人口之通報，郵輪必須配合法令規定通報船上犯罪報告。2007年開始國際郵輪組織所屬船隊同意一項協定，如果有任何嚴重意外事件與美國人有關都必須通報FBI以及USCG。這些嚴重意外事件包含殺人、可疑死亡、失蹤、綁架、嚴重傷害等。

國際郵輪必須符合國際規範、船籍國家規範以及港口國家規範。國際規範包含國際海事組織（IMO）、國際海上生命安全公約（SOLAS）以及國際船舶與港口設施保全章程（International Ship and Port Facility Security Code, ISPS）。

　　美國則包含美國海岸防衛控制證明（U.S. Coast Guard Control Verification Certificate）、聯邦調查局（FBI）、海運安全法（Maritime Transportation Security Act）以及國土安全部。

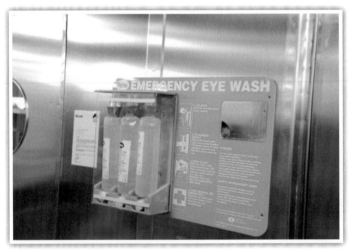

郵輪廚房設置緊急眼部沖洗設備以維護員工健康安全（李銘輝攝）

第三節　緊急狀況處理

　　郵輪因為以載客為主、浮力強、安檢設備都會升級、船隻浸水時間長等，幾乎是各船種當中最安全的。因此，即使船隻出問題，生還機率也大；但是因郵輪太大，旅客幾乎無從發現船是否有問題，當發現時，往往又為時已晚。

　　一般郵輪在旅客上船後就需要接受逃生訓練，每個人要從自己的房間穿上救生衣，依指示走到最靠近房間的救生艇，確認自己被安排的救生艇，每位旅客也有記載個人資料的「船卡」，依船卡確認旅客受訓完畢之後才會啟航。至於救生艇之

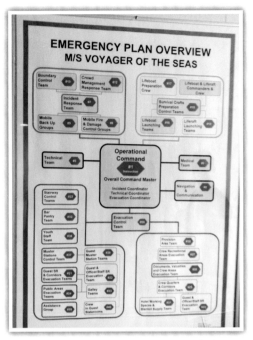

緊急處理的規劃流程圖應要張貼在適當的位置
（李銘輝攝）

配置，公共空間都放置有救生衣，救生艇上也有藥品、乾糧，至於最糟糕的沉船狀況若發生，救生筏也會自動脫鉤浮起，將傷害減到最低。

一、救生衣之配備

　　郵輪必須要提供與所有人數等量或是更多的救生衣，且必須符合相關國際規定以及船國籍的規定，例如「國際海上生命安全公約」（SOLAS）之要求。並且必須儲存在接近召集點或是救生船上岸處，在緊急時隨時可以使用。

　　現行的「國際海上生命安全公約」要求，郵輪所裝備的緊急救生船艇必須能一次裝載郵輪上全體船員以及旅客總數之125%的容量，並且郵輪於每航次啓航時都必須動員所有船員及旅客演習。

　　SOLAS也要求在國際郵輪上乘客必須有經過檢驗的救生衣或是個人漂浮裝置（Personal Flotation Device, PFD），也必須要有孩童的救生衣，並且數量至少是船上乘客的10%，其總數量不得少於船上確實兒童人數。

　　此外，必須要幫值班人員準備救生衣，必須要存放在艦橋上、引擎控制室以

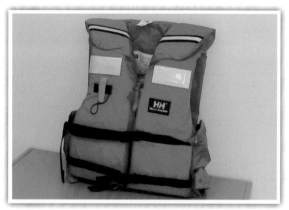

國際郵輪上每個房間每位旅客皆有一件救生衣（李銘輝攝）

郵輪上必須要有足夠的救生船艇等救生工具（李銘輝攝）

及在其他人力監測的場所。船上乘客總數的5%的救生衣必須存放在甲板或是緊急集合點。在特殊情況下必須要帶著更多的救生衣，因為有時候來不及回去客房拿救生衣。

　　國際郵輪協會所屬郵輪是準備超過乘客總數50%的救生衣，孩童的救生衣數量要超過上船乘客數之10%。這些多餘的救生衣都必須放置在公共區域、緊急集中區、甲板或是在救生船上，並且要方便船上人員取得並分配給乘客。

　　所有的郵輪都必須有足夠的救生船、救生橡皮艇以及救生工具。救生船是必須可以在船長指揮下棄船，在三十分鐘內使人員上船、使船下水並且調動。

二、緊急集合以及緊急指示重點

　　根據「國際海上生命安全公約」（SOLAS）之規定，郵輪必須設置緊急集合點以及緊急指示。其中包含下列重點：

　　1.何時以及如何穿上救生衣。
　　2.確切描述緊急狀況之訊號以及正確反應。
　　3.救生衣之放置處。
　　4.當緊急警報響起時在何處集合。
　　5.向乘客說明如何來到緊急集合處以及實際訓練方式。
　　6.在緊急事件發生時如何提供訊息。

緊急救生演習是每一船次必備的演習項目（李銘輝攝）

7.如果船長下令撤退或是疏散時應如何行動。

8.現有的額外安全訊息。

9.是否乘客在到集合點之前應該先返回艙房的指示，包含回去取得特定藥物或是衣物以及救生衣。

10.主要安全系統以及其特色之說明。

11.緊急事件撤退系統以及確認緊急時出口。

12.指派人員取得更進一步的訊息。

三、穩固沉重物品（Securing Heavy Objects）

因為郵輪的硬體結構以及運作有差異，因此各家郵輪在海上或岸上的管理會有所差異。郵輪公司一般會將確保沉重物品的程序與安全管理系統結合。因此，在考量安全之前提下，必須有人員檢查每一層甲板，以便指出不安全的或是潛在的危險沉重物品。透過這些程序產生一張清單，列出可能造成災害的沉重物品。

通常也必須制定指導程序，清楚列出沉重物品的內容以及保護方式。保護沉重物品的程序必須由每個單位部門主管事先偵測並且會報船方，也必須排入日常例行船上檢查以及稽核。此外，惡劣的天氣必須有明確定義，同時考量船體大小、操作概要以及其他資訊，並且仰賴船長的最後判斷。

郵輪上檢測沉重物品大致分為以下三類：

(一)必須要永遠保持穩固的沉重物品

其意為即使沒有在使用也必須保持穩固，在惡劣天氣下也一樣要穩固的物品，包含以下各類：

1. 沉重盆栽、雕塑品、電視、提款機、自助洗衣設備、吃角子老虎以及遊戲機器。
2. 治療床、電腦產品展示、運動器材等。
3. 鋼琴、夜店擴音器、後台舞台布景。

(二)只要沒有在使用就必須一直穩固的沉重物品

1. 推車以及叉架起貨機。
2. 救生用橡皮艇、梯板、甲板垃圾貨櫃。
3. X光機。
4. 發動機的汽缸、活塞、沉重化學貨櫃、渦輪推進器。
5. 瓦斯瓶。

(三)必須在惡劣天氣穩固的沉重物品

1. 展示用的未固定物品。
2. 暫時性的裝飾。
3. 船上演出用的暫時性物品。
4. 修繕或是整修的用品。

MSC地中海郵輪乘客安全演習規範

在郵輪旅程開始時我們將會舉行安全演練與簡報，以確保您熟悉安全設備及緊急情況下的疏散程序。其重要性不言而喻，所以我們要求每位乘客必須參加。

安全演習會在主要港口舉行，而所有在二級港口新登船的乘客我們將對其進行安全簡報。

安全演練將透過七種語言說明（英語、法語、德語、義大利語、葡萄牙語、俄語和西班牙語），過程涉及到所有船員及乘客。

由於演習的目的是演練緊急疏散過程，客人必須如同在緊急情況下到艙房穿上救生衣並到達指定地點。集合完畢後，將繼續獲得其他安全指令與指示資訊。

所有在二級港口登船的乘客，必須參加安全簡報，並從艙房中取出救生衣到達指定地點。安全簡報提供關於安全設備及相關程序的完整資訊，包括緊急疏散。

當乘客登船之後，我們將在日常節目及船上公共廣播系統中，通知乘客關於安全演習的安排。

除了針對乘客的安全演習以及簡報，我們的船員還會進行每週一次的常規應急演練，包括火災模擬、緊急疏散和棄船救生艇逃生，確保他們充分應對所有可能事件。

我們所有的安全演習和簡報都嚴格遵守國際海事組織（IMO）所制定的「國際海上生命安全公約」（SOLAS公約）的條例要求。

在地中海郵輪，我們致力於保障乘客的安全與秩序，不斷重複演練安全演習，確保最大程度的清晰與安全，透過透明的工作達到最高標準。

資料來源：http://cruises.dragontr.com.tw/wmed12days/qa.html

郵輪新聞

義大利擔憂郵輪傾覆汙染環境

　　雖然救援人員仍在尋找義大利豪華郵輪「協和」號上的失蹤者，但義大利海岸警衛隊17日表示失蹤者生還希望渺茫，搜救人員在當天又發現了五具屍體，死亡人數上升至11人。此外，由於郵輪傾覆導致大量液體流出，義大利正在調查是否會引發環境汙染。

　　面對巨輪漸漸沉沒入海，義大利的環保部門開始擔心，船上裝載的大量能源以及不可回收的液體也會融入水中。義大利安莎通訊社17日說，這讓義大利環境部大為緊張，在積極尋找失蹤者的同時，也開始調查泄漏的液體有多少是船上裝備的2,300噸燃油，會對當地水域造成多大的汙染。

　　作為排水量達11.45萬噸，世界最大客輪之一的「協和」號，它的觸礁引來全球媒體廣泛報導，目前對國際郵輪業的經濟衝擊也不小。英國《每日郵報》16日說，作為「協和」號的東家，義大利歌詩達公司直接的帳面損失已經高達6.7億英鎊，由於大量聞訊的旅客紛紛退訂今年晚些時候的郵輪訂票，歌詩達公司估計今年的年收入將白白損失三成。

　　受影響的不僅僅是歌詩達公司一家，在「協和」號出事之後，全球郵輪業都開始放慢運營步伐，接受安全檢查。《每日郵報》引述郵輪投資業分析師的話說，僅僅是檢查費和調整後新加的保險費用，就會增加5億到10億美元，讓運營商們暗暗叫苦。

資料來源：北京新浪網，2012/01/18，http://news.sina.com.tw/article/20120118/5621009.html

郵輪新聞

獲各大郵輪公司支援　香港擬立法規管郵輪汙染

　　香港啟德郵輪碼頭啟用在即，多個環保團體關注巨型郵輪所帶來的汙染；香港特區政府承諾將儘快立法，規定所有遠洋輪船進入香港水域使用汙染較輕的低硫柴油，並加建岸上電源，減少空氣汙染。

　　香港旅遊發展局主席田北俊22日在出席郵輪業論壇時表示，已就環保事宜與各大郵輪公司進行溝通，均得到正面回應。他建議，當局可擴大立法範圍，將巨型郵輪和大型貨櫃船同時納入規管，一旦進入香港水域，強制轉用環保柴油。

　　以皇家加勒比、歌詩達等大型郵輪運營商為例，輪船都會配備2～3個油缸，在公海航行時採用較為廉價的柴油，一旦進入受限海域，例如歐盟和美國，就立刻採用環保柴油。因此，技術上並不存在困難。

　　同日出席的港府旅遊事務專員容偉雄重申，政府擬推動立法程序，現階段則主要透過資助計畫鼓勵業界轉用低汙染能源。至於社會關注的岸電設備，他透露已即時展開技術細節和成本研究，務求讓巨型郵輪停泊香港後轉用電能，最大程度減少燃燒柴油所帶來的空氣汙染。

　　對此，郵輪業界反應積極。皇家加勒比郵輪亞洲區副總裁表示，歡迎香港立法規管，不擔心因此提高運營成本，措施也不會削弱香港作為亞洲郵輪中心的地位。

資料來源：華夏經緯網，2013/01/23，http://big5.huaxia.com/xw/gaxw/2013/01/3179029.html

 NOTE

Chapter 11

郵輪航海議題
與相關法令

- ⚓ 郵輪船舶國籍與註冊
- ⚓ 郵輪環保管理實務
- ⚓ 其他議題
- ⚓ 郵輪旅遊社會責任

　　郵輪旅遊使用地球的公海資源，需肩負起維護全球旅遊環境永續發展的責任，從船隻入籍管理、海洋生態維護、博奕管理、反賄賂等議題乃至社會責任等，郵輪業者、旅遊業者與各國政府都責無旁貸，甚至遊客也都應該要當仁不讓，才能共同維護永續的郵輪觀光。

第一節　郵輪船舶國籍與註冊

一、郵輪船舶國籍

　　船舶國籍是指船舶所有人按照某一國家的船舶登記管理規範進行登記，取得該國簽發的船舶國籍證書並懸掛該國國旗航行，從而使船舶隸屬於該登記國的一種國際法律上的身分。船舶國籍證書是船舶國籍法律的證明，船舶懸掛的國旗是該船國籍的象徵或標誌。

　　船舶國籍所代表的國籍國權利義務與自然人國籍的國籍國權利義務在內容上完全不同。因為船舶國籍是一種法律上的聯繫，即船籍國與船舶之間的聯繫，進而使得船籍國能對船舶行使管轄權及給予保護。船舶必須懸掛象徵國籍的該國國旗才能在公海上航行，無國籍的船舶在公海上航行會被視為海盜船，各國飛機和軍艦均可攔截。

　　根據「海洋法公約」的規定，船舶不能具有雙重國籍，懸掛兩個或兩個以上國旗航行，或視方便而換用旗幟的船舶，其對任何國家都不得主張是其中任一國籍，並可視同無國籍的船舶。船舶取得國籍及懸掛國旗的條件由各國自行規定。有的國家規定只有船舶所有權全部屬於該國人所有才能懸掛其國旗，如英國。有的國家不但要求船舶的全部或部分屬於本國人，而且要求船舶的全部或部分職員和船員是本國人，如法國。

　　一般而言，一艘船舶只需有一國國籍，就可懸掛該國國旗，而且是船舶在哪一國登記註冊，就擁有該國國籍。可是有些國家允許本國的船舶在別的國家登記註冊，取得別的國家的國籍，主要是因為這些國家對船舶登記的條件規定很寬鬆，只要繳少許稅金，甚至免稅，就可讓外國船舶在該國登記註冊，並取得該國國籍，如巴拿馬、利比亞、巴哈馬、緬甸、柬埔寨、黎巴嫩等國，其中以巴拿馬和利比亞

兩個國家外國船舶在該國登記註冊居多（Copeland, 2008）。因此常會出現船旗國和實際的船舶所屬國不一致的現象。這種船舶懸掛的旗幟被稱爲方便旗（flags of convenience），懸掛方便旗的船舶就是方便旗船。

　　成爲方便旗船主要是登記國的捐稅等費用比本國低，可不受本國法律限制而僱用工資較低的外國籍船員，還可免遭本國政府的徵用等，甚至可以藐視國際公約（Copeland, 2008），因爲方便船的國家對懸掛本國國旗的船舶無法有效地實施行政、技術和社會事務的管轄和控制，從而使海上發生事故的比例較大，不利於安全航行。

二、船舶國籍的取得條件與國籍證書

　　任何國家都可以根據主權自主原則，確定給予船舶國籍的條件。根據聯合國「海洋法公約」規定，賦予船舶國籍的國家與該船舶之間必須有眞正的聯繫，即一國不僅對船舶給予國籍，還必須對船舶進行登記，以及懸掛該國國旗所享有的權利等方面規定，而且必須對於懸掛該國國旗的船舶有效行使行政、技術和社會事務上的管轄和控制。

　　目前，各國對於船舶取得本國國籍的限制主要有下列三個條件：

1.船舶所有權爲本國所有。
2.船員必須由本國公民擔任。
3.船舶建造地必須在本國。

　　其次，船舶國籍證書（Certificate of Ship Nationality）是證明船舶國籍的書面文件，也是船舶取得航行權的證明。船舶國籍證書有一定之有效期限，期滿應申請換發新證。

三、船舶國籍的功能

(一)船舶國籍在國內法上的功用

1.船籍國依法對該船舶及其所有人的合法權利進行保護。當船舶具有某一國的國籍時，首先能在該國領海及內海享有完全的航行權。

2.船舶可以依據國籍享受船籍國提供的各種優惠。

3.船舶的國籍是船籍國對該船舶進行監督管理以及保障其海上安全的依據。

(二)船舶國籍在國際法上的功用

1.確定船舶的國際法權利與義務的依據：1982年的聯合國的「海洋法公約」規定懸掛國旗的船舶必須與船舶國有真正聯繫，船旗國應對懸掛其國旗的船舶有效地行使行政、技術及社會事務的管轄和控制權。

2.決定某些法律關係的準據法：船舶國籍是解決有關船舶及航運的海事糾紛、船舶所有人責任限制、船舶抵押權的效力、船舶內部發生的刑事案件、海上欺詐等問題的重要準據。

第二節　郵輪環保管理實務

一、郵輪生態議題

近年有關郵輪產業之生態議題備受矚目，以郵輪的膳宿而言，其耗費大量的水、能源、消耗品以及奢侈品等。另外郵輪產業的廢棄物管理也是重要議題，必須符合商用船舶規定，並且應善盡環境保護之責任。

大多數郵輪會特別聘用環保部門的人員，郵輪公司對於環境之友善可由以下兩部分展現：其一是從上游開始，要求郵輪用品供應商必須提供符合環保規定生產之產品；其二是向下游發展，教育消費者以及顧客應具環保觀念。

對於郵輪而言，環保議題可分為以下三大重要議題：

(一)廢水處理

近年來許多船舶的相關科技相當進步，包括新的環保系統可以處理每人每天約7加侖的汙水以及90加侖的生活廢水（gray water）（使用洗衣機洗衣服、淋浴、泡澡、洗手、廁所、洗臉盆等產生的廢水），廢水處理系統可以每週處理28,000加侖的汙水。

(二)固體廢棄物處理

郵輪產生大量的非危險性固體廢棄物，包含大量的塑膠與紙類、木製、廚餘、罐頭、玻璃和各式由旅客丟棄的廢棄物，估計在1990年大約每個遊客每天丟棄3.5公斤的固體垃圾（Herz & Davis, 2002）。近年來因為努力減量而減少一半。但是數量依然顯著，中型郵輪每週約產生超過8噸。24%的固體垃圾是由郵輪所產生的（Copeland, 2008）。

郵輪固體廢棄物靠港後需要加以清理（李銘輝攝）

(三)空汙管理

船舶引擎所造成的空氣汙染最為嚴重，造成每年全球60,000人死亡（Corbett et al., 2007）。根據美國環保協會（US EPA）指出，2007年海運船舶使用第三類海上引擎在美國專屬經濟區（US Exclusive Economic Zone, EEZ），估計製造87萬噸的二氧化氮，是造成霾害的元凶（US EPA, 2007）。

二、郵輪汙染

郵輪之汙染包含氣體排放、船舶廢棄物以及水汙染。

(一)氣體排放

包含二氧化碳、硫氧化物、煤煙、煙塵和顆粒物，這些氣體排放可能導致酸雨，對環境及動植物有不利的影響。郵輪必須透過清潔以及發動機和鍋爐的廢氣處理，減少這些有害氣體。

解決方案包含使用含硫量低的燃料，採用雙燃料發動機，使船舶在公海可以使用重油。在某些沿海地區，進入或離開港口時，以液化天然氣驅動主發動機，或透過廢氣循環系統，特別是當船泊靠時，可減少二氧化硫的排放量。此外，餘熱回收系統可以節省主機燃料消耗和減少主機排氣被釋放到大氣中的二氧化硫。至於減少顆粒物排放的最有效方法是純度高的燃料。

(二)船舶廢棄物

船舶廢棄物多數會下沉到海洋底部，但是垃圾可能導致魚類和其他海洋生物誤食而死亡；其餘廢棄物被沖到岸上或是漂浮在海面上，這種廢棄物經常匯聚形成垃圾島，可能會導致當地生態系統被破壞。

防汙公約允許在一定條件下排放廢棄物入海。排出的廢棄物必須記錄在廢棄物處置日誌，其中需說明排放廢棄物的類型、廢棄物排放量與排放時間和位置（**表11-1**）。

(三)艙底水

因為郵輪每日會產生汙泥，一艘船每天平均產生汙泥可能達到幾噸。雖然船東可以支付燃燒費用處理汙泥，但是船東為降低費用，也會選擇利用艙底水（ballast water）混合汙泥排放到海裡。

處理艙底水最有效的辦法是使用較清潔的燃料產生較少的汙泥。而使用較清潔燃料也可以減少空氣的汙染和比較少的油汙染，對環境有正面影響。新的技術是有效地回收使用在排放入海之前的清潔艙底水。

(四)穢水與生活廢水

穢水（black water）是指來自廁所排出的廢水；生活廢水則是產生自家務活動，如洗碗、洗衣和洗澡用水等。

穢水與生活廢水如被釋放在沿海地區，排出的廢水可導致衛生問題，成為危險細菌滋生的溫床。除此之外，消毒劑和洗滌劑也會對海洋環境造成嚴重的破壞。

表11-1　MARPOL Annex V規範

廢棄物類型	排入特殊海域之外	排入特殊海域
合成材料，如繩索具、網、塑料袋等	禁止	禁止
漂浮材料，如軟木、泡沫塑料、包裝等	允許離岸距離＞25海浬	禁止
金屬、紙盒、石器、玻璃等	允許離岸距離＞12海浬	禁止
其他廢棄物，包括金屬、紙盒、石器、玻璃等；斷裂或粉碎的厚度＜25毫米	允許離岸距離＞3海浬	禁止
食品遺留（未分解）	允許離岸距離＞12海浬	允許離岸距離＞12海浬
食品遺留（分解）	允許離岸距離＞3海浬	允許離岸距離＞3海浬
混合廢棄物	另有嚴格規定	另有嚴格規定

資料來源：http://www.ship.org.tw/enewspaper/x-212/021204.htm

廢水問題是內含有多種汙染物，其中包含可溶性與固體形式。成分也有許多種類，包含非生物可分解元素，如塑料、顆粒、毛髮、纖維等，必須透過過濾系統處理。

郵輪上安裝穢水與生活廢水處理系統，在淨化後才排入海。一些郵輪已經改裝它們的汙水處理系統，以確保它們的穢水與生活廢水對環境的影響最小。

可處理方式包含薄膜生物處理技術，髒水首先被送入反應器，在其中使用生物分解有機物。然後，透過過濾器和反應器處理以確保被清淨後，留下的水可以直接排放入海；或是使用真空廁所（vacuum toilets），將可減少穢水三分之一的排放量。

三、廢棄物管理承諾

郵輪業者對於廢棄物之處理，必須遵守國際海事組織（IMO）以及港口規定、防止船舶汙染國際公約（The International Convention for the Prevention of Pollution from Ships, ICPPS）。以上標準已經被大多數國家所採用，其他的國家或是當地法令也必須遵守。CLIA所屬會員郵輪對於環境的承諾如下：

1. 發展環境管理系統及維持有效的環境政策。
2. 由專人負責監管環境計畫。
3. 明確操作定義與目標，並配合現行法規持續改善。
4. 設計及建造船舶時，應期望對於環境的影響最小化。
5. 運用廢棄物最小化的程序與流程。
6. 擴大垃圾減量政策，其中包含有效再利用與回收。
7. 透過採購策略以及產品管理之程序達到資源保護。
8. 透過節能以及能源管理將能源效率達最適化。
9. 檢討及促進回收及轉換危險廢棄物之程序。
10. 根據國際安全管理章程（The International Safety Management Code, ISM Code）加強船上環境維護以及汙染預防計畫。
11. 教育船員以及乘客提升環境知覺。

郵輪上加強執行垃圾減量政策，包含有效再利用與回收（李銘輝攝）

四、郵輪產業環境保護承諾及員工訓練

郵輪產業有責任與承諾保護自然環境，此亦為其社會責任之一。郵輪產業承諾必須採取最適環境保護程序。無論是在海上或是港口，郵輪都必須遵守國際以及當地之環境法規，包含廢棄物等各項管理之規定。

郵輪產業應教育船員及乘客對於環境的認知，每個船員都要接受船上環境維護之訓練，並在特定船上環境管理議題上做進階的訓練。

1. 對於新進船員執行訓練計畫。
2. 透過公共系統以及郵輪報紙傳布訊息，鼓勵環境知覺以及保護。
3. 在船員艙房及公共區域中發布環境訊息。
4. 在郵輪上電視頻道中發布公司以及船上訊息。
5. 定期環境委員會會議，包含各部門官員以及船員，檢討加強環境保護之方式。

五、廢棄物收集分類以及處理

執行必要程序以期達到廢棄物管理計畫之目標，包含安全及衛生的廢棄物收集，在船上正確處置及制定靠岸時適當移至岸上的相關規範。一般郵輪採取以下標準分類：

廚餘及垃圾等廢棄物之處理深受重視（李銘輝攝）

1.生物醫療廢棄物（biomedical waste）：其收集及丟棄必須符合特殊規定以避免感染。

2.烹煮用油（cooking oil）：在烹調食物時所使用的食用油或是動物脂肪（不包含所烹煮之食物）必須先過濾與集中後儲存，以利在靠岸時回收，也可能在船上集中後儲存，靠岸時與引擎用油一併處理。另外也可能是在船上直接處理後作為船上燃料。

3.船內廢棄物（domestic waste）：指在船上的膳宿空間所產生的各種型態廢棄物。郵輪業者為減少垃圾量，透過如壓縮、破碎或是焚化程序降低廢棄物量，也同時減少儲存之空間，並在靠岸回收時更有效率。紙張以及某些可燃物必須在靠岸回收，但是一部分可在船上焚化以避免大量累積這些可燃物質而增加失火風險。至於玻璃瓶以及其他玻璃器皿都必須回收。某些大型郵輪是依照玻璃顏色分類回收。鋁製品（例如飲料罐或是甲板座椅）、畫廊使用的錫，以及其他材質如銅、鋼等等，必須分類待靠岸時回收。

4.電子廢棄物（electronic waste, E-waste）：指使用過的電子設備，例如電視、電腦、監視器等。

5.廚餘（food waste）：是指任何已損壞或未損壞之食物，包含水果、蔬菜、乳製品、肉製品、家禽以及殘羹剩飯。

6.垃圾（garbage）：包含所有種類的食物廢棄物、本地垃圾以及操作時產生之垃圾、所有塑膠類、食用油等。

7.有害物質（harmful substance）：對於人體健康產生風險，傷害生物資源或是海洋生物。

8.焚化爐灰燼（incinerator ashes）：船上焚化爐產生之爐渣。

六、廢水回收再利用

郵輪船上的水源利用極為重要，此部分之管理包含用水量達到最低，以及非飲用水部分的廢水回收再利用（wastewater reclamation）。實際方式如下：

1.技術性用水，例如冷氣排水，用在非飲用水的部分（廁所用水、洗衣用水或是清洗甲板）。

2.利用汙水再生系統（例如洗衣水濾過再利用）。

3.水資源儲存，例如蓮蓬頭水量減少、廁所眞空系統、眞空食物廢棄運輸、洗衣省水設備等。

4.訓練員工持續注意節約用水。

第三節　其他議題

一、博奕（gambling）

郵輪對於相關設備以及支付規則都必須符合博奕相關管理機構的規定（例如內華達州博奕控制局）。

(一)支付規則

每一航線會對於賭場設定支付規則，並且這些遊戲規則也同時與內華達州或是紐澤西州等州的規則一樣。

1.這些局部規範在船上每個賭場都適用。

2.每個賭桌都會設定最低以及最高的賭注限制。

3.限定成人才可以參加。

每個賭桌都會設定最低以及最高的賭注限制（李銘輝攝）

郵輪上的賭場管理屬於飯店經理的責任（李銘輝攝）

(二)內部控制系統

郵輪會設定對於博奕部門定期內部稽核，一般通常在十二個月以內。此外，所有賭場對於現金交易申報作業以及賭場現金管理、借支與債務催收都會有內部稽核程序。同時對於賭場的資訊系統也必須加以監督與檢查，以確保對於各方都是公平公正。

(三)顧客服務

通常郵輪上的賭場管理屬於飯店經理的責任，如果有任何關於賭場的爭議，任何乘客面臨賭場經理無法解決的問題就可以呈報飯店部門經理。如果爭議仍無法在船上解決，則船上會留下聯絡資訊讓乘客得以在之後繼續追蹤處理進度。

二、反賄賂原則（Anti-Corruption Principles）

乘客運送協會會員以及國際郵輪協會都承諾恪遵商業道德及遵守所有相關法規。例如美國反國外賄賂法（The U.S. Foreign Corrupt Practices Act）及英國反行賄法（The U.K. Bribery Act 2010），一旦違反必須承受罰金或是刑期。為配合反賄賂相關法規，所有郵輪必須遵守以下原則：

(一)禁止行賄

禁止以行賄手段達到目的，對於政府官員等包含付款、給予好處或是其他任

何有價值之物，以達成不適當或是非法的協議，或以不適當的方式，確保事業或是事業利益。所有的郵輪管理階層以及員工和整體組織都必須承諾誠實、正直並且避免賄賂。

(二)不法支付

所有相關支付無論是對於管理階層（例如海關、移民局、港口等等）支付現金或是物品（例如酒或是菸等等），以期促進或是加速例行政府行動（例如通關、加速簽證、指定停泊位等），都是被禁止的。但是如果付費給政府機構是為取得合法管理服務則是被允許的。

(三)觀光服務（hospitality）

為確保觀光服務（例如機票、住宿及餐飲）、購物、娛樂以及其他促銷等費用，或是提供給政府或是相關人士等都必須是合法商業目的（例如建立友好關係、促進親善關係等等），並且是光明正大、符合比例與合理性。

(四)與政府及商業夥伴配合

與政府及商業夥伴配合，及與相關國際組織合作，支持預防以及打擊賄賂。

第四節　郵輪旅遊社會責任

Moutinho（2000）曾指出國際郵輪公司必須考慮社會責任以及道德議題。此外，因為全球情境變化複雜，郵輪規劃必須考量該國的政治、環境、社會、科技、法律以及經濟情勢。此外，個別國家對於觀光產業的政策方向以及支持程度，也會影響旅遊操作者及郵輪公司，而這些政策考量必須同時兼顧經濟發展以及社會福祉。

一、郵輪旅遊對於在地影響

郵輪產業近年來歷經大幅成長，但接待地必須承受郵輪以及遊客帶來的經濟、環境、社會文化的影響。過去研究發現，接待地區對於郵輪旅遊的喜愛是永續及長期發展的重要因素（Gursoy et al. 2002; Andriotis and Vaughan 2003）。但是因為旅遊活動會產生正面或是負面的影響，會影響當地居民的感受。

(一)郵輪產業的外部特性

郵輪產業的外部特性可分為三類：經濟、環境、社會文化（Murphy, 1983; Gunn, 1988; Gursoy et al., 2009）。

1.經濟外部性可能對居民福利有正向影響，例如促進地方經濟、提升生活水準、提升就業率以及所得；負向的影響則是物價以及房價租金等之上揚。
2.環境方面之正向影響是旅遊促使保護自然以及人造的環境體系，但是也會增加汙染及浪費。
3.社會文化之正向影響是更多更好的休閒設施及文化交流；負向是犯罪、賣淫、酗酒、藥物濫用的增加等。

然而郵輪旅遊與一般標準旅遊不同，例如在經濟影響上要取決於是否是母港或是停靠港。母港因為提供貨品以及服務給船員與乘客，因而有最大經濟利益，而停靠港則是較多投資於公共建設以及維護費用（例如港區以及碼頭）。

(二)郵輪產業的外部性因素

Brida、Chiappa、Meleddu與Pulina（2012）認為外部性因素如下：

1.正向社會外部性：包括公共服務促進、公共設施提升、市區及郊區的優化。

郵輪靠港可以促進當地之觀光經濟發展（李銘輝攝）

2. 正向文化外部性：包括加強其他文化以及社群知識，增加文化以及休閒活動，及當地傳統的保存。

3. 負向環境外在性：包括增加環境以及船舶汙染、增加浪費、生態破壞、公共以及休閒區域的擁擠等。

4. 經濟正向外部性：包括增加公共投資、增加私人投資和基礎建設，以及增加就業機會。

5. 負向文化外部性：包括郵輪活動發展排擠其他相關計畫，如增加交通及道路意外、犯罪增加以及生活成本增加等。

6. 正向社會外部性：包括郵輪活動改變實際生活型態、增加可支配所得，以及提升生活品質。

郵輪旅行是在休閒旅遊中成長最快速之部分，然而這樣的成長也同時產生對於海岸及海洋環境、當地經濟、在地港口社區的社會文化衝擊影響之省思。

二、永續郵輪觀光

郵輪旅遊之成長引發對於環境衝擊之關注，包含郵輪旅客的到訪帶來環境威脅，以及經濟和社會文化衝擊。因此永續郵輪旅遊之議題包含三個層面：環境、經濟利益、維持文化完整性。

(一)永續觀光的概念

所謂「永續觀光」的概念是指：

1. 對於負面經濟環境以及文化衝擊最小化。
2. 對在地居民產生較大之經濟利益，以及增進當地社區的福祉，促進產業的工作條件和進入觀光產業。
3. 關心可能影響當地居民生活以及生存機會的各項決策。
4. 對於自然環境以及文化景點保存維護要有正面貢獻。
5. 透過與當地居民更多有意義之連結，以及對當地文化的認識，提供遊客更多旅遊體驗。
6. 提供殘障人士的方便性。
7. 維持文化敏感度，建立遊客與當地居民間的互重，建立在地的榮耀與信心。

無障礙旅遊是永續郵輪觀光的重要一環（李銘輝攝）

(二)郵輪觀光永續策略

永續郵輪旅遊（Responsible Cruise Tourism）之議題則包含三個層面：(1)減低遊客對於環境衝擊；(2)公平分配經濟利益；(3)文化衝擊最小化。而對郵輪觀光永續的策略，Johnson（2002）參考Orams（1999）分別從郵輪公司與旅遊角度提出四個面向的做法（**表11-2**）。

表11-2　郵輪觀光永續策略

面向	郵輪業者永續策略	旅遊地永續策略
具體	・多樣化行程 ・遊客綠色稅量增加 ・旅遊地重建／保育計畫 ・維護行動	・汰換設施 ・設計設施 ・保護受害地區
規範	・謹守環保規定 ・環保系統 ・實踐環保規定	・限定遊客數 ・關閉景區 ・簽署環保備忘錄／同意書
經濟	・環境成本 ・投資「淨化」科技 ・環保獎勵 ・正向使用觀光盈餘	・罰款 ・環保人頭稅 ・獎勵 ・在地消費
教育	・聯合旅遊地從事永續議題 ・參考當地環評報告 ・實踐永續規範 ・宣揚楷模	・印刷資料 ・標示 ・導覽解說 ・結合業者

資料來源：Orams (1999); Johnson (2002).

◆具體面

①郵輪公司

    1.行程多樣化：避免過度集中、減少旅遊目的地衝擊的實際做法，例如近年來郵輪行程擴及世界五大洲與內陸，有效分散遊客。

    2.遊客綠色稅：隨著巨輪與超級巨輪的問世，郵輪大眾市場已然出現，遊客量遽增，增加環境負擔，徵收遊客稅成為趨勢。

    3.旅遊地重建與保育計畫：以全球最熱門的景點加勒比海為例，業者自發成立「海洋基金」，協助旅遊地重建。其中最顯著的例子是荷美郵輪公司復育開曼島珊瑚礁的案例。在1996年荷美號撞擊開曼主珊瑚群，一連串的復育工作從此展開，從清除、搬運到活化生態。但此例是有明顯可究責的事主，反之，承受郵輪長年營運、長期受損的海洋生態，很難找出特定歸咎的企業，在此情況，只能靠企業的社會道德意識了。

    4.維護行動：有國籍（flag ship）的郵輪，都應遵守環境保護政策，順從環境評估報告，篩選優良合作廠商，在資源保護的國家這些都已成為標準化程序，惟多為順從取向，取決於企業的承諾與投入。如美國環境保護署（US Environmental Protection Agency, EPA）監測加勒比海海洋生態，其前執行長William Reilly即來自郵輪業，而P&O郵輪出版之永續報告（Sustainability Report），也促進大眾對環境保護的重視。

發展郵輪產業要考量郵輪觀光帶來的環境衝擊（李銘輝攝）

②旅遊地

　　旅遊地在永續觀光的具體措施，首要為汰換設施，並設計能夠承載郵輪觀光帶來的環境衝擊之基礎設施。通常遭受負面衝擊的旅遊目的地，都是缺乏完善基礎設施，如廢棄物處理設施，而成為受害地（sacrifice areas），許多加勒比海的旅遊目的地就是明顯的例子。而旅遊地承載量也是受害之重要指標，當旅遊目的地環境、社會不堪負荷時，就應有所作為，比如阿拉斯加就限定郵輪航次，而開曼則規定在離岸的Hog Sty Bay停泊，避免首都喬治城沿岸生態再受侵害。

◆規範面

①郵輪公司

　　廢棄物處理是郵輪環保重大議題，相關規範陸續訂定。2001年，國際郵輪委員會（International Council of Cruise Lines, ICCL）由17家郵輪業者與60家供應商共同發表制約規範如下：

　　1.供應商：提供環境友善之產品。

　　2.資源回收：使用可以回收的質材，減少焚化汙染。

　　3.控制有毒物質：如洗照片汞、乾洗化工清潔劑等。

　　4.使用攪碎機（食物、有機物）與廢熱焚化爐（co-generation incinerators）。

　　另外，近年來的重要合作規範有SMS計畫（Safety Management System Plans），與國際海事組織（IMO）的國際安全管理章程（ISM Code），兩者一起發證。

②旅遊地

　　為了保護旅遊目的地，終極做法可以透過限定遊客數或關閉景區等方式，規範大型郵輪無法靠岸，特別是針對頻繁被造訪的港口（母港）。以泛加勒比海地區為例，IMO正進行MARPOL 73/78 Annex V環保計畫，一方面改善廢水管理系統，一面投資MARPOL接駁船。另外，美國佛州則要求國際郵輪業者簽署環保備忘錄，希望業者自我約束。

◆經濟面

①郵輪公司

　　1.環境成本：從經濟角度，產業界興起的環保策略為BATNEEC（Best Available Technology Not Exceeding Excessive Cost），指在不超過成本下的

最佳科技方案，以迎合當局的規定。而在郵輪業這種做法常見於新船配備預算中的新科技，如採用最新的Azipod電子推進系統比手動操作系統更省油、更能應付突發狀況。

2. 投資「淨化」科技：對於新近的船隻，為了因應各港口的環保規定，紛紛投資並引進高科技淨化技術，以瓦斯渦輪來說，由於價格不斐，通常只用在海軍系統，而皇家加勒比公司則採用於新船，以有效減少碳排放，達90％以上。另外新的科技如油水分離處理器、減少氮氣排放器等，都是郵輪業者對環保的投資。

3. 環保獎勵：頒發環保獎勵金以激勵環保行為。當年舉發公主郵輪在阿拉斯加海域傾倒垃圾的遊客，輿論認為應給予高額獎金。如美金250萬元，以激勵大眾效尤。

4. 正向使用觀光盈餘：郵輪觀光給業者帶來龐大利潤，如何回饋在海洋、岸上環境保護是郵輪業的重要社會責任。

②旅遊地

　　對於郵輪業不法的環境破壞，有些旅遊地已經實施經濟制裁——罰款。荷美公司1994年於阿拉斯加海域非法排放廢棄物，於1998年被判罰款180萬美元。皇家加勒比公司則因違反21項美國聯邦水汙染法（於海／岸上惡意丟棄垃圾、排放化學物質），而被判賠史無前例的最高罰款1,800萬美元。

　　另外為管制遊客量，徵收環保人頭稅成為旅遊地環保經濟收入，如百慕達調

郵輪的靠岸給當地帶來就業機會（李銘輝攝）

高每一人頭稅為美金63元，巴哈馬為美金15元，阿拉斯加為美金5元。

　　而郵輪對於在地經濟的另一議題為「有多少利益流入旅遊地？」掛方便旗的郵輪既可不必履行註冊國之相關規定（如稅捐或福利），所得盈餘也幾乎進入少數股東或利害關係人手中，因此這種封閉性極高的郵輪產業，從海洋獲得的龐大利益，很難分流到旅遊地。以迪士尼郵輪而言，甚至買下巴哈馬的海島Castaway Cay，成為迪士尼郵輪的私密停泊港／景點，所有岸上的消費都不會流入當地政府。縱觀加勒比海的旅遊目的地，遊客靠岸大都從事觀光旅遊零售消費，如吃喝玩樂，對當地的經濟挹注不大，獨攬郵輪觀光經濟大餅的仍是郵輪公司。

◆教育面
①郵輪公司

　　在教育方面，郵輪業者漸漸地以各種管道教育遊客的環保意識，或提供行為規範，讓遊客瞭解海上與岸上適當的環保行為。例如皇家加勒比公司之「搶救海洋」、荷美公司之「海上環保意識」以及冠達伊莉莎白皇后二世號（QE2）之「垃圾管理計畫」，都是付諸行動之模範。具體而言，郵輪業者與旅遊地合作從事永續經營計畫、參考當地環評報告、實踐永續規範以及宣揚楷模。

②旅遊地

　　聯合國環境護育計畫（The United Nations Environment Programme, UNEP）利用各種傳播手段，在全世界進行環境維護的工作。另外，越來越多的郵輪也在船上播放影片，教育遊客如何作一名環保郵輪觀光客。如何讓「低衝擊旅遊」概念深植遊客心中，並影響其行為，旅遊地可以透過各種印刷資料、標示、導覽解說等大眾傳播的方式或結合業者一起宣導。

　　綜合以上，郵輪永續觀光端賴郵輪業者、旅遊業者、旅遊地與遊客，以及政府與非政府組織協力維護。21世紀預期是郵輪觀光大躍進的時代，如何維護海洋、旅遊地資源，以及實踐對旅遊地的社會責任，需要更好的策略（The Best Practicable Environmental Option, BPEO）；凡此均是郵輪觀光管理的重要議題，亟需深思與行動。

威尼斯建人工島減低郵輪汙染

　　義大利威尼斯正研究斥資近2億美元於亞得里亞海建造長3,000呎的人工島，作為郵輪停泊碼頭。計畫目的是在減少巨型郵輪駛入潟湖接近「水都」，以降低對當地環境、生態造成的汙染和對景觀的影響。郵輪旅客將先在人工島下船，再乘搭每艘可載800人的雙體船入潟湖，到威尼斯市中心只需約一小時。

　　目前郵輪距離聖馬可廣場僅數百碼，駛過狹長的朱代卡運河抵達停泊站的做法，會汙染威尼斯和加速對城市脆弱地基的侵蝕。不過郵輪業始終是威尼斯的財政命脈，每年為水都帶來數百萬英鎊的收入。業界主張在現有潟湖挖掘新的100公尺寬的海道，從而使郵輪毋須駛近威尼斯市中心，而直達郵輪碼頭。環保人士質疑此舉會損及海灣生態系統。剛新停靠碼頭完成之後可停泊五艘郵輪的人工島估計造價1.28億歐元。

資料來源：《明報》，2014年10月09日。

附　錄

附錄一　郵輪旅遊須知

一、護照／簽證以及登船資料

　　遊客需要自己攜帶所需出入境資料，如護照以及簽證、其他必要之證明資料，並且符合海關和入境要求。如果沒有入境資料，如護照以及簽證，或其他必要之證明資料，遊客不得登船，且不得要求退還任何航程費用。

　　登船資料是預定之後，旅行社會給予一份登船資料，包括船票或登船證、行李標籤、已訂購的服務清單。登船資料中亦含簽證、登船時間、離船時間、緊急電話等訊息。

二、行李

　　建議每位旅客攜帶一件隨身行李以及一件行李箱，嚴禁攜帶易爆品、易燃氣體或是腐蝕性物質以及可被用做武器的物品。

　　貴重物品、藥品、攝影器材以及其他易碎物品須放隨身行李中攜帶。隨身行李尺寸不應超過航空公司規定的相關規定，應能通過X光安全檢查口。托運行李的尺寸與重量也都有限制，例如MSC地中海郵輪規定旅客行李尺寸不超過75×50×29cm，重量在30kg以下，隨身攜帶的行李大小不超55×35×25cm。嬰兒車及輪椅允許攜帶上船。

三、安全檢查

　　船上安全檢查部門，將在所有沿途停靠港口，對所有登船、離船人員以及行李進行安全檢查。所有物品均須通過X光設備及金屬探測器檢查。旅客切勿購買骨董、武器、刀具等等，不得帶上船的物品。

四、登船

(一)行李托運

　　旅客抵達港口後，由郵輪公司辦理行李托運（不含隨身行李）。旅客應使用

郵輪公司提供之行李標籤標示所有行李，行李會直接送艙房，不須收取額外費用。

(二)護照查驗

郵輪公司將按照旅行的日程上標示的日期安排登船。登船前將對登船資料護照、身分證明的有效性進行檢查。登船後將對隨身行李進行掃描，所有旅客均必須在啓程前1 2小時完成登船。

五、服裝

1.船上生活：白天活動時穿著較爲舒適輕便，晚會則建議較正式典雅服飾。
2.岸上觀光：建議穿著休閒舒適衣著，參觀宗教景點時則須合乎禮儀之服裝。
3.健身房：須穿著專用運動鞋以及適當服裝，以免被拒絕入內。
4.船上安全：在戶外甲板行走時，建議穿著低跟鞋。甲板有時潮濕須注意避免跌倒。

六、服務

1.每日須知資料：第二天完整行程安排將於第一天晚上遞送到房間，即使岸上觀光也請隨時攜帶，上面有聯繫電話、郵輪出發時間以及目的地等詳細資訊。
2.資訊諮詢：每天24小時運作的資訊櫃檯可以處理大部分普通資訊查詢，包含外匯兌換、購買郵票或是寄信等。
3.醫藥救助：醫務室開放時間提供醫療服務，但是遊客須支付醫務會診和治療的成本費用。
4.電壓：船上電壓爲110/220V，乘客可以從諮詢台獲取轉換器。而產熱裝置（如電熱水壺、嬰兒取暖器、電熱毯等設備）在船上不得使用。
5.貴重物品：所有艙房都有保險箱。當金錢或貴重物品存放在行李或無人看管的狀態下，如果丟失或者被盜，郵輪公司不承擔任何責任。
6.郵輪使用語言：在一般郵輪船員基本上可能由三、四十種個不同國籍的人員組成。雖然英語是所有郵輪的工作語言及國際安全語言，但乘客同時也會發現許多其他語言。在英語之後，船上使用最廣泛的語言分別是義大利語、西班牙語、葡萄牙語、德語和法語、馬來語、印尼、馬達加斯加、菲律賓語、俄語、烏克蘭語、波蘭語和拉脫維亞語。
7.通訊：船上提供收費的電話、傳眞及電郵服務。衛星電話爲高收費之通訊方式。

七、郵輪上支付方式

1. 需要現金消費嗎？登船時會得到一張船卡，作爲船上支付方式。航程結束時可以用現金或是信用卡結算帳上數額，但賭場中籌碼除外。
2. 信用卡：在報到時，信用卡即已註冊，在船上所有消費帳單在最後一晚送到艙房。
3. 外幣：旅客可以在資訊台兌換貨幣現金（通常台幣無法直接兌換，行前最好換成美金或是歐元）。郵輪上不提供信用卡提現服務，因此岸上觀光須帶足當地貨幣。

   船上使用之貨幣，在地中海、北歐、紅海、安地列斯群島及從歐洲出發的南向跨洋航程，通用貨幣爲歐元（€）。在加勒比地區、南美洲、南非，以及前往歐洲的跨洋航線，船上使用貨幣爲美元（$）。

八、表演與娛樂節目

白天時郵輪上娛樂團隊會在甲板或休息室提供各種免費活動，或是由專業藝術家提供演出，所有旅客均可參與。

九、購物與服務

1. 船上商店：在大多數航程中所購買之物品都無須支付關稅。商店僅在郵輪行駛於海上時開放。
2. 上網：郵輪上可使用網路但需支付費用。
3. 行動電話：現代化郵輪都有裝備衛星通信系統，但必須收取費用。個人自行攜帶之行動電話則須視船隻與岸上距離遠近而定。

十、岸上觀光

幾乎所有岸上觀光服務都可在船上預定。岸上觀光選擇性多，由獨立的第三方提供此項服務，並收取一定費用。岸上觀光費用會記入船上個人帳戶，最後可以以現金、信用卡、旅行支票交付費用。

乘客須注意以下事項：

1. 一旦預定岸上觀光，將不允許取消。如因生病，請出示船上醫生開具的證明，憑此證明可獲得退款。但此證明只適用於一人。

2.行程中的地點及價錢或許會有變動，郵輪公司不會事先通知。

3.部分岸上觀光的行程有人數限制，如果因人數不足無法成團，該團會被取消並退款。岸上觀光有最低人數限制，遊客不分國家、語言，成行即共用交通工具。

4.岸上觀光費用包括交通、景點入場費，或午餐與飲料（視提供與否）。

5.如因當地假期，景點關閉或當地節日以導致行程未能完成或進行與郵輪公司無涉。船上只會確認岸上觀光的行程與確切出發及歸來的時間。

6.除非事先註明，一般岸上觀光都會配備領隊。旅客在參觀宗教景點時，要求穿著合適服裝（衣服蓋過手臂和膝蓋，不裸露）。

7.考古、遠足或登山等行程不適合傷殘人士或行動不方便人士；乘客可要求安排專屬行程；建議預定前先查詢並瞭解行程內容。

8.進行海灘行程，建議帶上毛巾及泳衣。

9.部分古蹟要求繳交攝錄附加費，詳洽船上服務台。

十一、健身與美容

遊客可以使用船上健身設施、多功能運動場、桑拿、按摩浴缸以及室內外游泳池等。美容或是SPA服務需要另外付費。

十二、食品與餐廳

1.餐廳：郵輪上宴會餐廳及自助餐廳提供各種美食。

2.早餐與午餐：可以在自己的房內、自助餐廳或是餐廳享用早餐。早餐的送艙房服務，依照郵輪公司及艙房等級不同，可能另外收費。午餐則在自助餐廳或是餐廳中由服務生服務。

3.晚餐：晚餐則是所有乘客在海上航程均安置於固定餐桌。預定時填妥所需餐桌位置以及用餐人數，會在艙房中獲得預定確認，某些郵輪由於人數關係，通常會指定用餐時間，一般分為兩個梯次。

4.慶祝晚宴與其他美食活動：慶祝晚宴或稱為船長之夜，備有精緻美食，也營造出優雅節日氣氛。船長以及其他船員也到場。

5.下午茶及宵夜：郵輪通常會提供下午茶及宵夜。

6.付費餐廳：遊客可以選擇在郵輪上開設的付費餐廳享用特殊美食。

7.飲料：郵輪上除了免費餐廳提供之自取飲料外，酒類、瓶罐裝飲料以及礦泉

水皆須付費。

十三、其他資訊

1. 孕婦：懷孕期旅客可以憑醫師證明乘坐郵輪（週數依郵輪而有所不同），因懷孕導致身體不適於航海旅行之遊客，無論週數皆不建議乘坐郵輪。

2. 動物：嚴禁將任何種類及體型之動物帶上郵輪，除非是照顧殘障乘客之服務犬。

3. 吸菸區域：根據國際標準，吸菸區域要少於無菸區，但在整個郵輪區域都有規劃吸菸區（根據空氣抽樣會適當選擇或修改吸菸區）。一般以下區域不允許吸菸：任何用餐區域（自助餐區域、收費餐廳）、醫療中心、兒童遊玩區域、走廊、電梯、休息室、安全演習區域、公共運動區域、公共衛生間及任何提供餐飲食物的酒吧。為了避免任何可能性的火災，絕不允許在艙房以及露臺吸菸。吸菸區域在每艘郵輪上的特定酒吧，或是戶外游泳池有吸菸標誌並有菸灰缸提供的區域。在每日的活動表上列有提醒：為避免火災，請不要亂扔菸蒂。使用菸斗及吸食雪茄需到指定區域，且必須注意安全以免引發火災。

4. 嬰幼兒政策：郵輪公司通常規定未成年之青少年及兒童不可單獨搭乘郵輪旅行，需有成年人陪同，如郵輪出發當日兒童未滿六個月不可乘坐郵輪。

5. 垃圾丟棄：乘客不得向大海丟棄任何垃圾；一起為海洋環境、海洋生物和生態系統做出努力！

6. 訪客：為安全因素考慮，訪客不得登船參觀。

十四、離船

航程經理將在特別會議上向旅客介紹關於離船手續的資訊。

十五、行李

航程結束之前，旅客應將行李加上標籤置放在艙房門外，再由行李員收集後運送至港口或岸上指定地區，旅客離船後便可領取。

附錄二　郵輪專有名詞（Cruise Terms）

A

aboard　登船或乘船，相反詞是上岸ashore

about　船回轉

abreast　並排（船或碼頭）

add-on　指郵輪費用外，外加之費用如機票、接駁或陸上遊程

aft　船的後面

air/sea package　套裝行程含郵輪費用、機票、接駁（機場 船）

all hands　指船上所有工作人員

alternative restaurant　指船上較小的餐廳，供遊客自由選擇，但需付稍許費用

amidships　船的中間部分

ashore　上陸，相反詞是aboard

astern　船的後面，同aft back

B

beam　船身最寬之處，通常在船的中間部位

bearing　船行駛的羅盤方向，以「度」表示

berth　停泊處

bow　船的前面

bridge　艦橋，為船長與船組人員駕駛艙

bulkhead　艙壁

buoy　浮標

C

cabin　船上客房，亦稱stateroom

cabin steward　房務員

cast off　拋繩準備啟航

category　房價分類，依區位、大小與備品等條件而區分不同房價

channel　水道、航道

companionway　船內連接各甲板樓從的樓梯（間）

course　船隻航行的路線

cruise director　娛樂總監，通常也主持大型活動

D

davit　吊柱；吊艇柱

debark　下船，上岸

deck　俗稱甲板，船的樓層

disembark　下船，登陸

dinner seating　船上正式用餐指定席位

dock　停泊的地方，碼頭

draft　吃水深度

E

embark　上船

F

fantail　船的扇形尾端

fathom　計算水深的單位（1 fathom=6 feet）

first seating　第一輪在主餐廳用餐的席位

fleet　同一公司擁有的船隊

FlowRider　皇家加勒比郵輪系列之衝浪池名

fore, forward　船首的前面部位

Freestyle Cruising　挪威郵輪系列的風格，展現休閒風，不設晚（用）餐時間

Fun Ships　嘉年華郵輪系列的口號——歡樂船

funnel　船的煙囪

G

galley　船上廚房

gangway　舷梯，連接船與陸地的通道

gross registered ton（GRT）　船的註冊噸位，通常為區分郵輪大小與載客數的指標

H

hand　船員

head　指郵輪浴室

helm　舵輪

hold　船上貨櫃區

hotel manager　船上主管旅館運作，包含房務、旅客服務等作業

hull　船殼

I

inside cabin　內艙房

K

keel　船的龍骨

knot　海浬，算船的行進速度計算單位，以時速計1 knot=1.852 kilometres

L

latitude　緯度

leeward　背風

lines　碼頭栓繩

longitude　經度

M

maiden voyage　處女航

maiden call　處女航的第一個停泊港

master　船長

mini-suite　小套房

moor　停泊

muster　召集（船員、旅客）

muster station　集合站（救生筏發放站）

N

nautical mile　海里；浬（合852公里）

O

oceanview cabin　海景房

onboard　登船或在船上

open seating　開放坐位，不指定席位

outside cabin　海景房

P

passageway　船內的通道（走道）

passenger space ratio　乘客空間比（噸位除以載客量）

passenger to crew ratio　乘客與服務人員比（乘客總數除以工作人員總數）

pitch　船前後顛簸、搖晃

port　以船手為主靠港的一邊（左邊）

porthole　船上的小圓窗

port-of-call　停泊港

promenade　散步甲板，通常在船的上層開放空間

purser　船上主管旅客服務與財務的經理

Q

quad　四人艙房

R

repositioning cruise, repo cruise　移航郵輪，旅遊季節結束駛往另一海域的行程

S

screw　船的螺旋槳；推進器

second seating　在主餐廳第二輪用餐（指定席位）

single supplement　單人房補價（通常郵輪艙房通常是雙人計價）

sister ships　姊妹船，指同屬一家公司同樣設計的郵輪

shore excursion　陸上行程，上岸的活動與旅遊

stabilizer　平衡器，通常置於船身中間水下位置，可伸縮，如欲風浪伸長增加平
穩度

starboard　以船首為準的右手邊（port 為左側）

stateroom　艙房統稱

stern　船尾（bow 船頭）

suite　套房，客廳與睡房隔間

T

tender　皮筏（小船），通常用於疏散旅客至郵輪無法靠港的小碼頭

transfer　接駁（機場 / 飯店—郵輪或機場 / 飯店—郵輪）

triple　三人艙房

U

underway　航行中

upgrade　升等（較好的艙房）

upper berth　上鋪，通常可收納於牆邊

V

verandah　擁有個人陽台的海景房

W

wake　船的尾波，航跡

windward　逆風航行

world cruise　環球郵輪（旅遊）

譯自http://www.smartertravel.com/cruise/faq/glossary.html

參考文獻

一、中文部分

〈世紀遊輪Century Cruises-長江三峽最新系列5星豪華遊輪遍覽〉，http://www.ilovetravel.
　　com.tw/eWeb_ilovetravel/edm/_centurytrip/destin-ations.htm
《台灣船舶網電子報》，第212期，2012/06/01。
《旅@天下》，2013年，6月號，第12期。
《旅@天下》，2014年，2月號，第20期。
《旅報》，第641期，2010年10月。
《旅報》，第861期，2014年12月。
《旅報》，第867期，2015年2月。
王鎮灝、陳婉青、賴俊麟、翁漢明、陳紫君、王寰峰、李翠鳳、蔡懷德（2011）。
　　〈2011年4月某郵輪傳染病群聚事件〉，《疫情報導》；27卷16期（2011/08/23），
　　頁194-198。
台灣港務股份有限公司，http://www.twport.com.tw/chinese/
交通部航港局，http://www.motcmpb.gov.tw/MOTCMPBWeb/wSite/mp?mp=1
呂江泉（2002）。《遊輪旅遊》。台北：新文京開發有限公司。
呂江泉（2004）。《全球遊輪觀光現況》。中國海事商業專科學校第三屆海洋觀光研討
　　會論文。
李力，章蓓蓓（2003）。《服務業行銷管理》。台北：揚智文化。
沈進成、吳雅筠、王致遠、戴文惠（2006）。〈旅行社聯營模式關係行銷、關係品質與
　　關係績效影響關係之研究〉。《運動休閒餐旅研究》，1(4)，66-86。
欣傳媒，欣旅遊，〈讓郵輪旅行更精彩　享受最精華的岸上觀光〉，http://solomo.
　　xinmedia.com/travel/581-cruise
欣傳媒，欣景點，〈三大郵輪集團／全球最大郵輪集團嘉年華郵輪〉，《旅@天下》
　　（蔣德誼台北報導），2012/5/28，http://www.xinmedia.com/t/article.aspx?id=4034
金龍旅遊，〈皇后郵輪〉，http://cruises.dragontr.com.tw/ships/html/cunard.html
皇家加勒比國際遊輪，http://www.rccl.com.tw/
飛鳥國際旅行社，〈飛鳥II〉，http://www.asuka.com.tw/crystal_cruises/crystal_cruises_
　　ASUKA.html
飛鳥國際旅行社，http://www.asuka.com.tw/
陳維強（2014）。〈大連港今年可望啟動郵輪基地港〉，《台灣新生報‧航運版》，
　　2014/08/02，http://www.tssp.com.tw/news/cn/201408/2014080202.htm
趙元鴻（2005）。《我國遊輪觀光港之發展策略研究》。國立成功大學都市計畫研究所

未出版之碩士論文。

劉修祥（2004）。《觀光導論》。台北：揚智文化。

蔣昭弘（2013）。〈台灣發展郵輪產業的可行性及策略之評估分析〉，http://www.npf. org.tw/post/2/12512。財團法人國家政策研究基金會，國政研究報告。

濮大威（2010）。《高高屏跨域觀光發展規劃》。高雄市政府海洋局。

盧雲亭（1993）。《旅遊地理學》。台北：地景企業有限公司。

二、英文部分

Adam Weaver (2011). The Fragmentation of Markets, Neo-Tribes, Nostalgia, and the Culture of Celebrity: The Rise of Themed Cruises. *Journal of Hospitality and Tourism Management, 18*, pp 54-60. doi:10.1375/jhtm.18.1.54.

Andriotis, K., and R. Vaughan (2003). Urban Residents' Attitudes Toward Tourism Development: The Case of Creta. *Journal of Travel Research, 42*(2): 172-85.

asiacruiseassociation.com, http://www.asiacruiseassociation.com

Ball, S., P. Jones, D. Kirk & A. Lockwood (2003). *Hospitality Operations: A Systems Approach*. London: Continuum.

Brownell, J. (1994). Personality and career development: A study of gender differences. *The Cornell Hotel and Restaurant Administration Quarterly, 35*(2), 36-43.

Carnival Cruise Line, http://www.carnival.com/

Cartwright, R., & Baird, C. (1999). *The Development and Growth of the Cruise Industry*. Oxford: Butterworth Heinemann.

CLIA (2015). 2014 North America Cruise Market Profile. http://www.cruising.org/sites/default/ files/pressroom/CLIA_NAConsumerProfile_2014.pdf

CLIA Guide to the Cruise Industry.

Copeland, Claudia (2008). Cruise Ship Pollution: Background, CRS Report for Congress, Updated February 6, 2008. Congressional Research Service.

Corbett, J. J., Winebrake, J. J., Green, E. H., Kasibhatla, P., Eyring, V., & Lauer, A. (2007). Mortality from ship emissions: a global assessment. *Environmental Science & Technology, 41*(24), 8512-8518.

Cruise Critic, http://www.cruisecritic.com/

Cruise Lines International Association (CLIA), Choose to Cruise!, http://www.cruising.org/ cruise-vacationer/learn-about-cruising

Cruise Lines International Association (CLIA), http://www.cruising.org/

Cruise Market Watch, http://www.cruisemarketwatch.com/

Davis, B., A. Lockwood & S. Stone (1999). *Food and Beverage Management* (3rd ed.). Oxford: Butterworth-Heinemann.

Dickinson, B., & Vladimir A. (1997). *Selling the Sea: An Inside Look at the Cruise Industry*.

New York: John Wiley & Sons.

Gibson, P. (2006). *Cruise Operations Management*. Burlington, MA: Butterworth-Heinemann.

Gibson, P. (2012). *Cruise Operations Management* (2nd edition). Hospitality Perspectives, Routledge.

Gray, W. S., Liguori, S. C. (1996). *Hotel and Motel Management and Operations*. Singapore: Prentice Hall.

Hartline, M. D., & Jones, K. C. (1996). Employee performance cues in a hotel service environment: Influence on perceived service quality, value, and word-of-mouth intentions. *Journal of Business Research, 35*(3), 207-215.

Herz, M., & Davis, J. (2002). *Cruise Control: A Report on How Cruise Ships Affect the Marine Environment*. Washington, DC: The Ocean Conservancy.

Hobson, J. S. P. (1993). Analysis of the US cruise line industry. *Tourism Management, 14*(6), 453-462.

Hochschild, A. R. (1983). *The Managed Hear: The Commercialization of Human Feeling*. Berkely, CA: University of California Press.

Johansson, M., & Naslund, L. (2009). Welcome to paradise. Customer experience design and emotional labour on a cruise ship. *International Journal of Work Organisation and Emotion, 3*(1), 40-55.

Johnson, David (2002). Environmentally sustainable cruise tourism: a reality check. *Marine Policy, 26*, 261-270.

Kirk, D. & D. Laffin (2000). Travel Catering. In P. Jones (Ed.), *Hospitality Operations.* London: Continuum.

Kotler, P. (1991). Philip Kotler explores the new marketing paradigm. *Marketing Science Institute Review, 1*(4/5), 1-5.

Lawton, L. J., & Butler, R. W. (1987). Cruise ship industry-patterns in the Caribbean 1880-1986. *Tourism Management, 8*(4), 329-343.

Lois, P., Wang, J., Wall, A., & Ruxton, T. (2004). Formal safety assessment of cruise ships. *Tourism Management, 25*(1), 93-109.

Lorenzo Gui & Antonio Paolo Russo (2011). Cruise ports: a strategic nexus between regions and global lines-evidence from the Mediterranean. *Maritime Policy & Management, 38*(2), 129-150.

Lukas, W. (2009). Leadership: Short-term, intercultural and performance-oriented. In A. Papathanassis (Ed.), *Cruise Sector Growth: Managing Emerging Markets, Human Resources, Processes and Systems* (pp. 65-78). Wiesbaden: Gabler.

Mancini, M. (2000). *Cruising: A Guide to the Cruise Line Industry*. Albany, NY: Delmar.

Mancini, M. (2004). *Cruising: A Guide to the Cruise Line Industry*. Cengage Learning.

Mancini, M. (2011). *The CLIA Guide to the Cruise Industry*. New York, NY: Delmar Cengage Learning.

Maritime and Coastguard Agency (1996). Research project. FSA of shipping, Phase 2, Trial application to HSC (p.6).

Marti, B. E. (1990). Geography and the cruise ship port selection process. *Maritime Policy & Management, 17*(3), 157-164.

McCalla, R. (1998). An investigation into site and situation: cruise ship ports. *Tijdschrift voor Economische en Sociale Geografie, 89*(1), 44-55.

Mill, R. C. (1990). *Tourism: The International Business*. New York: Prentice Hall.

Norwegian Cruise Line, http://www.ncl.com/

Oh, H. (1999). Service quality, customer satisfaction, and customer value: A holistic perspective. *International Journal of Hospitality Management, 18*(1), 67-82.

Orams, M. (1999). *Marine Tourism: Development, Impacts and Management*. London: Routledge.

Showker, K., & Sehlinger, B. (1998). *The Unofficial Guide to Cruises*. New York: Macmillan.

Showker, K., & Sehlinger, B. (2002). *The Unofficial Guide to Cruise*. New York: Wiley Publishing, Inc.

Showker, K., & Sehlinger, B. (2006). *The Unofficial Guide to Cruises*. New York: Wiley Publishing, Inc.

Singh, A. (2000). The Asia Pacific cruise line industry: current trends, opportunities and future outlook. *Tourism Recreation Research, 25*(2), 49-61.

Sogar, D. H., Jones, H. M. (1993). Hotel Marketing: Attracting Business Travelers to A Resort. *The Cornell H. R. A. Quarterly*, 43-47.

The World Tourism Organization (UNWTO), http://www2.unwto.org/

Ward, D. (2001). *Berlitz Complete Guide to Cruising & Cruise Ships*. London: Berlitz Publishing.

Ward, D. (2003). *Berlitz Complete Guide to Cruising & Cruise Ships*. London: Berlitz Publishing.

Ward, D. (2005). *Berlitz Complete Guide to Cruising & Cruise Ships*. London: Berlitz Publishing.

Ward, D. (2006). *Berlitz Ocean Cruising and Cruise Ships*. London: Berlitz Publishing.

World Maritime News, https://worldmaritimenews.com/archives/tag/ocean-shipping-consultants/

Wynen, N. H. (1991). *A Survey of the Cruise Ship Industry, 1960-1991*. Boca Raton, Florida: Florida Atlantic University.

Yarnal, C. M., & Kerstetter, D. (2005). Casting off an exploration of cruise ship space, group tour behavior, and social interaction. *Journal of Travel Research, 43*(4), 368-379.

觀光旅運系列

郵輪旅遊經營管理

作　　　者 / 劉翠華、李銘輝、周文玲
出 版 者 / 揚智文化事業股份有限公司
發 行 人 / 葉忠賢
總 編 輯 / 閻富萍
特 約 執 編 / 鄭美珠
地　　　址 / 新北市深坑區北深路三段 260 號 8 樓
電　　　話 / (02)8662-6826
傳　　　真 / (02)2664-7633
網　　　址 / http://www.ycrc.com.tw
　E-mail　/ service@ycrc.com.tw
　I S B N　/ 978-986-298-199-3
初版一刷 / 2015 年 9 月
初版二刷 / 2017 年 9 月
定　　　價 / 新台幣 400 元

國家圖書館出版品預行編目資料

郵輪旅遊經營管理 / 劉翠華, 李銘輝, 周文
玲著. -- 初版. -- 新北市 ： 揚智文化,
2015.09
　　面 ；　公分. -- (觀光旅運系列)

ISBN 978-986-298-199-3 (平裝)

1.航運管理　2.郵輪旅行

557.43　　　　　　　　　　104017651